부산환경공단

환경(8급)
기출동형 모의고사

제 1 회	영 역	직업기초능력평가, 전공과목(화학/환경공학개론)
	문항수	100문항
	시 간	100분
	비 고	객관식 4지 택일형

SEOWONGAK
(주)서원각

부산환경공단 환경(8급)

제1회 기출동형 모의고사

📝 문항수 : 100문항
⏱ 시 간 : 100분

✏️ **직업기초능력평가**

1. 다음에 제시된 네 개의 문장 (가)~(라)를 문맥에 맞게 순서대로 바르게 나열한 것은?

> (가) 공산품을 제조·유통·사용·폐기하는 과정에서 생태계가 정화시킬 수 있는 정도 이상의 오염물이 배출되고 있기 때문에 다양한 형태의 생태계 파괴가 일어나고 있다.
> (나) 생태계 파괴는 곧 인간에게 영향을 미치므로 생태계의 건강관리에도 많은 주의를 기울여야 할 것이다.
> (다) 최근 '웰빙'이라는 말이 유행하면서 건강에 더 많은 신경을 쓰는 사람들이 늘어나고 있다.
> (라) 그러나 인간이 살고 있는 환경 자체의 건강에 대해서는 아직도 많은 관심을 쏟고 있지 않는 것 같다.

① (가) - (나) - (라) - (다)

② (나) - (가) - (다) - (라)

③ (다) - (라) - (가) - (나)

④ (다) - (가) - (라) - (나)

2. 다음은 사내홍보물에 사용하기 위한 인터뷰 내용이다. ㉠~㉣에 대한 설명으로 적절하지 않은 것을 고르면?

> 甲 : 안녕하세요. 저번에 인사드렸던 홍보팀 대리 甲입니다. 바쁘신 데도 이렇게 인터뷰에 응해주셔서 감사합니다. ㉠<u>이번 호 사내 홍보물 기사에 참고하려고 하는데 혹시 녹음을 해도 괜찮을까요?</u>
> 乙 : 네, 그렇게 하세요.
> 甲 : 그럼 ㉡<u>우선 사랑의 도시락 배달이란 무엇이고 어떤 목적을 갖고 있는지 간단히 말씀해 주시겠어요?</u>
> 乙 : 사랑의 도시락 배달은 끼니를 챙겨 드시기 어려운 독거노인분들을 찾아가 사랑의 도시락을 전달하는 일이에요. 이 활동은 회사 이미지를 홍보하는 데 기여할 뿐만 아니라 개인적으로는 마음 따뜻해지는 보람을 느끼게 된답니다.
> 甲 : 그렇군요. 한 번 봉사를 할 때에는 하루에 몇 십 가구를 방문하신다고 들었는데요. 어떻게 그렇게 많은 가구들을 다 방문할 수가 있나요?
> 乙 : 아, 비결이 있다면 역할을 분담한다는 거예요.
> 甲 : 어떻게 역할을 나누나요?
> 乙 : 도시락을 포장하는 일, 배달하는 일, 말동무 해드리는 일 등을 팀별로 분담해서 맡으니 효율적으로 운영할 수 있어요.
> 甲 : ㉢<u>(고개를 끄덕이며) 그런 방법이 있었군요.</u> 마지막으로 이런 봉사활동에 관심 있는 사원들에게 한 마디 해주세요.
> 乙 : ㉣<u>주중 내내 일을 하고 주말에 또 봉사활동을 가려고 하면 몸은 굉장히 피곤합니다. 하지만 거기에서 오는 보람은 잠깐의 휴식과 비교할 수 없으니 꼭 한번 참석해 보시라고 말씀드리고 싶네요.</u>
> 甲 : 네, 그렇군요. 오늘 귀중한 시간을 내어 주셔서 감사합니다.

① ㉠ : 기록을 위한 보조기구를 사용하기 위해서 사전에 허락을 구하고 있다.

② ㉡ : 면담의 목적을 분명히 밝히면서 동의를 구하고 있다.

③ ㉢ : 적절한 비언어적 표현을 사용하며 상대방의 말에 반응하고 있다.

④ ㉣ : 자신의 경험을 바탕으로 봉사활동에 참석하기를 권유하고 있다.

3. 다음은 산업재해와 관련하여 R공단 홍보팀 신 대리가 작성한 보고서 내용이다. 다음 보고서를 통해 답을 얻을 수 있는 질문이 아닌 것은?

정부가 산재노동자들을 위하여 전문재활치료를 강화하고 직장복귀를 지원하며 직업훈련 등을 통한 조속한 사회 복귀 같은 재활정책을 시작한 지 벌써 17년이 지났다. 그러나 원직복귀율이 여전히 40%대로서 선진국의 70~80%에 크게 못 미치고 수년째 답보상태에 있는 것은 안타까운 현실이 아닐 수 없다. 따라서 무엇보다도 충분한 요양과 재활치료를 위한 의료서비스 전달체계의 개선이 시급하다. 현재와 같은 소규모 영세한 산재의료기관 지정병원의 단순한 치료보다는 이들에 대한 치료와 동시에 사회복귀를 위한 전문적이고 체계적인 재활치료 시스템이 이루어져야만 한다고 생각한다.

독일의 산재병원(BG Hospital) 역시 의료재활과 심리, 직업재활을 통합운영 중이며, 스위스도 SION과 BELIKON 재활병원을 직접 운영하며 산재환자의 의료, 심리재활 등을 통한 환자의 조속한 사회복귀를 추진하고 있다. 대부분의 선진국 산재지정병원은 치료와 심리, 재활, 작업능력 강화 프로그램을 동시에 운영하고 있다. 또한 입원이 필요 없는 내원환자 치료의 편이성을 도모하기 위하여 도심지의 교통요지에 출퇴근 근로자 또는 통원환자를 위한 외래재활전문센터를 설치하여 재활의학 전문의, 정신과 전문의, 물리치료사, 간호사들이 상주하고 있다. 이렇듯 급성기 치료부터 상병별 재활치료 표준지침과 통합재활 시스템을 구축하고 재해근로자가 효율적인 재활을 통해 경제활동에서 낙오되지 않고 신속히 사회에 복귀할 수 있도록 다양한 시스템을 운영하고 있는 것이다. 2015년 한 해에 산재로 인한 보험급여는 약 27만 명에 대해 4조 원 이상이 지급되었다. 재활을 통한 직장 복귀는 이러한 경제적 손실을 만회함은 물론 새로운 경제적 가치를 생산한다는 의미에서 그 효과는 매우 중요하다. 또 이를 통해 미치는 우리 사회의 긍정적인 사고 역시 더 밝은 미래를 만드는 밑거름이 될 것임을 강조하고 싶다. 산업재해자가 건강한 삶을 영유하고 사회에 일원으로 다시 자립할 수 있도록 지원하기 위해서는 의료재활은 물론 사회심리재활, 직업재활 등이 서로 협력하여 하나의 시스템으로 갖추어져야 한다. 또한 이들 제도가 성공적으로 이루어지기 위해서는 각 전문분야에서 현실적인 프로그램의 마련이 시급하다. "아파서 누워 있는데 사장은 보이지도 않고 전화도 없어 서운합니다."라고 말하는 어느 산재노동자의 말이 우리 사회를 다시 한번 생각하게 한다.

① 우리나라에서 산업재해 근로자를 위한 사회 복귀 시스템을 실시한지는 얼마나 되었습니까?
② 선진국의 산재지정병원에서 받을 수 있는 프로그램에는 무엇이 있습니까?
③ 선진국에서 산업재해 근로자를 위한 외래재활전문센터는 어디에 위치하고 있습니까?
④ 선진국과 우리나라의 산업재해 보험급여 지금 비용은 얼마나 차이가 납니까?

4. 다음 글의 빈 칸에 들어갈 가장 알맞은 말은?

은행은 불특정 다수로부터 예금을 받아 자금 수요자를 대상으로 정보생산과 모니터링을 하며 이를 바탕으로 대출을 해주는 고유의 자금중개기능을 수행한다. 이 고유 기능을 통하여 은행은 어느 나라에서나 경제적 활동과 성장을 위한 금융지원에 있어서 중심적인 역할을 담당하고 있다. 특히 글로벌 금융위기를 겪으면서 주요 선진국을 중심으로 직접금융이나 그림자 금융의 취약성이 드러남에 따라 은행이 정보생산 활동에 의하여 비대칭정보 문제를 완화하고 리스크를 흡수하거나 분산시키며 금융부문에 대한 충격을 완화하는 역할에 대한 관심이 크게 높아졌다. 또한 국내외 금융시장에서 비은행 금융회사의 업무 비중이 늘어나는 추세를 보이고 있음에도 불구하고 은행은 여전히 금융시스템에서 가장 중요한 기능을 담당하고 있는 것으로 인식되고 있으며, 은행의 자금중개기능을 통한 유동성 공급의 중요성이 부각되고 있다.

한편 은행이 외부 충격을 견뎌 내고 금융시스템의 안정 유지에 기여하면서 금융중개라는 핵심 기능을 원활히 수행하기 위해서는 (   ) 뒷받침되어야 한다. 그렇지 않으면 은행의 건전성에 대한 고객의 신뢰가 떨어져 수신기반이 취약해지고, 은행이 '고위험－고수익'을 추구하려는 유인을 갖게 되어 개별 은행 및 금융산업 전체의 리스크가 높아지며, 은행의 자금중개기능이 약화되는 등 여러 가지 부작용이 초래되기 때문이다. 결론적으로 은행이 수익성 악화로 부실해지면 금융시스템의 안정성이 저해되고 금융중개 활동이 위축되어 실물경제가 타격을 받을 수 있으므로 은행이 적정한 수익성을 유지하는 것은 개별 은행과 금융시스템은 물론 한 나라의 전체 경제 차원에서도 중요한 과제라고 할 수 있다. 이러한 관점에서 은행의 수익성은 학계는 물론 은행 경영층, 금융시장 참가자, 금융정책 및 감독 당국, 중앙은행 등의 주요 관심대상이 되는 것이다.

① 외부 충격으로부터 보호받을 수 있는 제도적 장치가
② 비은행 금융회사에 대한 엄격한 규제와 은행의 건전성이
③ 유동성 문제의 해결과 함께 건전성이
④ 건전성과 아울러 적정 수준의 수익성이

5. 다음은 사원 A가 작성한 에너지 사용량에 대한 보고서의 일부이다. 주어진 내용을 참고할 때, 이 보고서에 포함된 내용이라고 보기 어려운 것은 무엇인가?

에너지의 사용량을 결정하는 핵심 요인은 함께 거주하는 가구원의 수이다. 다음 표를 통해 가구원수가 많아질수록 연료비 지출액 역시 함께 증가하는 것을 확인 할 수 있다.

가구원수	비율(%)	가구소득 (천 원, %)	연료비 (원, %)	연료비 비율(%)
5명 이상	7.5	4,677,671 (319.0)	148,456 (250.1)	4.01
4명	25.3	4,470,861 (304.9)	129,287 (217.8)	3.73
3명	23.4	3,877,247 (264.4)	117,963 (198.7)	4.36
2명	26.8	2,645,290 (180.4)	96,433 (162.5)	6.67
1명	17.0	1,466,381 (100.0)	59,360 (100.0)	8.18

하지만 가구원수와 연료비가 비례하여 증가하는 것은 아니며, 특히 1인 가구의 지출액은 3인이나 4인 가구의 절반 수준, 2인 가구와 비교하여서도 61.5% 수준에 그친다. 연료비 지출액이 1인 가구에서 상대적으로 큰 폭으로 떨어지는 이유는 1인 가구의 가구 유형에서 찾을 수 있다. 1인 가구의 40.8%가 노인가구이며, 노인가구의 낮은 소득수준이 연료비 지출을 더욱 압박하는 효과를 가져왔을 것이다. 하지만 1인 가구의 연료비 감소폭에 비해 가구소득의 감소폭이 훨씬 크며, 그 결과 1인 가구의 연료비 비율 역시 3인 이상인 가구들에 비해 두 배 가까이 높게 나타난다. 한편 2인 가구 역시 노인가구이 비율이 27.1%로 3인 이상 가구 6.8%에 비해 3배 이상 높게 나타난다.

① 과거 일정 기간 동안의 연료비 증감 내역
② 가구의 연령대별 연료비 지출 내역
③ 가구의 유형별 연료비 지출 현황
④ 1인 가구의 연료비 지출 감소 원인

6. 다음은 개인정보 보호법과 관련한 사법 행위의 내용을 설명하는 글이다. 다음 글을 참고할 때, '공표' 조치에 대한 올바른 설명이 아닌 것은?

개인정보 보호법 위반과 관련한 행정 처분의 종류에는 처분 강도에 따라 과태료, 과징금, 시정조치, 개선권고, 징계권고, 공표 등이 있다. 이 중, 공표는 행정 질서 위반이 심하여 공공에 경종을 울릴 필요가 있는 경우 명단을 공표하여 사회적 낙인을 찍히게 함으로써 경각심을 주는 제재 수단이다.

개인정보 보호법 위반행위가 은폐·조작, 과태료 1천만 원 이상, 유출 등 다음 7가지 공표 기준에 해당하는 경우, 위반 행위자, 위반행위 내용, 행정 처분 내용 및 결과를 포함하여 개인정보 보호위원회의 심의·의결을 거쳐 공표한다.

〈7가지 공표기준〉

 − 1회 과태료 부과 총 금액이 1천만 원 이상이거나 과징금 부과를 받은 경우
 − 유출·침해사고의 피해자 수가 10만 명 이상인 경우
 − 다른 위반행위를 은폐·조작하기 위하여 위반한 경우
 − 유출·침해로 재산상 손실 등 2차 피해가 발생하였거나 불법적인 매매 또는 건강 정보 등 민감 정보의 침해로 사회적 비난이 높은 경우
 − 위반행위 시점을 기준으로 위반 상태가 6개월 이상 지속된 경우
 − 행정 처분 시점을 기준으로 최근 3년 내 과징금, 과태료 부과 또는 시정조치 명령을 2회 이상 받은 경우
 − 위반행위 관련 검사 및 자료제출 요구 등을 거부·방해하거나 시정조치 명령을 이행하지 않음으로써 이에 대하여 과태료 부과를 받은 경우

공표절차는 과태료 및 과징금을 최종 처분할 때 ① 대상자에게 공표 사실을 사전 통보, ② 소명자료 또는 의견 수렴 후 개인정보보호위원회 송부, ③ 개인정보보호위원회 심의·의결, ④ 홈페이지 공표 순으로 진행된다.

공표는 행정안전부장관의 처분 권한이지만 개인정보보호위원회의 심의·의결을 거치게 함으로써 개인정보 보호법 위반자에 대한 행정청의 제재가 자의적이지 않고 공정하게 행사되도록 조절해 주는 장치를 마련하였다.

① 공표는 개인정보 보호법 위반에 대한 가장 무거운 행정 조치이다.

② 행정안전부 장관이 공표를 결정하면 반드시 최종 공표 조치가 취해져야 한다.

③ 공표 조치가 내려진 대상자는 공표와 더불어 반드시 1천만 원 이상의 과태료를 납부하여야 한다.

④ 반복적이거나 지속적인 위반 행위에 대한 제재는 공표 조치의 취지에 포함된다.

7. 다음은 '저영향 개발(Low Impact Development, LID)'에 대하여 설명하고 있는 글이다. 글의 내용이 자연스럽게 이어지도록 ㈎ ~ ㈒ 단락의 순서를 적절히 나열한 것은?

㈎ 국내에서는 신도시 건설과 기존 도시의 재생 및 비점오염 저감 등의 목적으로 LID기법이 활발하게 적용되고 있다. LH공사의 아산탕정지구 분산형 빗물관리 도시, 환경부의 강릉 저탄소 녹색 시범도시 등이 대표적이다. 또한, 수원시는 물 자급률 향상을 위해 빗물 관리 사업인 레인시티 사업을 시행하고 있고, 서울시에서도 빗물관리 기본 계획을 수립하는 등 지방자치단체에서도 저영향 개발에 대한 관심이 매우 높아지고 있다. K‒water에서는 송산 그린시티사업, 에코델타시티 사업 등 다양한 수변도시 및 친수구역 조성 사업에 LID 기술을 적용하여 진행하고 있다. 송산 그린시티 조성 사업은 시화호 주변 지역의 생태환경을 보전하는 동시에 시화 방조제 건설로 생성된 대규모 간석지를 효율적으로 활용, 자연과 환경, 인간 모두를 고려한 합리적인 도시를 조성하는 사업이다. 사업 지역 내 동측지구에 계획된 장치형 비점오염 저감시설을 식생수로, 빗물 정원 등 자연형 LID시설로 전환하는 것을 시작으로 강우발생 시 자체 발생원에서 관리가 가능한 분산식 우수배제 방식으로 설계하는 등 저영향 개발 기술을 적극적으로 활용하고 있다. 또한, 그린인프라 시설에 대한 효과를 극대화하는 시범지구를 설정, 저영향 개발 설계를 진행하고 있다.

㈏ 기후변화 대응 및 국가정책 기조에 따라 수자원 관리 및 이용의 중요성이 확대되면서, 저영향개발(Low Impact Development, LID)기반의 물순환 도시 조성 계획·설계 기술의 확보가 요구되고 있다. 국가별로 사용하는 용어는 상이하나 접근하는 방식은 유사한데, 공통적으로 발생한 강우를 그 지역 내에서 관리하는 분산형 빗물관리 기술을 적용하고 있고, 저영향 개발(LID, 미국), 자연 순응형 개발(Sound Water Cycle On National Planning, 일본), 분산식 도시계획(Decentralized Urban Design, 독일), 지속가능한 도시계획(Water Sensitive Urban Design, 호주) 등 발생원의 빗물관리를 목표로 한다. 미국 내 많은 연방기관과 주 정부 및 지자체에서는 저영향 개발을 이용한 우수관리 기법에 관한 지침서와 매뉴얼을 제공하고, 유역의 신규 개발 또는 재개발 시 LID 기술을 활용하도록 제도화되어 있다.

㈐ 한국 그린인프라·저영향 개발 센터는 그린 인프라(Green Infrastructure, GI)·LID기술에 대한 검인증 역할 수행 및 연구를 위한 세계 최초의 다목적 실내·외 종합검증시설이며, 다양한 형태의 LID 실증시설을 실제로 구축·운영함으로써 수리·수문, 토질, 재료, 환경 분야의 실험 및 분석을 수행하고 있다. 또한, 분산형 테스트베드의 성격뿐만 아니라 설계 ‒ 시공 ‒ 운영 ‒ 모니터링 ‒ 유지관리 기술의 흐름을 통한 기술 통합적 실증단지로서의 역할을 목표로 GI·LID 실증검증사업, 교육 및 정책 지원사업, 국가 연구개발 사업, 기업체 기술개발 지원사업으로 구분하여 GI·LID 관련 정책제안, 기술개발 등의 연구, 홍보 및 교육을 수행할 계획이다.

㈒ 한편, LID기술의 국내 현장 적용 및 파급 확대를 위해서는 선진국 수준의 설계 및 요소기술의 검증 및 인증을 위한 방안 마련과 사업 후 적용평가를 위한 지침의 개발이 시급하다. 이에 국토교통부 '물관리연구사업'의 일환인 「건전한 도시물순환인프라의 저영향개발(LID) 및 구축·운영 기술」 연구단 프로젝트를 2012년 12월부터 2018년까지 부산대학교, K‒water, LH, 한국건설기술연구원 등 10여개의 전문기관이 컨소시엄으로 참여하여 연구수행 중이다. 「건전한 도시물순환인프라의 저영향 개발(LID) 및 구축운영기술 연구단」은 본 연구사업을 통하여 부산대학교 양산캠퍼스에 한국 그린인프라·저영향 개발 센터를 설립하였다.

① ㈎ ‒ ㈏ ‒ ㈒ ‒ ㈐
② ㈏ ‒ ㈎ ‒ ㈒ ‒ ㈐
③ ㈏ ‒ ㈎ ‒ ㈐ ‒ ㈒
④ ㈐ ‒ ㈎ ‒ ㈒ ‒ ㈏

8. 다음은 K공사의 신입사원 채용에 관한 안내문의 일부 내용이다. 다음 내용을 근거로 할 때, K공사가 안내문의 내용에 부합되게 취할 수 있는 행동이라고 볼 수 없는 것은?

○ 모든 응시자는 1인 1개 분야만 지원할 수 있습니다.

○ 응시희망자는 지역제한 등 응시자격을 미리 확인하고 응시원서를 접수하여야 하며, 응시원서의 기재사항 착오·누락, 공인어학능력시험 점수·자격증·장애인·취업지원대상자 가산점수·가산비율 기재 착오, 연락불능 등으로 발생되는 불이익은 일체 응시자의 책임으로 합니다.

○ 입사지원서 작성내용은 추후 증빙서류 제출 및 관계기관에 조회할 예정이며 내용을 허위로 입력한 경우에는 합격이 취소됩니다.

○ 응시자는 시험장소 공고문, 답안지 등에서 안내하는 응시자 주의사항에 유의하여야 하며, 이를 준수하지 않을 경우에 본인에게 불이익이 될 수 있습니다.

○ 원서접수결과 지원자가 채용예정인원 수와 같거나 미달하더라도 적격자가 없는 경우 선발하지 않을 수 있습니다.

○ 시험일정은 사정에 의하여 변경될 수 있으며 변경내용은 7일 전까지 공사 채용홈페이지를 통해 공고할 계획입니다.

○ 제출된 서류는 본 채용목적 이외에는 사용하지 않으며, 채용절차의 공정화에 관한 법령에 따라 최종합격자 발표일 이후 180일 이내에 반환청구를 할 수 있습니다.

○ 최종합격자 중에서 신규임용후보자 등록을 하지 않거나 관계법령에 의한 신체검사에 불합격한 자 또는 공사 인사규정 제21조에 의한 응시자격 미달자는 신규임용후보자 자격을 상실하고 차순위자를 추가합격자로 선발할 수 있습니다.

○ 임용은 교육성적을 포함한 채용시험 성적순으로 순차적으로 임용하되, 장애인 또는 경력자의 경우 성적순위에도 불구하고 우선 임용될 수 있습니다.

※ 공사 인사규정 제22조제2항에 의거 신규임용후보자의 자격은 임용후보자 등록일로부터 1년으로 하며, 필요에 따라 1년의 범위 안에서 연장될 수 있습니다.

① 동일한 응시자가 기계직과 운영직에 동시 응시를 한 사실이 뒤늦게 발견되어 임의로 기계직 응시 관련 사항 일체를 무효처리하였다.

② 대학 졸업예정자로 채용된 A 씨는 마지막 학기 학점이 부족하여 졸업이 미뤄지는 바람에 채용이 취소되었다.

③ 50명 선발이 계획되어 있었고, 45명이 지원을 하였으나 42명만 선발하였다.

④ 최종합격자 중 신규임용후보자 자격을 상실한 자가 있어 불합격자 중 임의의 인원을 추가 선발하였다.

9. 다음 글의 밑줄 친 ㉠~㉢의 한자 표기에 대한 설명으로 옳은 것은?

서울시는 신종 코로나바이러스 감염증 확산 방지를 위해 ㉠'다중이용시설 동선 추적 조사반'을 구성한다고 밝혔다. 의사출신인 박○○ 서울시 보건의료정책과장은 이날 오후 서울시 유튜브 라이브 방송에 ㉡출연하여, 코로나바이러스 감염증 관련 대시민 브리핑을 갖고 "시는 2차, 3차 감염발생에 따라 ㉢역학조사를 강화해 조기에 발견하고 관련 정보를 빠르게 제공하려고 한다."라고 밝혔다. 박 과장은 "확진환자 이동경로공개 ㉣지연에 따라 시민 불안감이 조성된다는 말이 많다."며 "더욱이 다중이용시설의 경우 확인이 어려운 접촉자가 존재할 가능성도 있다."라고 지적했다.

① ㉠'다중'의 '중'은 '삼중구조'의 '중'과 같은 한자를 쓴다.

② ㉡'출연'의 '연'은 '연극'의 '연'과 다른 한자를 쓴다.

③ ㉢'역학'의 '역'에 해당하는 한자는 '歷'과 '易'모두 아니다.

④ ㉣'지연'은 '止延'으로 쓴다.

10. 다음과 같이 작성된 기후변화에 따른 수자원 전망 보고서 내용을 검토한 팀장의 반응으로 적절하지 않은 것은?

부문		기후변화 영향(2050년)
자연환경	산림 식생대	• 소나무 식생지역 → 경기북부, 강원 지역에만 분포 • 동백나무 등 난대 수종 → 서울에서 관찰 가능
	육상 생태계	• 생태계 변화, 서식지 축소 → 생물다양성 감소 • 꽃매미 등 남방계 외래 곤충 증가 • 맷돼지 개체수 증가로 농작물 피해 확산
	해양 생태계	• 제주 산호 군락지 → 백화현상 • 난대성 어종 북상, 한대성 어종 남하 – 꽃게어장 : 연평도 부근 → 북한 영해 – 참조기, 갈치 : 제주 → 전남 경남 연안 – 대구 : 동해, 경남 진해 → 전남 고흥, 여수
생활환경	물관리	• 하천 유역, 도심지 홍수 발생 가능성 증가 • 가뭄 발생, 생활·농업용수 수요 증가 → 물 부족
	해수면 상승	• 해수면·해일고 상승 → 해안 저지대 범람, 침식 – 해수면 상승으로 여의도 면적 7.7배 범람 (2020년) • 일부 방조제·항구 등 범람에 취약
	건강	• 폭염·열대야 1개월간 지속 → 노인, 환자 등 취약 • 말라리아, 뎅기열 등 아열대성 질병 증가 – 기온 1℃ 상승 → 말라리아(3%), 쯔쯔가무시병(6%) 증가
산업	농업	• 쌀, 과수·채소 등 품질저하, 생산성 감소 – 매년 2~4만ha 경작지 감소 – 기온 2℃ 상승 → 사과 생산량(34%), 고랭지 배추 재배 면적(70% 이상) 감소 • 품종개량 및 신품종 재배 기회 창출
	수산업	• 갯녹음 현상 확대, 대형 해파리 증가 → 어업·양식업 피해 발생 • 참치 등 난대성 어종 양식 기회 제공
	산업 전반	• 산업생산 차질, 전력 수급 불안정 등 발생 • 기후친화형 산업, 관광·레저 부문 활성화

① "한파로 인한 겨울철 저수온 현상 때문에 내가 좋아하는 대구가 인천 부근에서도 잡히겠는걸."

② "연평균 기온과 연평균 강수량이 오른다는 얘기구먼. 대책이 필요하겠어."

③ "제방의 홍수방어 능력도 감소할 것 같고, 가뭄과 홍수가 보다 빈번해질 것 같아 걱정이 되는군."

④ "수온 상승으로 참치 가격이 내려가겠지만, 하천 밑바닥 저산소 현상으로 어류 생태계도 위험해질 수 있겠네."

11. 다음 그림처럼 화살표에서 시작해서 시계방향으로 수와 사칙연산기호가 배열되어 있다. (?)에서 시작한 값이 마지막에 등호(=)로 연결되어 식을 완성한다. (?) 안에 알맞은 수로 옳은 것은? (단, 사칙연산기호의 연산순서는 무시하고, 그림에 있는 순서대로 계산한다)

→			
(?)	−	9	×	5
=			÷
7			2
+			−
3	÷	12	+	4

① 11

② 12

③ 13

④ 14

12. 다음은 2016 ~ 2025년 5개 자연재해 유형별 피해금액에 관한 자료이다. 이에 대한 설명으로 옳은 것만을 모두 고른 것은?

〈5개 자연재해 유형별 피해금액〉

(단위 : 억 원)

연도 유형	'16년	'17년	'18년	'19년	'20년	'21년	'22년	'23년	'24년	'25년
태풍	3,416	1,385	118	1,609	9	0	1,725	2,183	8,765	17
호우	2,150	3,520	19,063	435	581	2,549	1,808	5,276	384	1,581
대설	6,739	5,500	52	74	36	128	663	480	204	113
강풍	0	93	140	69	11	70	2	0	267	9
풍랑	0	0	57	331	0	241	70	3	0	0
전체	12,305	10,498	19,430	2,518	637	2,988	4,268	7,942	9,620	1,720

ㄱ. 2016 ~ 2025년 강풍 피해금액 합계는 풍랑 피해금액 합계보다 적다.

ㄴ. 2024년 태풍 피해금액은 2022년 5개 자연재해 유형 전체 피해금액의 90% 이상이다.

ㄷ. 피해금액이 매년 10억 원보다 큰 자연재해 유형은 호우뿐이다.

ㄹ. 피해금액이 큰 자연재해 유형부터 순서대로 나열하면 2022년과 2023년의 순서는 동일하다.

① ㄱㄴ

② ㄷㄹ

③ ㄱㄴㄹ

④ ㄴㄷㄹ

13. 다음 표는 A지역 전체 가구를 대상으로 원자력발전소 사고 전·후 식수 조달원 변경에 대해 설문조사한 결과이다. 사고 전에 비해 사고 후에 이용 가구 수가 감소한 식수 조달원의 수는 몇 개인가? (단, A지역 가구의 식수 조달원은 수돗물, 정수, 약수, 생수로 구성되며, 각 가구는 한 종류의 식수 조달원만 이용한다.)

〈원자력발전소 사고 전·후 A지역 조달원별 가구 수〉

(단위 : 가구)

사고 전 조달원 \ 사고 후 조달원	수돗물	정수	약수	생수
수돗물	40	30	20	30
정수	10	50	10	30
약수	20	10	10	40
생수	10	10	10	40

① 0개

② 1개

③ 2개

④ 3개

14. 다음은 갑국의 최종에너지 소비량에 대한 자료이다. 이에 대한 설명으로 옳은 것들로만 바르게 짝지어진 것은?

〈2023 ~ 2025년 유형별 최종에너지 소비량 비중〉

(단위 : %)

유형\연도	석탄		석유제품	도시가스	전력	기타
	무연탄	유연탄				
2023년	2.7	11.6	53.3	10.8	18.2	3.4
2024년	2.8	10.3	54.0	10.7	18.6	3.6
2025년	2.9	11.5	51.9	10.9	19.1	3.7

〈2025년 부문별 유형별 최종에너지 소비량〉

(단위 : 천TOE)

유형\부문	석탄		석유제품	도시가스	전력	기타	합
	무연탄	유연탄					
산업	4,750	15,317	57,451	9,129	23,093	5,415	115,155
가정·상업	901	4,636	6,450	11,105	12,489	1,675	37,256
수송	0	0	35,438	188	1,312	0	36,938
기타	0	2,321	1,299	669	152	42	4,483
계	5,651	22,274	100,638	21,091	37,046	7,132	193,832

※ TOE는 석유 환산 톤수를 의미

> ㉠ 2023 ~ 2025년 동안 전력소비량은 매년 증가한다.
> ㉡ 2025년에는 산업부문의 최종에너지 소비량이 전체 최종에너지 소비량의 50% 이상을 차지한다.
> ㉢ 2023 ~ 2025년 동안 석유제품 소비량 대비 전력 소비량의 비율이 매년 증가한다.
> ㉣ 2025년에는 산업부문과 가정·상업부문에서 유연탄 소비량 대비 무연탄 소비량의 비율이 각각 25% 이하이다.

① ㉠㉡
② ㉠㉣
③ ㉡㉢
④ ㉡㉣

15. 다음은 2023 ~ 2025년 동안 ○○지역의 용도별 물 사용량 현황을 나타낸 표이다. 이에 대한 설명으로 옳지 않은 것을 모두 고른 것은?

(단위 : m^3, %, 명)

연도\용도\구분	2023년		2024년		2025년	
	사용량	비율	사용량	비율	사용량	비율
생활용수	136,762	56.2	162,790	56.2	182,490	56.1
가정용수	65,100	26.8	72,400	25.0	84,400	26.0
영업용수	11,000	4.5	19,930	6.9	23,100	7.1
업무용수	39,662	16.3	45,220	15.6	47,250	14.5
욕탕용수	21,000	8.6	25,240	8.7	27,740	8.5
농업용수	45,000	18.5	49,050	16.9	52,230	16.1
공업용수	61,500	25.3	77,900	26.9	90,300	27.8
총 사용량	243,262	100.0	289,740	100.0	325,020	100.0
사용인구	379,300		430,400		531,250	

※ 1명당 생활용수 사용량(m^3/명) $= \dfrac{생활용수\ 총\ 사용량}{사용인구}$

> ㉠ 총 사용량은 2024년과 2025년 모두 전년대비 15% 이상 증가하였다.
> ㉡ 1명당 생활용수 사용량은 매년 증가하였다.
> ㉢ 농업용수 사용량은 매년 증가하였다.
> ㉣ 가정용수와 영업용수 사용량의 합은 업무용수와 욕탕용수 사용량의 합보다 매년 크다.

① ㉠㉡
② ㉡㉢
③ ㉡㉣
④ ㉠㉡㉢

16. 다음 글을 읽고 가족들이 경작할 수 있는 토지의 면적을 잘못 계산한 것은?

- 모든 호주는 국가로부터 영업전 20무를 지급받았다. 이 영업전은 상속이 가능하였다. 단, 상속의 결과 영업전이 20무를 초과하는 경우 초과분은 국가가 환수한다.
- 신체 건강한 남자는 18세가 되면 구분전 80무를 지급받았다. 상속이 가능했던 영업전과 달리 구분전은 노동력의 감퇴 또는 상실에 따라 국가의 환수 대상이 되었다. 즉, 60세가 되면 국가가 구분전의 절반을 환수하였고, 사망하면 나머지 절반도 마저 회수하였다.
- 18세 이상의 성인 남자일지라도 심각한 신체장애로 노동력의 일부를 상실한 경우에는 구분전을 40무만 지급받았다.
- 17세 미만의 남자이지만 호주인 경우에는 구분전 40무를 지급받았다.
- 여자는 원칙적으로 구분전의 수전 대상이 아니었지만, 남편이 사망한 과부에게만은 구분전 30무를 지급하였다.

① 작년에 화재로 부모를 잃어 호주가 된 12세의 갑은 5세 위의 누나와 함께 살고 있다. → 60무

② 60세 되던 해에 전염병이 발생하여 아내와 아들 부부를 잃은 올해 70세의 호주 을은 17세 된 손자와 15세 된 손녀를 데리고 산다. → 60무

③ 작년에 동갑내기 남편을 잃어 호주가 된 40세의 병은 21세의 아들과 함께 사는데, 이 아들은 선천적인 신체장애로 남들만큼 일하지 못한다. → 70무

④ 올해 30세인 호주 정은 신체 건강한 남자로서 10년 전에 결혼하였으며 그의 부모는 모두 오래 전에 사망하였다. 그의 슬하에는 17세 미만인 아들 둘과 딸 둘이 있다. → 100무

17. 다음 글을 읽고 도자기 장인 A의 제자들이 몇 명까지 배출되면 도자기 제작자들이 하루에 만들 수 있는 도자기 개수의 합이 최대가 되는가?

- 장인 A는 제자 1을 길러내고, 제자 1은 제자 2를, 제자 2는 제자 3을 길러내는 방식으로 제자 수를 늘려나간다. 즉, 각 도자기 제작자는 단 1명에게만 자신의 기술을 전수할 수 있으며, 기술 전수에는 1년이 소요된다.
- 각 제자가 하루에 만들 수 있는 도자기 개수는 자신을 직접 길러낸 스승의 최초 1일 도자기 생산량보다 20개 적다.
- 각 도자기 제작자는 모든 직계 제자를 관리해야 하므로 도자기 제작자가 만드는 1일 도자기 개수도 제자 1명이 증가할 때마다 10개씩 감소한다. 예컨대 제자 1만 있으면 장인 A의 도자기 생산량은 10개 감소하지만, 제자 2까지 있으면 장인 A는 20개, 제자 1은 10개 감소한다.
- 장인 A의 최초 1일 도자기 생산량은 100개이다.

① 1명
② 2명
③ 3명
④ 4명

18. 다음 표는 국내 학술단체가 발간하는 학술지를 대상으로 2011 ~ 2020년 동안 발간한 논문의 정보를 분석한 통계자료이다. 아래 보기에서 언급하고 있는 주제 분야를 모두 바르게 나열한 것은?

〈국내 학술지 분야별 발간 현황〉

주제 분야	학술지 수	총 논문 수	총 저자 수	총 참고문헌 수
인문학	513권	108,973편	115,703명	1,251,003권
사회과학	676권	139,277편	216,282명	1,942,674권
자연과학	126권	74,457편	241,436명	668,564권
공학	256권	145,311편	450,782명	916,807권
의약학	241권	102,952편	489,842명	1,133,622권
농수해양	76권	35,491편	145,127명	351,794권
예술체육	112권	39,001편	69,446명	450,126권
복합학	100권	16,986편	30,608명	213,072권
합계	2,100권	662,448편	1,759,226명	6,927,662권

〈보기〉
㉠ 이 분야는 논문당 평균 저자 수가 가장 많다.
㉡ 이 분야는 학술지당 평균 저자 수가 인문학, 복합학 다음으로 적다.
㉢ 이 분야는 논문당 평균 저자 수가 4명보다 많으며, 논문당 평균 참고문헌 수는 10권을 넘지 않는다.
㉣ 이 분야는 논문당 평균 저자 수가 2명보다 적으며, 논문당 평균 참고문헌 수가 12권 이상으로 사회과학 다음으로 많다.

	㉠	㉡	㉢	㉣
①	의약학	사회과학	농수해양	복합학
②	인문학	사회과학	의약학	농수해양
③	인문학	사회과학	의약학	복합학
④	사회과학	의약학	농수해양	예술체육

19. 다음 표는 타이타닉 승선자의 생존율에 관한 자료이다. 이에 대한 설명으로 옳지 않은 것은?

	어린이				어른				생존율
	남자		여자		남자		여자		
	생존	사망	생존	사망	생존	사망	생존	사망	
1등실	5명	0명	1명	0명	57명	118명	140명	4명	62.2%
2등실	11명	0명	13명	0명	14명	154명	80명	13명	41.4%
3등실	13명	35명	14명	17명	75명	387명	76명	89명	25.2%
승무원	0명	0명	0명	0명	192명	670명	20명	3명	24.0%

① 3등실 어린이의 생존율이 3등실 어른의 생존율보다 높다.
② 남자 승무원의 생존율은 2등실 남자의 생존율보다 높다.
③ 남자 승무원과 여자 승무원의 생존율은 각각 3등실 남자와 3등실 여자의 생존율보다 높다.
④ 승선자 가운데 여성의 비율은 1등실에서 가장 높고 3등실, 2등실 그리고 승무원의 순서이다.

20. 다음 표는 A지역의 유형별 토지면적 현황을 나타낸 것이다. 이를 바탕으로 설명한 내용으로 옳은 것은?

토지유형 연도	삼림	초지	습지	나지	경작지	훼손지	전체 면적
2021년	539,691	820,680	22,516	898,566	480,645	1	2,762,099
2022년	997,114	553,499	204	677,654	555,334	1	2,783,806
2023년	1,119,360	187,479	94,199	797,075	487,767	1	2,685,881
2024년	1,596,409	680,760	20,678	182,424	378,634	4,825	2,862,730
2025년	1,668,011	692,018	50,316	50,086	311,086	129,581	2,901,098

① A지역의 전체 면적은 2021년에 약 2.76㎢였으나 이후 지속적으로 증가하여 2025년에는 약 2.90㎢로 되었다.
② 삼림 면적은 2021년에 A지역 전체 면적의 25% 미만에서 2025년에는 55% 이상으로 증가하여 토지유형 중 증가율이 가장 높았다.
③ 삼림 면적은 2023년에서 2024년 사이에 가장 큰 폭을 증가하였다.
④ 나지의 연도별 면적 변화폭은 다른 토지유형의 연도별 면적 변화폭에 비해 가장 작은 것으로 나타났다.

21. 다음 글을 읽고 이 글에 대한 설명으로 옳지 않은 것은?

소연이가 집에서 회사까지 출근하는 방법은 지하철을 이용하는 방법, 버스를 이용하는 방법, 자가용을 이용하는 것이다. 길이 전혀 막히지 않을 때 지하철을 이용하는 경우 40분, 버스를 이용하는 경우 30분, 자가용을 이용하는 경우 20분이 소요된다. 그리고 지하철 이용비용은 1,000원, 버스 이용비용은 1,200원, 자가용 이용비용은 5,000원이 든다. 이때 출근시간이 20분까지는 추가비용이 없지만 20분 초과부터는 1분이 추가될 때마다 추가비용 300원씩 든다고 가정한다.
그런데 차가 막힐 경우에는 지하철 비용과 소요시간은 변함이 없고, 버스는 비용은 변함없지만 소요시간이 50분으로 늘어나며, 자가용은 기름값도 추가로 3,000원 발생하고 소요시간도 40분으로 늘어나게 된다. 이때 출근시간에 막힐 확률은 월요일과 금요일 50%이고, 화요일과 수요일, 목요일은 30%이다. 그리고 가끔 특근을 하는 경우 토요일과 일요일은 차가 전혀 막히지 않는다.

① 월요일에는 지하철을 타고 출근하는 것이 가장 경제적이다.
② 화요일은 버스를 타고 출근하는 것이 가장 경제적이다.
③ 토요일과 일요일을 제외한 평일에는 자가용을 타고 출근하는 것이 가장 비경제적이다.
④ 수요일에는 지하철을 타고 가는 것과 버스를 타고 가는 것 사이의 비용 차이가 1,200원 이상 발생한다.

22. 다음 주어진 문장을 보고 이에 대한 추론으로 가장 적절한 것은?

학생은 모두 ⓐ, ⓑ, ⓒ, ⓓ, ⓔ 다섯 명이다.
ⓐ는 오른쪽에서 4번째에 있다.
ⓐ는 ⓑ보다 왼쪽에 있다.
ⓒ는 ⓓ보다 왼쪽에 있으며, 둘은 나란히 있다.

① ⓐ는 정 가운데에 있다.
② ⓑ는 ⓒ보다 왼쪽에 있다.
③ ⓔ는 맨 왼쪽에 있다.
④ ⓑ는 ⓓ보다 오른쪽에 있다.

23. 주현, 영숙, 혜정, 창엽, 명진 5명은 착한 사람이 아니면 나쁜 사람이며, 중간적인 성향은 없다. 조건이 다음과 같을 때 다음 중 나쁜 사람들로만 짝지어진 것은?

> • 3명은 항상 진실만을 말하는 착한 사람이고, 2명은 항상 거짓말만 하는 나쁜 사람이다.
> • 주현 : 나는 착한 사람이다.
> • 영숙 : 주현이가 착한 사람이면, 창엽이도 착한 사람이다.
> • 혜정 : 창엽이가 나쁜 사람이면, 주현이도 나쁜 사람이다.
> • 창엽 : 명진이가 착한 사람이면, 주현이도 착한 사람이다.
> • 명진 : 주현이는 나쁜 사람이다.

① 주현, 창엽
② 명진, 혜정
③ 혜정, 영숙
④ 명진, 창엽

24. 지현이는 주말이 되어 친구들을 만나기 위해 지하철을 타고 가기로 했다. 아래의 지하철 노선도를 참조하여 다음 중 지현이가 목적지까지 가는 동안 전철을 갈아타는 횟수를 구하면? (단, 출발역 : 대화역, 목적지 : 옥수역)

① 3
② 2
③ 1
④ 0

25. A, B, C, D, E 다섯 명 중 출장을 가는 사람이 있다. 출장을 가는 사람은 반드시 참을 말하고, 출장에 가지 않는 사람은 반드시 거짓을 말한다. 다음과 같이 각자 말했을 때 항상 참인 것은?

> A : E가 출장을 가지 않는다면, D는 출장을 간다.
> B : D가 출장을 가지 않는다면, A는 출장을 간다.
> C : A는 출장을 가지 않는다.
> D : 2명 이상이 출장을 간다.
> E : C가 출장을 간다면 A도 출장을 간다.

① 최소 1명, 최대 3명이 출장을 간다.
② C는 출장을 간다.
③ E는 출장을 가지 않는다.
④ A와 C는 같이 출장을 가거나, 둘 다 출장을 가지 않는다.

26. 제시된 자료는 복리후생 제도 중 직원의 교육비 지원에 대한 내용이다. 다음 중 ㈎~㈐ 직원 4명의 총 교육비 지원 금액은 얼마인가?

> 〈교육비 지원 기준〉
> • 임직원 본인의 대학 및 대학원 학비 : 100% 지원
> • 임직원 가족의 대학 및 대학원 학비
> – 임직원의 직계 존비속 : 80% 지원
> – 임직원의 형제 및 자매 : 50% 지원 (단, 직계 존비속 지원이 우선되며, 해당 신청이 없을 경우에 한하여 지급함)
> – 교육비 지원 신청은 본인 포함 최대 2인에 한한다.
>
> 〈교육비 신청내용〉
> ㈎ 직원 – 본인 대학원 학비 3백만 원, 동생 대학 학비 2백만 원
> ㈏ 직원 – 딸 대학 학비 2백만 원
> ㈐ 직원 – 본인 대학 학비 3백만 원, 아들 대학 학비 4백만 원, 동생 대학원 학비 2백만 원
> ㈑ 직원 – 본인 대학원 학비 2백만 원, 딸 대학 학비 2백만 원, 아들 대학원 학비 2백만 원, 동생 대학원 학비 3백만 원

① 14,400,000원
② 15,400,000원
③ 16,400,000원
④ 17,400,000원

27. 영식이는 국제인재개발원에서 수강할 과목을 선택하려고 한다. 영식이가 선택할 과목에 대해 주변의 지인 A ~ E가 다음과 같이 진술하였는데 이 중 한 사람의 진술을 거짓이고 나머지 사람들의 진술은 모두 참인 것으로 밝혀졌다. 영식이가 반드시 수강할 과목만으로 바르게 짝지어진 것은?

> A : 영어를 수강할 경우 중국어도 수강한다.
> B : 영어를 수강하지 않을 경우, 일본어도 수강하지 않는다.
> C : 영어와 중국어 중 적어도 하나를 수강한다.
> D : 일본어를 수강할 경우에만 중국어를 수강한다.
> E : 일본어를 수강하지만 영어는 수강하지 않는다.

① 일본어
② 영어
③ 일본어, 중국어
④ 일본어, 영어, 중국어

28. 다음 내용과 전투능력을 가진 생존자 현황을 근거로 판단할 경우 생존자들이 탈출할 수 있는 경우로 옳은 것은? (단, 다른 조건은 고려하지 않는다.)

> • 좀비 바이러스에 의해 라쿤 시티에 거주하던 많은 사람들이 좀비가 되었다. 건물에 갇힌 생존자들은 동, 서, 남, 북 4개의 통로를 이용해 5명씩 탈출을 시도한다. 탈출은 통로를 통해서만 가능하며, 한 쪽 통로를 선택하면 되돌아올 수 없다.
> • 동쪽 통로에 11마리, 서쪽 통로에 7마리, 남쪽 통로에 11마리, 북쪽 통로에 9마리의 좀비들이 있다. 선택한 통로의 좀비를 모두 제거해야만 탈출할 수 있다.
> • 남쪽 통로의 경우, 통로 끝이 막혀 탈출을 할 수 없지만 팀에 폭파전문가가 있다면 다이너마이트를 사용하여 막힌 통로를 뚫고 탈출할 수 있다.
> • 전투란 생존자가 좀비를 제거하는 것을 의미하며 선택한 통로에서 일시에 이루어진다.
> • 전투능력은 정상인 건강상태에서 해당 생존자가 전투에서 제거하는 좀비의 수를 의미하며, 질병이나 부상상태인 사람은 그 능력이 50%로 줄어든다.
> • 전투력 강화는 건강상태가 정상인 생존자들 중 1명에게만 사용할 수 있으며, 전투능력을 50% 향상시킨다. 사용 가능한 대상은 의사 혹은 의사의 팀 내 구성원이다.
> • 생존자의 직업은 다양하며, 아이와 노인은 전투능력과 보유품목이 없고 건강상태는 정상이다.

〈전투능력을 가진 생존자 현황〉

직업	인원	전투능력	건강상태	보유품목
경찰	1명	6	질병	–
헌터	1명	4	정상	–
의사	1명	2	정상	전투력 강화제 1개
군인	1명	8	정상	–
폭파전문가	1명	4	부상	다이너마이트

탈출 통로	팀 구성 인원
① 동쪽 통로	폭파전문가 – 군인 – 노인 3명
② 서쪽 통로	헌터 – 경찰 – 아이 2명 – 노인
③ 남쪽 통로	헌터 – 폭파전문가 – 아이 – 노인 2명
④ 북쪽 통로	경찰 – 의사 – 아이 2명 – 노인

29. 다음 주어진 조건을 모두 고려했을 때 옳은 것은?

> 〈조건〉
> • A, B, C, D, E의 월급은 각각 10만 원, 20만 원, 30만 원, 40만 원, 50만 원 중 하나이다.
> • A의 월급은 C의 월급보다 많고, E의 월급보다는 적다.
> • D의 월급은 B의 월급보다 많고, A의 월급도 B의 월급보다 많다.
> • C의 월급은 B의 월급보다 많고, D의 월급보다는 적다.
> • D는 가장 많은 월급을 받지는 않는다.

① 월급이 세 번째로 많은 사람은 A이다.
② E와 C의 월급은 20만 원 차이가 난다.
③ B와 E의 월급의 합은 A와 C의 월급의 합보다 많다.
④ 월급이 제일 많은 사람은 E이다.

30. 다음은 (주) 앗싸의 휴대폰 매뉴얼 중 주의사항 일부를 나타낸 것이다. 아래의 내용을 참조하여 서술한 내용으로 가장 적절하지 않은 것을 고르면?

㈜ 앗싸의 휴대폰 사용 시 주의사항

본 기기 사용 전 아래의 지시사항을 지키지 않을 경우 사용자는 심각한 상해를 입거나 사망할 수 있으므로 주의를 요합니다.

▢ 화재주의
• 충전단자나 외부접속단자(microUSB 접속단자)에 전도성 이물질(금속 조각, 연필심 등)을 접촉시키거나 내부로 넣지 마세요.
• 사용 중이나 충전 중에 이불 등으로 덮거나 또는 감싸지 마세요.
• 배터리가 새거나 냄새가 날 때는 즉시 사용을 중지하고 화기에서 멀리 두세요. 새어 나온 액체에 불이 붙거나 발화, 파열의 원인이 될 수 있습니다.
• 일반 쓰레기와 같이 버리지 마세요. 발화 및 환경파괴의 원인이 됩니다.

▢ 피부손상 주의
• 휴대전화의 인터넷, 동영상, 게임 등을 장시간 사용 시에 제품 표면의 온도가 올라갈 수 있으므로 사용을 잠시 중단하세요.
• 신체의 일부가 오랜 시간 휴대전화에 닿지 않도록 하세요. 휴대전화 장시간 사용 중 오랫동안 피부에 접촉 시 피부가 약한 분들은 저온화상의 우려가 있기 때문에 사용에 있어서 주의를 요합니다.

▢ 충전 시 주의
• USB 아이콘이 위로 향한 채 꽂으세요. 반대로 하게 되면 제품에 치명적인 손상을 줄 수 있습니다.
• 충전 중에 사용 시 감전의 우려가 있을 수 있으니 반드시 충전기와 분리 후에 사용하세요
• 충전기 또는 배터리 단자 등에 이상이 있을 시에 무리한 충전을 하지 말고 ㈜ 앗싸 고객 상담실 (Tel : 1544-1234)로 문의하신 후에 가까운 ㈜ 앗싸 서비스센터로 가셔서 제품을 확인 받으시기 바랍니다. (화재의 위험이 있습니다.)

---

① 핸드폰 사용 시에 배터리 부분에서 냄새가 나게 되는 경우에 핸드폰 전원을 꺼야 한다.
② 해당 제품의 오랜 사용으로 인해 피부에 장시간 맞닿아 있게 되면 피부가 약한 사람의 경우 저온화상을 입을 수 있다.
③ 핸드폰 충전 시 치명적인 손상을 방지하기 위해 USB 아이콘이 위로 향하는 방향으로 꽂아야 한다.
④ 해당 제품인 핸드폰을 게임이나 동영상 등에 오래 사용할 경우 제품에 온도가 높아질 수 있으므로 이러한 경우에는 핸드폰의 사용을 중단해야 한다.

31. 다음 매뉴얼의 종류는 무엇인가?

• 물기나 습기가 없는 건조한 곳에 두세요.
 – 습기 또는 액체 성분은 부품과 회로에 손상을 줄 수 있습니다.
 – 물에 젖은 경우 전원을 켜지 말고(켜져 있다면 끄고, 꺼지지 않는다면 그대로 두고, 배터리가 분리될 경우 배터리를 분리하고) 마른 수건으로 물기를 제거한 후 서비스 센터에 가져가세요.
 – 제품 또는 배터리가 물이나 액체 등에 젖거나 잠기면 제품 내부에 부착된 침수 라벨의 색상이 바뀝니다. 이러한 원인으로 발생한 고장은 무상 수리를 받을 수 없으므로 주의하세요.
• 제품을 경사진 곳에 두거나 보관하지 마세요. 떨어질 경우 충격으로 인해 파손될 수 있으며 고장의 원인이 됩니다.
• 제품을 동전, 열쇠, 목걸이 등의 금속 제품과 함께 보관하지 마세요.
 – 제품이 변형되거나 고장 날 수 있습니다.
 – 배터리 충전 단자에 금속이 닿을 경우 화재의 위험이 있습니다.
• 걷거나 이동 중에 제품을 사용할 때 주의하세요. 장애물 등에 부딪혀 다치거나 사고가 날 수 있습니다.
• 제품을 뒷주머니에 넣거나 허리 등에 차지 마세요. 제품이 파손되거나 넘어졌을 때 다칠 수 있습니다.

---

① 제품 매뉴얼   ② 업무 매뉴얼
③ 외식 매뉴얼   ④ 부품 매뉴얼

32. 다음은 ○○기업의 기술적용계획표이다. ㉠ ~ ㉣ 중 기술적용 시 고려할 사항으로 가장 적절하지 않은 것은?

기술적용계획표	
프로젝트명	2020년 가상현실 시스템 구축

항목	평가			비교
	적절	보통	부적절	
기술적용 고려사항				
㉠ 현장 작업 담당자가 해당 시스템을 사용하길 원하는가?				
㉡ 해당 시스템이 향후 목적과 비전에 맞추어 잠재적으로 응용 가능한가?				
㉢ 해당 시스템의 수명 주기를 충분히 고려하여 불필요한 교체를 피하였는가?				
㉣ 해당 시스템의 기술 적용에 따른 비용이 예산 범위 내에서 가능한가?				
세부 기술적용 지침				
－이하 생략－				

계획표 제출일자 : 2020년 11월 10일	부서 :
계획표 작성일자 : 2020년 11월 10일	성 명 : (인)

① ㉠

② ㉡

③ ㉢

④ ㉣

33. 취업을 준비하고 있는 A, B, C, D, E 5명이 지원한 회사는 각 각 부산환경공단, 전력공사, 서원각, 회계법인, 가스공사 중 한 곳이다. 5명이 모두 서류전형에 합격하여 NCS 직업기초능력평가를 보러 가는데, 이때 지하철, 버스, 택시 중 한 가지를 타고 가려고 한다. 다음 중 옳지 않은 것은? (단, 한 가지 교통수단은 최대 2명만 이용할 수 있고, 한 사람도 이용하지 않는 교통수단은 없다.)

> ㉠ 버스는 부산환경공단, 전력공사, 서원각, 가스공사를 지원한 사람의 회사를 갈 수 있다.
> ㉡ A는 서원각을 지원했다.
> ㉢ E는 어떤 교통수단을 이용해도 지원한 회사에 갈 수 있다.
> ㉣ 지하철에는 D를 포함한 두 사람이 탄다.
> ㉤ B가 탈 수 있는 교통수단은 지하철뿐이다.
> ㉥ 버스와 택시가 지나가는 회사는 부산환경공단을 제외하고 중복되지 않는다.

① B와 D는 같이 지하철을 이용한다.

② E는 택시를 이용한다.

③ E는 회계법인을 지원했다.

④ A는 서원각에 지원했다.

┃34 ~ 36┃ 다음은 △△회사의 식기세척기 사용설명서 중 〈고장신고 전에 확인해야 할 사항〉의 일부 내용이다. 다음을 보고 물음에 답하시오.

이상증상	확인사항	조치방법
세척이 잘되지 않을 때	식기가 서로 겹쳐 있진 않나요?	식기의 배열 상태에 따라 세척성능에 차이가 있습니다. 사용설명서의 효율적인 그릇배열 및 주의사항을 참고하세요.
	세척날개가 회전할 때 식기에 부딪치도록 식기를 수납하셨나요?	국자, 젓가락 등 가늘고 긴 식기가 바구니 밑으로 빠지지 않도록 하세요. 세척노즐이 걸려 돌지 않으므로 세척이 되지 않습니다.
	세척날개의 구멍이 막히진 않았나요?	세척날개를 청소해 주세요.
	필터가 찌꺼기나 이물로 인해 막혀 있진 않나요?	필터를 청소 및 필터 주변의 이물을 제거해 주세요.
	필터가 들뜨거나 잘못 조립되진 않았나요?	필터의 조립상태를 확인하여 다시 조립해 주세요.
	세제를 적정량 사용하셨나요?	적정량의 세제를 넣어야 정상적으로 세척이 되므로 적정량의 세제를 사용해 주세요.
	전용세제 이외의 다른 세제를 사용하진 않았나요?	일반 주방세제나 베이킹 파우더를 사용하시면 거품으로 인해 정상적 세척이 되지 않으며, 누수를 비롯한 각종 불량 현상이 발생할 수 있으므로 전용세제를 사용해 주세요.
동작이 되지 않을 때	문을 확실하게 닫았나요?	문 중앙을 딸깍 소리가 날 때까지 눌러 확실하게 닫아야 합니다.
	급수밸브나 수도꼭지가 잠겨 있진 않나요?	급수밸브와 수도꼭지를 열어주세요.
	단수는 아닌가요?	다른 곳의 수도꼭지를 확인하세요.
	물을 받고 있는 중인가요?	설정된 양만큼 급수될 때까지 기다리세요.
	버튼 잠금 표시가 켜져 있진 않나요?	버튼 잠금 설정이 되어 있는 경우 '헹굼/건조'와 '살균' 버튼을 동시에 2초간 눌러서 해제할 수 있습니다.
운전 중 소음이 날 때	내부에서 달그락거리는 소리가 나나요?	가벼운 식기들이 분사압에 의해 서로 부딪혀 나는 소리일 수 있습니다.
	세척날개가 회전할 때 식기에 부딪치도록 식기를 수납하셨나요?	동작을 멈춘 후 문을 열어 선반 아래로 뾰족하게 내려온 것이 있는지 등 식기 배열을 다시 해주세요.
	운전을 시작하면 '웅~' 울림 소음이 나나요?	급수전에 내부에 남은 잔수를 배수하기 위해 배수펌프가 동작하는 소리이므로 안심하고 사용하세요.
	급수시에 소음이 들리나요?	급수압이 높을 경우 소음이 발생할 수 있습니다. 급수밸브를 약간만 잠가 급수압을 약하게 줄이면 소리가 줄어들 수 있습니다.
냄새가 나는 경우	타는 듯한 냄새가 나나요?	사용 초기에는 제품 운전시 발생하는 열에 의해 세척모터 등의 전기부품에서 특유의 냄새가 날 수 있습니다. 이러한 냄새는 5~10회 정도 사용하면 냄새가 날아가 줄어드니 안심하고 사용하세요.
	세척이 끝났는데 세제 냄새가 나나요?	문이 닫힌 상태로 운전이 되므로 운전이 끝난 후 문을 열게 되면 제품 내부에 갇혀 있던 세제 특유의 향이 날 수 있습니다. 초기 본세척 행정이 끝나면 세제가 고여 있던 물은 완전히 배수가 되며, 그 이후에 선택한 코스 및 기능에 따라 1~3회의 냉수헹굼과 고온의 가열헹굼이 1회 진행되기 때문에 세제가 남는 것은 아니므로 안심하고 사용하세요.
	새 제품에서 냄새가 나나요?	제품을 처음 꺼내면 새 제품 특유의 냄새가 날 수 있으나 설치 후 사용을 시작하면 냄새는 없어집니다.

17

34. △△회사의 서비스센터에서 근무하고 있는 Y 씨는 고객으로부터 세척이 잘되지 않는다는 문의전화를 받았다. Y 씨가 확인해보라고 할 사항이 아닌 것은?

① 식기가 서로 겹쳐 있진 않습니까?
② 세척날개의 구멍이 막히진 않았습니까?
③ 타는 듯한 냄새가 나진 않습니까?
④ 전용세제 이외의 다른 세제를 사용하진 않았습니까?

35. 식기세척기가 동작이 되지 않을 때의 조치방법으로 옳지 않은 것은?

① 문이 안 닫힌 경우에는 문 중앙을 딸깍 소리가 날 때까지 눌러 확실하게 닫는다.
② 급수밸브와 수도꼭지가 잠긴 경우에는 급수밸브와 수도꼭지를 열어준다.
③ 물을 받고 있는 경우에는 설정된 양만큼 급수될 때까지 기다린다.
④ 젓가락 등이 아래로 빠진 경우에는 식기배열을 다시 한다.

36. 버튼 잠금 설정이 되어 있는 경우 이를 해제하려면 어떤 버튼을 눌러야 되는가?

① [세척]＋[동작/정지]
② [헹굼/건조]＋[살균]
③ [헹굼/건조]＋[예약]
④ [살균]＋[예약]

┃37 ～ 38┃ 다음 표를 참고하여 질문에 답하시오.

스위치	기능
○	1번과 2번 기계를 180도 회전시킨다.
●	1번과 3번 기계를 180도 회전시킨다.
♧	2번과 3번 기계를 180도 회전시킨다.
♣	2번과 4번 기계를 180도 회전시킨다.

37. 처음 상태에서 스위치를 두 번 눌렀더니 다음과 같이 바뀌었다. 어떤 스위치를 눌렀는가?

① ●♧
② ○♣
③ ♧♣
④ ○●

38. 처음 상태에서 스위치를 세 번 눌렀더니 다음과 같이 바뀌었다. 어떤 스위치를 눌렀는가?

① ○●♧
② ○●♣
③ ○♧♣
④ ●♧♣

▌39 ~ 40 ▌ 다음은 그래프 구성 명령어 실행 예시이다. 다음을 보고 물음에 답하시오.

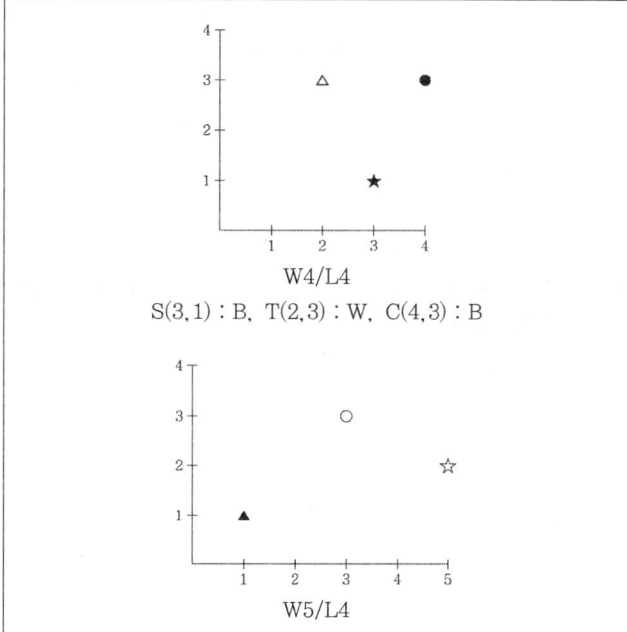

W4/L4

S(3,1) : B, T(2,3) : W, C(4,3) : B

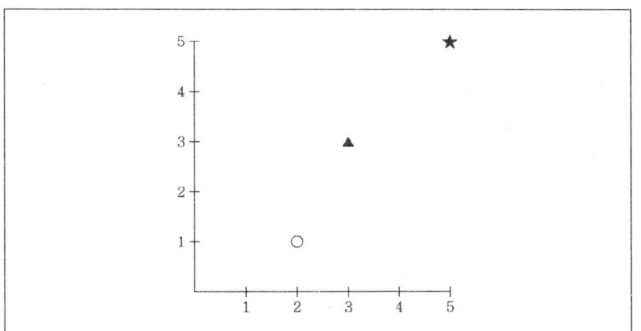

W5/L4

S(5,2) : W, T(1,1) : B, C(3,3) : W

39. W5/L5 S(5,5) : B, T(3,3) : W, C(2,1) : W의 그래프를 다음과 같이 산출할 때, 오류가 발생한 곳은?

① W5/L5

② S(5,5) : B

③ T(3,3) : W

④ C(2,1) : W

40. 다음 그래프에 알맞은 명령어는 무엇인가?

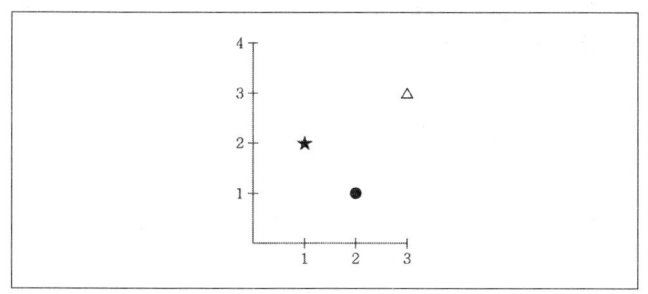

① W3/L4

   S(1,2) : B, T(3,3) : W, C(2,1) : B

② W3/L4

   S(1,2) : W, T(3,3) : B, C(2,1) : W

③ W3/L4

   S(2,1) : B, T(3,3) : W, C(1,2) : B

④ W4/L3

   S(2,1) : B, T(3,3) : W, C(1,2) : W

41. 다음 중 팀워크에 관한 설명에 부합하는 사례로 옳은 것은?

팀워크란 팀 구성원이 공동의 목적을 달성하기 위해 상호 관계성을 가지고 서로 협력하여 일을 해나가는 것을 말한다. 좋은 팀워크를 유지한다고 해서 의견충돌이나 갈등이 없는 것이 아니지만 구성원은 상호 신뢰하고 존중하고 각자 역할과 책임을 다하므로 의견충돌이나 갈등상황이 지속되지 않고 효율적으로 업무를 추진한다. 이러한 조직에서는 이기주의 또는 자의식 과잉 등 개인을 우선하는 분위기, 팀 내 분열을 조장하는 파벌주의, 비효율적 업무처리 등 팀워크를 저해하는 요소를 찾을 수 없다.

〈사례〉
㉠ 평소 구성원 간 협동 또는 교류보다는 경쟁을 모토로 삼는 A팀은 올 상반기 매출실적이 사내 1위였다.
㉡ B팀은 지난주 회의 때 ○○제품의 출시 일자를 두고 의견이 갈려 결론을 내지 못했지만, 이번 회의에서는 토론 및 설득을 통해 출시 일자를 늦추자는 방안을 만장일치로 채택하였다.
㉢ C팀은 팀원 간 사적으로 친밀하고 단합을 중시하여 화기애애한 분위기이지만 사적인 관계로 인해 업무처리 속도가 다른 팀에 비하여 떨어지고 실수가 잦다.

① ㉠
② ㉡
③ ㉡㉢
④ ㉠㉢

42. 원/달러 환율이 달러 당 1,100원대 → 1,000원대로 진입하는 등 원화 값이 가파르게 상승하고 있는 상황에서, 원화 값의 강세가 이어질 때 다음 보기 중 손해를 보는 경제 주체는 누구인가?

① 외국여행을 준비 중인 신혼부부
② 외국으로 제품을 수출하는 기업
③ 외국에 사는 가족에게 돈을 보내주는 기러기 아빠
④ 스마트폰 애플리케이션을 달러화로 결제하는 구매자

43. 다음 자료를 참고할 때, 해당 수치가 가장 큰 것은 어느 것인가?

〈2020년 유치원 현황〉			
유치원 수	학급 수	원아 수	교원 수
9,021개	37,749개	678,296명	54,892명

〈2020년 유치원 국공립/사립 비중〉

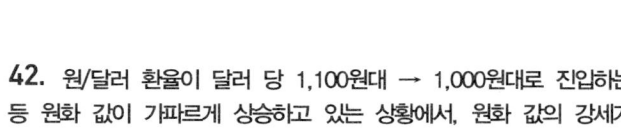

① 국공립 유치원 1개 당 평균 원아 수
② 사립 유치원 1개 당 평균 학급 수
③ 사립 유치원 1개 당 평균 교원 수
④ 국공립 유치원 교원 1인 당 평균 원아 수

44. 리더는 조직원들에게 지속적으로 자신의 잠재력을 발휘하도록 만들기 위한 외적인 동기유발제 그 이상을 제공해야 한다. 이러한 리더의 역량이라고 볼 수 없는 것은?

① 높은 성과를 달성한 조직원에게는 곧바로 따뜻한 말이나 칭찬으로 보상해 준다.
② 직원들이 자신의 업무에 책임을 지도록 하는 환경 속에서 일할 수 있게 해 준다.
③ 직원 자신이 권한과 목적의식을 가지고 있는 중요한 사람이라는 사실을 느낄 수 있도록 이끌어 준다.
④ 조직을 위험에 빠지지 않도록 리스크 관리를 철저히 하여 안심하고 근무할 수 있도록 해 준다.

45. 다음은 K전자의 연도별 매출 자료이다. 2017년 1분기의 판관비가 2억 원이며, 매 시기 1천만 원씩 증가하였다고 가정할 때, K전자의 매출 실적에 대한 올바른 설명은 어느 것인가?

(단위: 억 원)

영업이익
매출액

2017년 1분기	2분기	3분기	4분기	2018년 1분기	2분기
51	61	62	66	61	58
9.9	14.1	14.5	15.2	15.6	14.9

* 매출총이익 = 매출 − 매출원가

* 영업이익 = 매출총이익 − 판관비

① 매출원가가 가장 큰 시기의 매출총이익도 가장 크다.

② 매출액 대비 영업이익을 나타내는 영업이익률은 2018년 1분기가 가장 크다.

③ 매출총이익에서 판관비가 차지하는 비중은 2017년 1분기가 가장 크다.

④ 매출원가와 매출총이익의 증감 추이는 영업이익의 증감 추이와 매 시기 동일하다.

46. 철도 레일 생산업체인 '강한 금속'은 A, B 2개의 생산라인에서 레일을 생산한다. 2개의 생산라인을 하루 종일 풀가동할 경우 3일 동안 525개의 레일을 생산할 수 있으며, A라인만을 풀가동하여 생산할 경우 하루에 90개의 레일을 생산할 수 있다. A라인만을 풀가동하여 5일 간 제품을 생산하고 이후 2일은 B라인만을, 다시 추가로 2일 간은 A, B라인을 함께 풀가동하여 생산을 진행한다면, 강한 금속이 생산한 총 레일의 개수는 모두 몇 개인가?

① 940개

② 970개

③ 1,050개

④ 1,120개

47. A마을에 거주하는 성인 60명에게 사회보장제도 이용 실태에 대하여 물어보았다. 국민연금에 가입해 있는 사람이 35명, 고용보험에 가입해 있는 사람이 28명, 국민연금과 고용보험 어느 것에도 가입하지 않은 사람이 5명이었다면, 국민연금은 가입하였으나 고용보험은 가입하지 않은 사람은 몇 명인가?

① 27명

② 26명

③ 25명

④ 24명

48. 다음 중 '팀원들의 강점을 잘 활용하여 팀 목표를 달성하는 효과적인 팀'의 핵심적인 특징으로 적절하지 않은 것을 모두 고르면?

가. 팀의 사명과 목표를 명확하게 기술한다.

나. 창조적으로 운영된다.

다. 결과보다 과정과 방법에 초점을 맞춘다.

라. 역할과 책임을 명료화시킨다.

마. 개인의 강점을 활용하기보다 짜인 시스템을 활용한다.

바. 팀원 간에 멤버십 역할을 공유한다.

사. 의견의 불일치를 건설적으로 해결한다.

아. 의사소통에 있어 보안유지를 철저히 준수한다.

자. 객관적인 결정을 내린다.

① 다, 마, 바, 아

② 마, 자

③ 다, 사, 아, 자

④ 마, 바, 아, 자

49. 다음은 지하철 역사 환경 개선작업을 위하여 고용된 인원의 10일 간의 아르바이트 현황이다. 맡은 바 업무의 난이도에 따른 기본 책정 보수와 야근, 지각 등의 근무 현황이 다음과 같을 경우, 10일 후 지급받는 총 보수액이 가장 많은 사람은 누구인가?

구분	야근(시간)	기본 책정 보수	지각횟수(회)
갑	평일3, 주말3	85만 원	3
을	평일1, 주말3	90만 원	3
병	평일2, 주말2	90만 원	3
정	평일5, 주말1	80만 원	4

※ 평일 기본 시급은 10,000원이다.

※ 평일 야근은 기본 시급의 1.5배, 주말 야근은 기본 시급의 2배이다.

※ 지각은 1회에 15,000원씩 삭감한다.

① 갑

② 을

③ 병

④ 정

50. 다음 자료를 참고할 때, 남 대리가 소비하는 B 물품의 개당 가격은 얼마인가?

남 대리는 월급에서 매달 일정한 금액을 떼어 A와 B 물품을 소비한다. 예전에는 A 물품 39개와 B 물품 12개를 구입할 수 있었지만, 현재는 남 대리의 월급이 올랐고 일정하게 떼어 놓는 금액도 두 배로 늘어나 A 물품 48개와 B 물품 34개를 구입할 수 있게 되었다. A 물품의 개당 가격은 900원이다.

① 300원

② 600원

③ 1,200원

④ 2,700원

✏ 화학 / 환경공학개론

1. 다음 5가지 물질에 대한 자료를 보고 ㈎로 가장 적절한 것은?

○ 5가지 물질의 화학식

　㈎　Ne　CO_2　NH_3　Na_2CO_3

○ 화합물은 3가지이고, 분자는 4가지이다.

① H_2

② Na

③ H_2O

④ CH_4

2. 다음 그림은 고체 ㈎～㈐의 구조를 모형으로 나타낸 것이다. ㈎～㈐ 중 결정성 고체인 것만을 있는 대로 고른 것은?

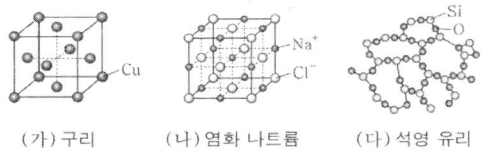

(가) 구리　　(나) 염화 나트륨　　(다) 석영 유리

① ㈎

② ㈏

③ ㈐

④ ㈎, ㈏

3. 다음 탄화수소 X, Y에 대한 자료를 보고 $b \div a$를 구하면? (단, H, C의 원자량은 각각 1, 12이다.)

- X는 실험식과 분자식이 같다.
- X와 Y는 분자 당 수소 수가 같다.
- 같은 질량의 X, Y를 완전 연소시켰을 때 생성물의 종류와 몰수

탄화수소	생성물의 몰수(몰)	
	H_2O	CO_2
X	$2a$	$3a$
Y	b	b

① $\dfrac{7}{6}$ ② $\dfrac{8}{5}$

③ $\dfrac{40}{21}$ ④ $\dfrac{20}{7}$

4. 다음은 3가지 반응의 화학 반응식을 나타낸 것이다. 이에 대한 옳은 설명만을 〈보기〉에서 있는 대로 고른 것은?

- (가) $2Na + Cl_2 \rightarrow 2NaCl$
- (나) $Cl_2 + H_2O \rightarrow HCl + HClO$
- (다) $2NaCl + F_2 \rightarrow 2NaF + Cl_2$

〈보기〉
- ㉠ (가)에서 Cl_2는 환원된다.
- ㉡ (나)에서 O의 산화수는 증가한다.
- ㉢ (다)에서 NaCl은 산화제이다.

① ㉠ ② ㉢

③ ㉠㉡ ④ ㉠㉢

5. 다음은 TK, 표준 상태에서 반응 (가)~(다)의 열화학 반응식을 나타낸 것이다. 이에 대한 옳은 설명만을 〈보기〉에서 있는 대로 고른 것은?

(가) $A(g) + B(g) \rightarrow 2C(g)$		ΔH_1
(나) $A(g) + 2B(g) \rightarrow 2D(g)$		$\Delta H_2 > 0$
(다) $2C(g) + B(g) \rightarrow 2D(g)$		$\Delta G < 0$

〈보기〉
- ㉠ $\Delta H_1 > 0$이다.
- ㉡ (나)는 모든 온도에서 비자발적이다.
- ㉢ TK, 표준 상태의 닫힌계에서 (다)가 일어날 때 주위의 엔트로피는 감소한다.

① ㉠ ② ㉢

③ ㉠㉡ ④ ㉡㉢

6. 다음 중 기체의 반응에서 부피가 다음과 같이 반응할 때 이것과 관계있는 법칙으로 옳은 것은?

$H_2(g)$	$O_2(g)$	$H_2O(g)$
2L	1L	2L
3L	1.5L	3L
9L	4.5L	9L

① 질량보존의 법칙

② 기체반응의 법칙

③ 배수비례의 법칙

④ 일정성분비의 법칙

7. 다음 중 탄소와 산소가 화합하여 이산화탄소로 생성될 때 두 원소가 반응하는 질량비가 3 : 8이면 18g의 탄소가 반응할 때 필요한 산소의 양으로 옳은 것은?

① 18g   ② 26g

③ 32g   ④ 48g

8. 원자량이 24인 어떤 원소 M의 산화물을 분석한 결과, 질량백분율로 산소가 40% 들어 있었다면 이 산화물의 실험식으로 옳은 것은?

① MO   ② M_2O

③ MO_2 ④ M_2O_2

9. 다음 중 같은 실험식이 얻어지는 것끼리 짝지은 것으로 옳은 것은?

> ㉠ CH_3COOH
> ㉡ CH_3COOCH_3
> ㉢ C_2H_5OH
> ㉣ $HCHO$

① ㉠㉡   ② ㉠㉣

③ ㉡㉢   ④ ㉢㉣

10. 다음 중 0℃, 1기압에서 기체 X의 분자량으로 옳은 것은?

> ㉠ 진공의 플라스틱 용기의 질량 : 8.00g
> ㉡ 메테인($CH_4 = 16$)을 채운 용기의 질량 : 9.00g
> ㉢ 기체 X를 채운 용기의 질량 : 10.76g

① 24   ② 32

③ 44   ④ 49

11. 붕소(B)에 질량수 10, 11의 두 가지 동위원소가 있다. 붕소의 원자량을 10.8이라 할 때 ^{10}B, ^{11}B의 존재비로 옳은 것은?

① 2 : 1   ② 1 : 3

③ 3 : 1   ④ 1 : 4

12. 다음과 같이 메테인을 0℃, 1기압에서 완전 연소시킬 때 필요한 공기의 부피가 56L라면 연소된 메테인의 질량으로 옳은 것은? (단, C, H, O의 원자량은 각각 12, 1, 16이고, 공기의 20%가 산소이다.)

$$CH_4(g) + 2O_2(g) \rightarrow CO_2(g) + 2H_2O(g)$$

① 2g   ② 4g

③ 10g   ④ 20g

13. 에어백 속에 기체 상태의 아지드화 나트륨(NaN_3)이 들어 있는데 에어백을 표준 상태(0℃, 1기압)에서 89.6L 크기로 부풀도록 제조하려면, 아지드화 나트륨을 최소 몇 g 넣어야 하는가? (단, 원자량은 Na = 23, N = 14)

① 70g   ② 124.2g

③ 173.3g   ④ 196.5g

14. 27℃, 2기압에서 10L의 부피를 차지하는 일산화탄소에 충분한 양의 산화 질소를 반응시켜 질소 기체를 얻었다. 얻어진 질소를 분리하여 10l 들이 그릇에 넣고 온도를 327℃로 올리면 압력은 얼마인가?

$$2CO + 2NO \rightarrow 2CO_2 + N_2$$

① 1기압   ② 2기압

③ 3기압   ④ 4기압

15. 다음 중 KNO_3의 용해도가 15℃에서 25일 때 15℃의 KNO_3의 포화 용액의 퍼센트 농도로 옳은 것은?

① 10% ② 20%

③ 25% ④ 30%

16. 다음 중 한 개의 벤젠(C_6H_6) 분자를 구성하는 모든 원자가전자 수의 합으로 옳은 것은?

① 12 ② 16

③ 24 ④ 30

17. 다음 중 이온화 에너지를 필요로 하는 반응으로 옳은 것은? (단, g : 기체)

① $Cl^-(g) \rightarrow Cl(g) + e^-$

② $Na(g) \rightarrow Na^+(g) + e^-$

③ $Na^+(g) + e^- \rightarrow Na(g)$

④ $Cl_2(g) + e^- \rightarrow 2Cl(g)$

18. 다음 촉매(catalyst)에 대한 설명으로 옳은 것은?

㉠ 촉매는 반응열을 변화시키는 역할을 한다.
㉡ 촉매는 반응경로를 바꾼다.
㉢ 촉매는 활성화 에너지에만 영향을 준다.
㉣ 촉매는 화학반응에 참여해 자신이 변화함으로써 반응속도를 변화시킨다.
㉤ 정촉매는 정반응 속도만을 빠르게 한다.

① ㉠㉡

② ㉡㉢

③ ㉠㉣

④ ㉡㉣㉤

19. 다이아몬드와 흑연을 연소시키는 반응과 그 반응 엔탈피는 각각 다음과 같다. 흑연으로부터 다이아몬드를 얻는 반응에 대해 올바르게 설명한 것은?

㉠ C(다이아몬드) + $O_2(g) \rightarrow CO_2(g)$
　△H°반응 $= -94.50\text{kcal}$
㉡ C(흑연) + $O_2(g) \rightarrow CO_2(g)$
　△H°반응 $= -94.05\text{kcal}$

① 흡열반응, △H°반응 $= 188.55\text{kcal}$

② 발열반응, △H°반응 $= -0.45\text{kcal}$

③ 흡열반응, △H°반응 $= 0.45\text{kcal}$

④ 발열반응, △H°반응 $= 0.45\text{kcal}$

20. 다음 각 반응 중 계의 예상되는 엔트로피 변화가 $\Delta S° > 0$인 것은?

① $2H_2(g) + O_2(g) \rightarrow 2H_2O(l)$

② $H_2O(g) \rightarrow H_2O(l)$

③ $N_2(g) + 3H_2(g) \rightarrow 2NH_3(g)$

④ $I_2(s) \rightarrow 2I(g)$

21. 원자가 껍질 전자쌍 반발(VSEPR)이론을 이용하여 다음 화합물의 결합각의 크기를 예측했을 때 바르게 나타낸 것은?

CH_4	NH_3	H_2O	CO_2	HCHO

① $CH_4 > NH_3 > H_2O > CO_2 > HCHO$

② $HCHO > CO_2 > CH_4 > NH_3 > H_2O$

③ $CO_2 > HCHO > CH_4 > NH_3 > H_2O$

④ $CO_2 > CH_4 > NH_3 > H_2O > HCHO$

22. 다음은 암모니아(NH_3)를 이용하여 질산(HNO_3)을 제조하는 과정을 나타낸 것이다. 밑줄 친 N(질소)의 산화수를 차례대로 바르게 나타낸 것은?

$$NH_3(g) \xrightarrow[\text{촉매}]{O_2} NO(g) \xrightarrow{O_2} NO_2(g) \xrightarrow{H_2O} HNO_3(aq) + NO(g)$$

① -3, $+2$, $+4$, $+5$
② -3, -2, $+4$, $+5$
③ -3, $+2$, -4, -5
④ $+3$, $+2$, $+4$, $+5$

23. 다음 중 50g의 $CaCO_3$에 들어 있는 Ca의 양은?

① 10g
② 15g
③ 20g
④ 25g

24. 산소의 원자번호는 8이다. O^{2-} 이온의 바닥상태인 전자배치를 바르게 나타낸 것은?

① $1s^2 2s^2 2p^1$
② $1s^2 2s^2 2p^2 3s^1$
③ $1s^2 2s^2 2p^4 3s^2$
④ $1s^2 2s^2 2p^6$

25. 다음 중 주기율표의 1족에 속하는 원소에 대한 설명으로 옳지 않은 것은?

① 알칼리 금속이다.
② 움직이기 쉬운 전자들을 가지고 있다.
③ 이 원소들은 비활성 기체보다 전자를 1개 덜 가지고 있다.
④ 원자번호가 커질수록 용융점은 낮아진다.

26. 다음 중 슬러지 팽화를 일으키고 산성상태에서도 잘 자라는 미생물은?

① Algae
② 박테리아
③ Fungi
④ 원생동물

27. 조류에 관한 설명으로 옳지 않은 것은?

① 상수원에서 물의 맛이나 냄새를 일으킨다.
② 엽록소를 가지고 있다.
③ 조류의 분자식은 $C_5H_8O_2N$이다.
④ 햇빛이 있는 낮에는 물속의 용존산소를 소모시키고, 이산화탄소를 생성한다.

28. 수질오염과 관련된 미생물의 종류에 모두 해당되는 것은?

① Blue-green Algae, Silica, Swimming Flagella
② Suctoria, Sarcodina, Protozoa
③ Bacteria, Fungi, Algae, Prorozoa, Rotifer
④ Rotifer, Crustaceans, Bacteria, Fungi

29. 어떤 폐수의 BOD_5가 100mg/L이고, 탈산소계수(K_1)가 0.1/day라면 3일 BOD(BOD_3) 및 최종 BOD(BOD_U)는 각각 얼마인가?

① BOD_3 − 73mg/L
   BOD_U − 146mg/L
② BOD_3 − 76mg/L
   BOD_U − 153mg/L
③ BOD_3 − 79mg/L
   BOD_U − 158mg/L
④ BOD_3 − 82mg/L
   BOD_U − 161mg/LL

30. 시료 100mg/L의 총 알칼리도를 구하기 위하여 $0.1N-H_2SO_4$ 15mg/L 가 소모되었다. 이 시료의 총 알칼리도는? (단, $CaCO_3$로 표시)

① 7.5mg/L

② 75mg/L

③ 750mg/L

④ 7,500mg/L

31. 수질조사에서 pH값 측정 의의 중 옳지 않은 것은?

① 오염에 의한 수질변화를 발견할 수 있는 수단이다.

② 정수과정에서 약품 주입량의 결정과 작업의 적부를 판단할 수 있다.

③ 염소소독에 있어서 경제적인 문제와 결부된다.

④ pH가 중성에서 철에 대한 부식성이 강하다.

32. TLM 시험방법 중 옳은 것은?

① 실험 도중 pH가 변할 수도 있으므로 조심해야 한다.

② 시험하기 전 하루 동안 대상폐수에 대해 물고기를 적응시킨다.

③ 물고기는 주로 붕어를 사용한다.

④ Incipient TLM이란 48hr TLM을 말하는데, 어떤 때는 24hr TLM을 뜻한다.

33. 다음 화학반응식은 어떤 종류의 미생물에 의해서 일어나는가?

$$2NO_2 + O_2 + 2H^+ \rightarrow 2NO_3^- + 2H^+$$

① Micrococcus

② Pseudomonas

③ Nitrobactor

④ Nitrosomonas

34. 질산화 반응 과정에서 생성된 질산성 질소에 대한 설명으로 옳지 않은 것은?

① 분변오염의 직접적인 지표이다.

② 질산성 산소가 다량 검출되면 하수처리가 잘 된 것이다.

③ 질산성 질소는 유아청변증 문제를 유발하는 물질이다.

④ 단백질이 질산화과정을 거친 후 생긴 최종산물이다.

35. 오염물질이 체내에 침입하였을 경우의 증상이 아닌 것은?

① 납 – 빈혈

② 카드뮴 – 골연화증

③ 크로뮴(6가) – 생식작용 장애

④ 시안 – 사지의 심근마비

36. 다음 중 HF의 배출원이 아닌 것은?

① 알루미늄공장

② 인산비료공장

③ 유리공장

④ 금속제품공장

37. 다음 중 생물농축에 대한 설명으로 옳지 않은 것은?

① 수생생물 체내의 각종 중금속 농도는 환경수중의 농도보다 높은 경우가 많다.

② 배설률이 작으면 농축되지 않는다.

③ 상위생물일수록 하위생물보다 농축의 정도가 높아진다.

④ 생물농축은 먹이연쇄를 통하여 이루어진다.

38. 부영양화 방지대책으로 쓰이는 약품은?

① $KMnO_4$

② $CuSO_4$ 또는 활성탄

③ K_2Cr_2O

④ $Na_2C_2O_4$

39. 다음 중 먹는 물의 심미적 영향기준에 속하지 않는 항목은?

① 경도

② 냄새와 맛

③ 잔류염소

④ 색도

40. 수인성 전염병의 종류가 아닌 것은?

① 유행성 출혈열

② 장티푸스

③ 파라티푸스

④ 세균성 이질

41. 교반조건에 사용되는 속도구배(Velocity Gradient)를 정확하게 나타낸 식은?

① $G = \sqrt{(\mu/W)}$

② $G = W/\mu$

③ $G = \sqrt{(P/V)}$

④ $G = \sqrt{(W/\mu)}$

42. 폐·하수의 생물학적 처리인 호기성 처리방법 중 살수여상법에 관한 설명으로 옳지 않은 것은?

① 표준살수여상법과 고속살수여상법은 수리부하에 따라 분류된다.

② 표준살수여상법은 저속여상법이라고도 한다.

③ 고속살수여상은 저속살수여상보다 BOD 제거효율이 낮다.

④ 폐수 중에 함유된 큰 고형물은 최종침전지에서 제거한 후 처리수를 여상에 유입시킨다.

43. 다음 중 취수에서 급수까지의 과정을 바르게 나열한 것은?

① 취수 - 정수 - 도수 - 배수 - 송수 - 급수

② 취수 - 정수 - 송수 - 도수 - 배수 - 급수

③ 취수 - 도수 - 송수 - 배수 - 정수 - 급수

④ 취수 - 도수 - 정수 - 송수 - 배수 - 급수

44. 마찰계수가 0.002, 길이 500m, 내경 200mm인 상수관 내에서 물이 6m/sec의 유속으로 흐를 경우 발생하는 수두손실은?

① 1.4m

② 10m

③ 45m

④ 35m

45. 40,000m³/day의 상수를 살균하기 위하여 20kg/day의 염소가 사용되고 있는데, 15분 접촉 후 잔류염소는 0.3mg/L였다. 이때 염소 주입농도와 염소요구량은 각각 얼마인가?

① 0.8mg/L, 0.4mg/L

② 0.2mg/L, 0.4mg/L

③ 0.4mg/L, 0.8mg/L

④ 0.5mg/L, 0.2mg/L

46. 음용수로 사용할 수 없는 물이 음용수의 급수시설로 직·간접적으로 들어갈 수 있도록 된 물리적 연결을 교차연결이라고 한다. 이 교차연결이 생기는 원인이 아닌 것은?

① 배수압이 너무 클 경우

② 상수관이 하수관과 동일하게 매설될 때

③ 연결관에 수압차가 있을 때

④ 소화전이 하수거로 배수될 때

47. 직경이 600mm인 하수관을 매설하려고 한다. 매설지점의 표토는 젖은 진흙으로 흙의 밀도가 2ton/m³이고 흙의 종류와 관의 깊이에 따라 결정되는 계수 $C_1 = 1.2$이다. 이때 매설관이 받는 하중을 Marston의 방법에 의하여 계산하면 얼마인가?

① 3.46ton/m

② 3.30ton/m

③ 3.00ton/m

④ 2.70ton/m

48. 수질오염공정시험법의 표준상태는 무엇을 말하는가?

① 10℃, 760mmHg, 비교습도 60%

② 35℃, 2기압, 비교습도 80%

③ 30℃, 1기압, 비교습도 100%

④ 0℃, 1기압, 비교습도 0%

49. 다음 중 기후의 변화를 일으키는 인자가 아닌 것은?

① 위도

② 해발

③ 지형

④ 인구

50. 오존주의보가 발령되는 농도는 몇 ppm인가?

① 0.01ppm

② 0.05ppm

③ 0.1ppm

④ 0.12ppm

부산환경공단 기출동형 모의고사

직업기초능력평가

문항	1	2	3	4	문항	1	2	3	4
1	①	②	③	④	26	①	②	③	④
2	①	②	③	④	27	①	②	③	④
3	①	②	③	④	28	①	②	③	④
4	①	②	③	④	29	①	②	③	④
5	①	②	③	④	30	①	②	③	④
6	①	②	③	④	31	①	②	③	④
7	①	②	③	④	32	①	②	③	④
8	①	②	③	④	33	①	②	③	④
9	①	②	③	④	34	①	②	③	④
10	①	②	③	④	35	①	②	③	④
11	①	②	③	④	36	①	②	③	④
12	①	②	③	④	37	①	②	③	④
13	①	②	③	④	38	①	②	③	④
14	①	②	③	④	39	①	②	③	④
15	①	②	③	④	40	①	②	③	④
16	①	②	③	④	41	①	②	③	④
17	①	②	③	④	42	①	②	③	④
18	①	②	③	④	43	①	②	③	④
19	①	②	③	④	44	①	②	③	④
20	①	②	③	④	45	①	②	③	④
21	①	②	③	④	46	①	②	③	④
22	①	②	③	④	47	①	②	③	④
23	①	②	③	④	48	①	②	③	④
24	①	②	③	④	49	①	②	③	④
25	①	②	③	④	50	①	②	③	④

전공과목

문항	1	2	3	4	문항	1	2	3	4
1	①	②	③	④	26	①	②	③	④
2	①	②	③	④	27	①	②	③	④
3	①	②	③	④	28	①	②	③	④
4	①	②	③	④	29	①	②	③	④
5	①	②	③	④	30	①	②	③	④
6	①	②	③	④	31	①	②	③	④
7	①	②	③	④	32	①	②	③	④
8	①	②	③	④	33	①	②	③	④
9	①	②	③	④	34	①	②	③	④
10	①	②	③	④	35	①	②	③	④
11	①	②	③	④	36	①	②	③	④
12	①	②	③	④	37	①	②	③	④
13	①	②	③	④	38	①	②	③	④
14	①	②	③	④	39	①	②	③	④
15	①	②	③	④	40	①	②	③	④
16	①	②	③	④	41	①	②	③	④
17	①	②	③	④	42	①	②	③	④
18	①	②	③	④	43	①	②	③	④
19	①	②	③	④	44	①	②	③	④
20	①	②	③	④	45	①	②	③	④
21	①	②	③	④	46	①	②	③	④
22	①	②	③	④	47	①	②	③	④
23	①	②	③	④	48	①	②	③	④
24	①	②	③	④	49	①	②	③	④
25	①	②	③	④	50	①	②	③	④

성명	
성	

수험번호

호 번 험 수	⓪	①	②	③	④	⑤	⑥	⑦	⑧	⑨
	⓪	①	②	③	④	⑤	⑥	⑦	⑧	⑨
	⓪	①	②	③	④	⑤	⑥	⑦	⑧	⑨
	⓪	①	②	③	④	⑤	⑥	⑦	⑧	⑨
	⓪	①	②	③	④	⑤	⑥	⑦	⑧	⑨
	⓪	①	②	③	④	⑤	⑥	⑦	⑧	⑨
	⓪	①	②	③	④	⑤	⑥	⑦	⑧	⑨
	⓪	①	②	③	④	⑤	⑥	⑦	⑧	⑨

SEOWONGAK
(주)서원각

부산환경공단

환경(8급)

기출동형 모의고사

제 2 회	영 역	직업기초능력평가, 전공과목(화학/환경공학개론)
	문항수	100문항
	시 간	100분
	비 고	객관식 4지 택일형

SEOWONGAK
(주)서원각

부산환경공단 환경(8급) 채용대비

제2회 기출동형 모의고사

📝 문항수 : 100문항
⏰ 시 간 : 100분

✎ **직업기초능력평가**

1. 다음은 유인입국심사에 대한 설명이다. 옳지 않은 것은?

◈ 유인입국심사 안내

• 입국심사는 국경에서 허가받는 행위로 내외국인 분리심사를 원칙으로 하고 있습니다.

• 외국인(등록외국인 제외)은 입국신고서를 작성하여야 하며, 등록대상인 외국인은 입국일로부터 90일 이내 관할 출입국 관리사무소에 외국인 등록을 하여야 합니다.

• 단체사증을 소지한 중국 단체여행객은 입국신고서를 작성하지 않으셔도 됩니다(청소년 수학여행객은 제외).

• 대한민국 여권을 위·변조하여 입국을 시도하는 외국인이 급증하고 있으므로 다소 불편하시더라도 입국심사관의 얼굴 대조, 질문 등에 적극 협조하여 주시기 바랍니다.

• 외국인 사증(비자) 관련 사항은 법무부 출입국 관리국으로 문의하시기 바랍니다.

◈ 입국신고서 제출 생략

내국인과 90일 이상 장기 체류할 목적으로 출입국사무소에 외국인 등록을 마친 외국인의 경우 입국신고서를 작성하실 필요가 없습니다.

◈ 심사절차

STEP 01	기내에서 입국신고서를 작성하지 않은 외국인은 심사 전 입국신고서를 작성해 주세요.
STEP 02	내국인과 외국인 심사 대기공간이 분리되어 있으니, 줄을 설 때 주의해 주세요. ※ 내국인은 파란선, 외국인은 빨간선으로 입장
STEP 03	심사대 앞 차단문이 열리면 입장해 주세요.
STEP 04	내국인은 여권을, 외국인은 입국신고서와 여권을 심사관에게 제시하고, 심사가 끝나면 심사대를 통과해 주세요. ※ 17세 이상의 외국인은 지문 및 얼굴 정보를 제공해야 합니다.

① 등록대상인 외국인은 입국일로부터 90일 이내 관할 출입국관리사무소에 외국인 등록을 하여야 한다.

② 중국 청소년 수학여행객은 단체사증을 소지하였더라도 입국신고서를 작성해야 한다.

③ 모든 외국인은 지문 및 얼굴 정보를 제공해야 한다.

④ 입국심사를 하려는 내국인은 파란선으로 입장해야 한다.

2. 다음 밑줄 친 ㉠ ~ ㉣ 중 문맥상 의미가 나머지 넷과 다른 것은?

코페르니쿠스 이론은 그가 죽은 지 거의 1세기가 지나도록 소수의 ㉠전향자밖에 얻지 못했다. 뉴턴의 연구는 '프린키피아(principia)'의 출간 이후 반세기가 넘도록, 특히 대륙에서는 일반적으로 ㉡수용되지 못했다. 프리스틀리는 산소이론을 전혀 받아들이지 않았고, 켈빈 경 역시 전자기 이론을 ㉢인정하지 않았으며, 이 밖에도 그런 예는 계속된다. 다윈은 그의 '종의 기원' 마지막 부분의 유난히 깊은 통찰력이 드러나는 구절에서 이렇게 적었다. "나는 이 책에서 제시된 견해들이 진리임을 확신하지만…… 오랜 세월 동안 나의 견해와 정반대의 관점에서 보아 왔던 다수의 사실들로 머릿속이 꽉 채워진 노련한 자연사 학자들이 이것을 믿어주리 라고는 전혀 ㉣기대하지 않는다. 그러나 나는 확신을 갖고 미래를 바라본다. 편견 없이 이 문제의 양면을 모두 볼 수 있는 젊은 신진 자연사 학자들에게 기대를 건다." 그리고 플랑크는 그의 '과학적 자서전'에서 자신의 생애를 돌아보면서, 서글프게 다음과 같이 술회하고 있다. "새로운 과학적 진리는 그 반대자들을 납득시키고 그들을 이해시킴으로써 승리를 거두기보다는, 오히려 그 반대자들이 결국에 가서 죽고 그것에 익숙한 세대가 성장하기 때문에 승리하게 되는 것이다."

① ㉠
② ㉡
③ ㉢
④ ㉣

3. 다음 밑줄 친 단어와 바꿔 쓰기에 적절한 한자어가 아닌 것은?

과거는 지나가 버렸기 때문에 역사가가 과거의 사실과 직접 만나는 것은 불가능하다. 역사가는 사료를 매개로 과거와 만난다. 사료는 과거를 그대로 재현하는 것은 아니기 때문에 불완전하다. 사료의 불완전성은 역사 연구의 범위를 제한하지만, 그 불완전성 때문에 역사학이 학문이 될 수 있으며 역사는 끝없이 다시 서술된다. 매개를 거치지 않은 채 손실되지 않은 과거와 ㉠만날 수 있다면 역사학이 설 자리가 없을 것이다. 역사학은 전통적으로 문헌 사료를 주로 활용해 왔다. 그러나 유물, 그림, 구전 등 과거가 남긴 흔적은 모두 사료로 활용될 수 있다. 역사가들은 새로운 사료를 발굴하기 위해 노력한다. 알려지지 않았던 사료를 찾아내기도 하지만, 중요하지 않게 ㉡여겨졌던 자료를 새롭게 사료로 활용하거나 기존의 사료를 새로운 방향에서 파악하기도 한다. 평범한 사람들의 삶의 모습을 중점적인 주제로 다루었던 미시사 연구에서 재판 기록, 일기, 편지, 탄원서, 설화집 등의 이른바 '서사적' 자료에 주목한 것도 사료 발굴을 위한 노력의 결과이다.

시각 매체의 확장은 사료의 유형을 더욱 다양하게 했다. 이에 따라 역사학에서 영화를 통한 역사 서술에 대한 관심이 일고, 영화를 사료로 파악하는 경향도 ㉢나타났다. 역사가들이 주로 사용하는 문헌 사료의 언어는 대개 지시 대상과 물리적·논리적 연관이 없는 추상화된 상징적 기호이다. 반면 영화는 카메라 앞에 놓인 물리적 현실을 이미지화하기 때문에 그 자체로 물질성을 띤다. 즉, 영화의 이미지는 닮은꼴로 사물을 지시하는 도상적 기호가 된다. 광학적 메커니즘에 따라 피사체로부터 비롯된 영화의 이미지는 그 피사체가 있었음을 지시하는 지표적 기호이기도 하다. 예를 들어 다큐멘터리 영화는 피사체와 밀접한 연관성을 갖기 때문에 피사체의 진정성에 대한 믿음을 고양하여 언어적 서술에 비해 호소력 있는 서술로 비춰지게 된다.

그렇다면 영화는 역사와 어떻게 관계를 맺고 있을까? 역사에 대한 영화적 독해와 영화에 대한 역사적 독해는 영화와 역사의 관계에 대한 두 축을 ㉣이룬다. 역사에 대한 영화적 독해는 영화라는 매체로 자기 나름의 시선을 서사와 표현 기법으로 녹여내어 역사를 비평할 수 있다. 역사를 소재로 한 역사 영화는 역사적 고증에 충실한 개연적 역사 서술 방식을 취할 수 있다. 혹은 역사적 사실을 자원으로 삼되 상상력에 의존하여 가공의 인물과 사건을 덧대는 상상적 역사 서술 방식을 취할 수도 있다. 그러나 비단 역사 영화만이 역사를 재현하는 것은 아니다. 모든 영화는 명시적이거나 우회적인 방법으로 역사를 증언한다. 영화에 대한 역사적 독해는 영화에 담겨 있는 역사적 흔적과 맥락을 검토하는 것과 연관된다. 역사가는 영화 속에 나타난 풍속, 생활상 등을 통해 역사의 외연을 확장할 수 있다. 나아가 제작 당시 대중이 공유하던 욕망, 강박, 믿음, 좌절 등의 집단적 무의식과 더불어 이상, 지배적 이데올로기 같은 미처 파악하지 못했던 가려진 역사를 끌어내기도 한다. 영화는 주로 허구를 다루기 때문에 역사 서술과는 거리가 있다고 보는 사람도 있다. 왜냐하면 역사가들은 일차적으로 사실을 기록한 자료에 기반해서 연구를 펼치기 때문이다.

① 대면(對面)　　　　② 간주(看做)

③ 대두(擡頭)　　　　④ 결합(結合)

---

4. 다음 제시된 내용을 토대로 관광회사 직원들이 추론한 내용으로 가장 적합한 것은?

세계여행관광협의회(WTTC)에 따르면 2016년 전 세계 국내총생산(GDP) 총합에서 관광산업이 차지한 직접 비중은 2.7%이다. 여기에 고용, 투자 등 간접적 요인까지 더한 전체 비중은 9.1%로, 금액으로 따지면 6조 3,461억 달러에 이른다. 직접 비중만 놓고 비교해도 관광산업의 규모는 자동차 산업의 2배이고 교육이나 통신 산업과 비슷한 수준이다. 아시아를 제외한 전 대륙에서는 화학 제조업보다도 관광산업의 규모가 큰 것으로 나타났다.

서비스 산업의 특성상 고용을 잣대로 삼으면 그 차이는 더욱 더 벌어진다. 지난해 전세계 관광산업 종사자는 9,800만 명으로 자동차 산업의 6배, 화학 제조업의 5배, 광업의 4배, 통신 산업의 2배로 나타났다. 간접 고용까지 따지면 2억 5,500만 명이 관광과 관련된 일을 하고 있어, 전 세계적으로 근로자 12명 가운데 1명이 관광과 연계된 직업을 갖고 있는 셈이다. 이러한 수치는 향후 2~3년간은 계속 유지될 것으로 보인다. 실제 백만 달러를 투입할 경우, 관광산업에서는 50명분의 일자리가 추가로 창출되어 교육 부문에 이어 두 번째로 높은 고용 창출효과가 있는 것으로 조사되었다.

유엔세계관광기구(UNWTO)의 장기 전망에 따르면 관광산업의 성장은 특히 한국이 포함된 동북아시아에서 두드러질 것으로 예상된다. UNWTO는 2010년부터 2030년 사이 이 지역으로 여행하는 관광객이 연평균 9.7% 성장하여 2030년 5억 6,500명이 동북아시아를 찾을 것으로 전망했다. 전 세계 시장에서 차지하는 비율도 현 22%에서 2030년에는 30%로 증가할 것으로 예측했다.

그런데 지난해 한국의 관광산업 비중(간접 분야 포함 전체 비중)은 5.2%로 세계 평균보다 훨씬 낮다. 관련 고용자수(간접 고용 포함)도 50만 3,000여 명으로 전체의 2%에 불과하다. 뒤집어 생각하면 그만큼 성장의 여력이 크다고 할 수 있다.

① 상민 : 2016년 전 세계 국내총생산(GDP) 총합에서 관광산업이 차지한 직접 비중을 금액으로 따지면 2조 달러가 넘는다.

② 대현 : 2015년 전 세계 통신 산업의 종사자는 자동차 산업의 종사자의 약 3배 정도이다.

③ 동근 : 2017년 전 세계 근로자 수는 20억 명을 넘지 못한다.

④ 수진 : 한국의 관광산업 수준이 간접 고용을 포함하는 고용 수준에서 현재의 세계 평균 수준 비율과 비슷해지려면 3백억 달러 이상을 관광 산업에 투자해야 한다.

5. 다음 글의 주제로 가장 적절한 것을 고른 것은?

유럽의 도시들을 여행하다 보면 여기저기서 벼룩시장이 열리는 것을 볼 수 있다. 벼룩시장에서 사람들은 낡고 오래된 물건들을 보면서 추억을 되살린다. 유럽 도시들의 독특한 분위기는 오래된 것을 쉽게 버리지 않는 정신이 반영된 것이다.

영국의 옥스팜(Oxfam)이라는 시민단체는 헌옷을 수선해 파는 전문 상점을 운영해, 그 수익금으로 제3세계를 지원하고 있다. 파리 시민들에게는 유행이 따로 없다. 서로 다른 시절의 옷들을 예술적으로 배합해 자기만의 개성을 연출한다.

땀과 기억이 배어 있는 오래된 물건은 실용적 가치만으로 따질 수 없는 보편적 가치를 지닌다. 선물로 받아서 10년 이상 써 온 손때 묻은 만년필을 잃어버렸을 때 느끼는 상실감은 새 만년필을 산다고 해서 사라지지 않는다. 그것은 그 만년필이 개인의 오랜 추억을 담고 있는 증거물이자 애착의 대상이 되었기 때문이다. 그러기에 실용성과 상관없이 오래된 것은 그 자체로 아름답다.

① 서양인들의 개성은 시대를 넘나드는 예술적 가치관으로부터 표현된다.

② 오래된 물건은 실용적 가치만으로 따질 수 없는 개인의 추억과 같은 보편적 가치를 지니기에 그 자체로 아름답다.

③ 만년필은 선물해준 사람과의 아름다운 기억과 오랜 추억이 담긴 물건이다.

④ 오래된 물건은 실용적인 가치보다 더 중요한 가치를 지니고 있다.

6. 다음 글을 읽고 가장 잘 이해한다고 볼 수 있는 사람은?

사회에는 위법행위에 호의적인 가치와 호의적이지 않은 가치가 모두 존재한다. 사회 구성원들의 가치와 태도도 그러한 가치들로 혼합되어 나타나는데, 어떤 사람은 위법행위에 호의적인 가치를, 또 어떤 사람은 위법행위에 호의적이지 않은 가치를 더 많이 갖고 있다. 또한 청소년들은 그러한 주변 사람들로부터 가치와 태도를 학습한다. 그들이 위법행위에 더 호의적인 주위 사람과 자주 접촉하고 상호 작용하게 되면 그만큼 위법행위에 호의적인 가치와 관대한 태도를 학습하고 내면화하여, 그러한 가치와 태도대로 행동하다 보면 비행을 하게 된다. 예컨대 청소년 주위에는 비행청소년도 있고 모범청소년도 있을 수 있는데, 어떤 청소년이 모범청소년보다 비행청소년과 자주 접촉할 경우, 그는 다른 청소년들보다 위법행위에 호의적인 가치와 관대한 태도를 보다 많이 학습하게 되어 비행을 더 저지르게 된다.

① 갑 : 바늘 가는데 실 간다.

② 을 : 잘되면 내 탓! 못되면 남의 탓!

③ 병 : 까마귀 노는 곳에 백로야 가지 마라!

④ 정 : 잘못한 일은 누구를 막론하고 벌을 주자!

7. 다음 글을 읽고 빈칸에 들어갈 알맞은 진술로 가장 적합한 것은?

'실은 몰랐지만 넘겨짚어 시험의 정답을 맞힌' 경우와 '제대로 알고 시험의 정답을 맞힌'경우를 구별할 수 있을까? 또 무작정 외워서 쓴 경우와 제대로 이해하고 쓴 경우는 어떤가? 전자와 후자는 서로 다르게 평가받아야 할까, 아니면 동등한 평가를 받는 것이 마땅한가?

선택형 시험의 평가는 오로지 답안지에 표기된 선택지가 정답과 일치하는가의 여부에만 달려 있다. 이는 위의 첫 번째 물음이 항상 긍정으로 대답되지는 않으리라는 사실을 말해준다. 그러나 만일 시험관이 답안지를 놓고 응시자와 면담할 기회가 주어진다면, 시험관은 응시자에게 그가 정답지를 선택한 근거를 물음으로써 그가 과연 문제에 관해 올바른 정보와 추론 능력을 가지고 있었는지 검사할 수 있을 것이다.

예를 들어 한 응시자가 '대한민국의 수도가 어디냐?'는 물음에 대해 '서울'이라고 답했다고 하자. 그렇게 답한 이유가 단지 '부모님이 사시는 도시라 이름이 익숙해서'였을 뿐, 정작 대한민국의 지리나 행정에 관해서는 아는 바 없다는 사실이 면접을 통해 드러났다고 하자. 이 경우에 시험관이 이 응시자가 대한민국의 수도에 관한 올바른 정보를 갖고 있다고 인정하기 어려울 것이다. 이 예는 응시자가 올바른 답을 제시하는 데 필요한 정보가 부족한 경우이다.

그렇다면, 어떤 사람이 문제의 올바른 답을 추론해내는 데 필요한 모든 정보를 갖고 있었고 실제로도 정답을 제시했다는 것이, 그가 문제에 대한 올바른 추론 능력을 가지고 있다고 할 필요충분조건이라고 할 수 있는가?

어느 도난 사건을 함께 조사한 홈즈와 왓슨이 사건의 모든 구체적인 세부사항, 예컨대 범행 현장에서 발견된 흙 발자국의 토양 성분 등에 관한 정보뿐 아니라 올바른 결론을 내리는 데 필요한 모든 일반적 정보, 예컨대 영국의 지역별 토양의 성분에 관한 정보 등을 똑같이 갖고 있었고, 실제로 동일한 용의자를 범인으로 지목했다고 하자. 이 경우 두 사람의 추론을 동등하게 평가해야 하는가? 그렇지 않다. 예컨대 왓슨은 모든 정보를 완비하고 있었음에도 불구하고, 이름에 모음의 수가 가장 적다는 엉터리 이유로 범인을 지목했다고 하자. 이런 경우에도 우리는 왓슨의 추론에 박수를 보낼 수 있을까? 아니다. 왜냐하면 _____

① 왓슨은 일반적으로 타당한 개인적 경험을 토대로 추론했기 때문이다.

② 왓슨은 올바른 추론의 방법을 알고 있었음에도 불구하고 요행을 우선시했기 때문이다.

③ 왓슨은 추론에 필요한 전문적인 훈련을 받지 못해서 범인을 잘못 골랐기 때문이다.

④ 왓슨은 올바른 추론에 필요한 정보를 가지고 있긴 했지만 그 정보와 무관하게 범인을 지목했기 때문이다.

8. 다음 글의 내용과 부합하는 것은?

'청렴(淸廉)'은 현대 사회에서 좁게는 반부패와 동의어로 사용되며 넓게는 투명성과 책임성 등을 포괄하는 통합적 개념으로 사용되고 있다. 유학자들은 청렴을 효제와 같은 인륜의 덕목보다는 하위에 두었지만 군자라면 마땅히 지켜야 할 일상의 덕목으로 중시하였다. 조선의 대표적 유학자였던 이황과 이이는 청렴을 사회 규율이자 개인 처세의 지침으로 강조하였다. 특히 공적 업무에 종사하는 사람이라면 사회 규율로서의 청렴이 개인의 처세와 직결된다는 점에 유념해야 한다고 보았다.

청렴에 대한 논의는 정약용의 「목민심서」에서 본격적으로 나타난다. 정약용은 청렴이야말로 목민관이 지켜야 할 근본적인 덕목이며 목민관의 직무는 청렴이 없이는 불가능하다고 강조하였다. 정약용은 청렴을 당위의 차원에서 주장하는 기존의 학자들과 달리 행위자 자신에게 실질적 이익이 된다는 점을 들어 설득하고자 한다. 그는 청렴은 큰 이득이 남는 장사라고 말하면서, 지혜롭고 욕심이 큰 사람은 청렴을 택하지만 지혜가 짧고 욕심이 작은 사람은 탐욕을 택한다고 설명한다. 정약용은 "지자(知者)는 인(仁)을 이롭게 여긴다."라는 공자의 말을 빌려 "지혜로운 자는 청렴함을 이롭게 여긴다."라고 하였다. 비록 재물을 얻는 데 뜻이 있더라도 청렴함을 택하는 것이 결과적으로는 지혜로운 선택이라고 정약용은 말한다. 목민관의 작은 탐욕은 단기적으로 보면 눈앞의 재물을 취하여 이익을 얻을 수 있겠지만 궁극에는 개인의 몰락과 가문의 불명예를 가져올 수 있기 때문이다.

정약용은 청렴을 지키는 것은 두 가지 효과가 있다고 보았다. 첫째, 청렴은 다른 사람에게 긍정적 효과를 미친다. 목민관이 청렴할 경우 백성을 비롯한 공동체 구성원에게 좋은 혜택이 돌아갈 것이다. 둘째, 청렴한 행위를 하는 것은 목민관 자신에게도 좋은 결과를 가져다준다. 청렴은 그 자신의 덕을 높이는 것일 뿐 아니라 자신의 가문에 빛나는 명성과 영광을 가져다줄 것이다.

① 정약용은 청렴이 목민관이 반드시 지켜야 할 덕목임을 당위론 차원에서 정당화하였다.

② 정약용은 탐욕을 택하는 것보다 청렴을 택하는 것이 이롭다는 공자의 뜻을 계승하였다.

③ 정약용은 청렴한 사람은 욕심이 작기 때문에 재물에 대한 탐욕에 빠지지 않는다고 보았다.

④ 정약용은 청렴이 백성에게 이로움을 줄 뿐 아니라 목민관 자신에게도 이로운 행위라고 보았다.

9. 다음 글을 읽고 이 글을 뒷받침할 수 있는 주장으로 가장 적합한 것은?

X선 사진을 통해 폐질환 진단법을 배우고 있는 의과대학 학생을 생각해 보자. 그는 암실에서 환자의 가슴을 찍은 X선 사진을 보면서, 이 사진의 특징을 설명하는 방사선 전문의의 강의를 듣고 있다. 그 학생은 가슴을 찍은 X선 사진에서 늑골뿐만 아니라 그 밑에 있는 폐, 늑골의 음영, 그리고 그것들 사이에 있는 아주 작은 반점들을 볼 수 있다. 하지만 처음부터 그럴 수 있었던 것은 아니다. 첫 강의에서는 X선 사진에 대한 전문의의 설명을 전혀 이해하지 못했다. 그가 가리키는 부분이 무엇인지, 희미한 반점이 과연 특정질환의 흔적인지 전혀 알 수가 없었다. 전문가가 상상력을 동원해 어떤 가상적 이야기를 꾸며내는 것처럼 느껴졌을 뿐이다. 그러나 몇 주 동안 이론을 배우고 실습을 하면서 지금은 생각이 달라졌다. 그는 문제의 X선 사진에서 이제는 늑골뿐 아니라 폐와 관련된 생리적인 변화, 흉터나 만성 질환의 병리학적 변화, 급성질환의 증세와 같은 다양한 현상들까지도 자세하게 경험하고 알 수 있게 될 것이다. 그는 전문가로서 새로운 세계에 들어선 것이고, 그 사진의 명확한 의미를 지금은 대부분 해석할 수 있게 되었다. 이론과 실습을 통해 새로운 세계를 볼 수 있게 된 것이다.

① 관찰은 배경지식에 의존한다.

② 과학에서의 관찰은 오류가 있을 수 있다.

③ 과학 장비의 도움으로 관찰 가능한 영역은 확대된다.

④ 관찰정보는 기본적으로 시각에 맺혀지는 상에 의해 결정된다.

10. 다음 글을 읽고 추측할 수 있는 연구와 그 결과에 대한 해석이 바르게 짝지어지지 않은 것은?

운석은 소행성 혹은 다른 행성 등에서 떨어져 나온 물체가 지구 표면에 떨어진 것으로 우주에 관한 주요 정보원이다. 1984년 미국의 탐사대가 남극 지역에서 발견하여 ALH84001(이하 ALH)이라고 명명한 주먹 크기의 운석도 그것의 한 예이다. 여러 해에 걸친 분석 끝에 1996년 NASA는 ALH가 화성에서 기원하였으며, 그 속에서 초기 생명의 흔적으로 추정할 수 있는 미세 구조물이 발견되었다는 발표를 하였다.

이 운석이 화성에서 왔다는 증거는 ALH에서 발견된 산소 동위 원소들 간의 구성비였다. 이 구성비는 지구의 암석에서 측정되는 것과는 달랐지만, 화성에서 온 운석으로 알려진 스닉스(SNCs)에서 측정된 것과는 일치했다.

성분 분석 결과에 의하면 스닉스는 화산 활동에서 만들어진 화산암으로, 산소 동위 원소 구성비가 지구의 것과 다르기 때문에 지구의 물질은 아니다. 소행성은 형성 초기에 급속히 냉각되어 화산 활동이 불가능하기 때문에, 지구에 화산암 운석을 보낼 수 있는 천체는 표면이 고체인 금성, 화성, 달 정도다. 그런데 방사성 동위 원소로 측정한 결과 스닉스는 약 10억 년 전에 형성된 것으로 밝혀졌다. 지질학적 분석 결과 그 시기까지 달에는 화산 활동이 없었기 때문에 화산암이 생성될 수가 없었다. 금성과 화성에는 화산 폭발이 있었지만 계산 결과 어떤 화산 폭발도 이들 행성의 중력권 밖으로 파편을 날려 보낼 만큼 강력하지는 않았다. 커다란 운석의 행성 충돌만이 행성의 파편을 우주로 날려 보낼 수 있었을 것이다. 그러나 금성은 농밀한 대기와 큰 중력으로 인해 파편 이탈이 쉽지 않으므로 화성이 유력한 후보로 남게 된다. 그런데 스닉스에서 발견된 모(母)행성 대기의 기체 일부가 바이킹 화성탐사선이 분석한 화성의 대기와 구성 성분이 일치했다. 따라서 스닉스는 화성에서 왔을 것이며, ALH 역시 화성에서 기원했을 것이다. ALH에서 발견된 이황화 철(FeS2)도 화성의 운석에서 흔히 발견되는 성분이다.

ALH의 기원이 밝혀진 이후 이 운석에 대한 본격적인 분석이 시작되었다. 먼저 루비듐(Rb)과 스트론듐(Sr)을 이용한 방사성 연대 측정을 통해 ALH의 나이가 화성과 비슷한 45억 년임이 판명되었다. ALH가 화성을 언제 떠났는지는 우주 복사선 효과를 통해 알 수 있었다. 운석이 우주 공간에 머물 때는 태양과 은하로부터 오는 복사선의 영향으로 새로운 동위 원소인 헬륨3, 네온21 등이 생성되는데, 그들의 생성률과 구성비를 측정하면 운석이 우주 공간에 머문 기간을 추정할 수 있다. ALH는 1,600만 년을 우주 공간에서 떠돌았다. ALH가 지구에 떨어진 시점은 ALH에 포함된 또 다른 동위 원소인 탄소14를 사용해 계산하였다. 측정 결과 ALH는 13,000년 전에 남극에 떨어진 것으로 밝혀졌다.

ALH의 표면에는 갈라진 틈이 있었고, 이 안에서 $20 \ \mu m {\sim} 250 \ \mu m$ 크기의 둥근 탄산염 알갱이들이 발견되었다. 탄산염은 물에 의해 생성되거나 생물체의 활동으로부터 만들어질 수 있다. 어느 쪽이든 생명의 존재를 시사한다. 이 탄산염이 혹시 지구로부터 유입되었을 가능성이 있어 연대 측정을 해 본 결과 36억 년 전에 형성된 것이었다. 생물체가 분해될 때 생성되는 탄소 화합물인 '여러고리방향족탄화수소(PAH)'도 검출되었다. PAH 역시 외부 오염 가능성이 제기되었는데, ALH에서 PAH의 분포를 조사할 결과 안쪽으로 갈수록 농도가 증가하였다. 이것으로 외부 오염 가능성을 배제할 수 있었다. 탄산염 안에서 발견된 자철석 결정도 박테리아 내부에서 만들어지는 자철석 입자들이 모여 생성된 것과 그 형태가 흡사했다. 생물체의 존재에 대한 증거는 전자 현미경 분석에서 나왔다. 지구의 박테리아와 형태가 비슷하지만 크기는 매우 작은 25nm~100nm 정도의 미세 구조물들이 탄산염 알갱이에 붙어 있는 것을 확인한 것이다. 연구진은 이상의 분석을 종합해 볼 때, 이것을 36억 년 전 화성에 살았던 미생물이 화석화한 것으로 추정할 수 있다는 결론을 내렸다.

연구	결과 해석
① 달에 대한 지질학적 분석	스닉스가 달에서 오지 않았다.
② 금성의 중력과 대기 밀도 측정	스닉스가 금성에서 오지 않았다.
③ 스닉스에 포함된 산소 동위 원소 구성비 분석	스닉스가 지구의 것이 아니다.
④ 스닉스의 형성 연대 측정	스닉스가 우주에서 10억 년 동안 떠돌았다.

11. 다음 표는 두 나라의 출산휴가와 육아휴가 최대 기간과 임금 대체율에 대한 내용이다. 정상 주급이 60만 원을 받는 두 나라 여성이 각각 1월 1일(월)부터 출산휴가와 육아휴가를 최대한 사용할 경우, 첫 52주의 기간에 대하여 두 여성이 받게 되는 총임금의 차이는? (단, 육아휴가는 출산휴가 후 연이어 사용하며, 육아휴가를 사용한 후에는 바로 업무에 복귀하여 정상 주급을 받는다. 또한 임금대체율은 $\dfrac{\text{휴가기간의 주급}}{\text{정상 주급}} \times 100$으로 구한다.)

구분	출산휴가		육아휴가	
	최대 기간	임금대체율	최대 기간	임금대체율
A국	15주	100%	52주	80%
B국	15주	60%	35주	50%

① 800만 원 초과 900만 원 이하

② 900만 원 초과 1,000만 원 이하

③ 1,000만 원 초과 1,100만 원 이하

④ 1,100만 원 초과 1,200만 원 이하

12. 다음 자료를 참고할 때, H사의 차량을 2년 사용했을 때와 같은 경비는 F사의 차량을 사용한 지 몇 개월째에 발생하는가? (단, 매달 주행거리는 동일하다고 가정한다.)

〈자동차 종류별 특성〉

제조사	차량 가격 (만 원)	연료 용량(L)	연비(km/L)	연료 종류
H사	2,000	55	13	LPG
F사	2,100	60	10	휘발유
S사	2,050	60	12	경유

〈종류별 연료가격/L〉

LPG	800원
휘발유	1,500원
경유	1,200원

* 자동차 이용에 따른 총 경비는 구매가격과 연료비의 합으로 산정하고, 5년 간 연료비 변동은 없다고 가정함

① 4개월   ② 5개월

③ 6개월   ④ 7개월

13. 다음은 N국의 연도별 교육수준별 범죄자의 현황을 나타낸 자료이다. 다음 자료를 올바르게 해석한 것은?

(단위 : %, 명)

구분 연도	교육수준별 범죄자 비율					범죄자 수
	무학	초등학교	중학교	고등학교	대학 이상	
1970년	12.4	44.3	18.7	18.2	6.4	252,229
1975년	8.5	41.5	22.4	21.1	6.5	355,416
1980년	5.2	39.5	24.4	24.8	6.1	491,699
1985년	4.2	27.6	24.4	34.3	9.5	462,199
1990년	3.0	18.9	23.8	42.5	11.8	472,129
1995년	1.7	11.4	16.9	38.4	31.6	796,726
2000년	1.7	11.0	16.3	41.5	29.5	1,036,280

① 중학교 졸업자와 고등학교 졸업자인 범죄자 수는 매 시기 전체 범죄자 수의 절반에 미치지 못하고 있다.

② 1970~1980년 기간 동안 초등학교 졸업자인 범죄자의 수는 계속 감소하였다.

③ 1990년과 1995년의 대학 이상 졸업자인 범죄자의 수는 약 3배가 조금 못 되게 증가하였다.

④ 매 시기 가장 많은 비중을 차지하는 범죄자들의 학력은 최소한 유지되거나 높아지고 있다.

14. 다음 자료를 올바르게 판단한 의견을 〈보기〉에서 모두 고른 것은?

종사자 규모별	사업체수				종사자수			
	2016년	2017년	증감률	기여율	2016년	2017년	증감률	기여율
합계	3,950,192 (100.0)	4,020,477 (100.0)	1.8	100.0	21,259,243 (100.0)	21,591,398 (100.0)	1.6	100.0
1~4인	3,173,203 (80.3)	3,224,683 (80.2)	1.6 (-0.1)	73.2	5,705,551 (26.8)	5,834,290 (27.0)	2.3 (0.2)	38.8
5~ 99인	758,333 (19.2)	776,922 (19.3)	2.5 (0.1)	26.4	10,211,699 (48.0)	10,281,826 (47.6)	0.7 (-0.4)	21.1
100~ 299인	14,710 (0.4)	14,846 (0.4)	0.9 (0.0)	0.2	2,292,599 (10.8)	2,318,203 (10.7)	1.1 (-0.1)	7.7
300인 이상	3,946 (0.1)	4,026 (0.1)	2.0 (0.0)	0.1	3,049,394 (14.3)	3,157,079 (14.6)	3.5 (0.3)	32.4

〈보기〉

㉠ "종사자 규모 변동에 따른 사업체수와 종사자수의 증감 내역이 연도별로 다르네."

㉡ "기여율은 '구성비'와 같은 개념의 수치로군."

㉢ "사업체 1개당 평균 종사자수는 사업체 규모가 커질수록 더 많네."

㉣ "2016년보다 종사자수가 더 적어진 사업체는 없군."

① ㉢㉣

② ㉠㉢

③ ㉡㉣

④ ㉠㉡㉢

15. 다음 〈표〉는 2011 ~ 2015년 군 장병 1인당 1일 급식비와 조리원 충원인원에 관한 자료이다. 이에 대한 설명으로 옳지 않은 것은?

〈표〉 군 장병 1인당 1일 급식비와 조리원 충원인원

구분 \ 연도	2011년	2012년	2013년	2014년	2015년
1인당 1일 급식비(원)	5,820	6,155	6,432	6,848	6,984
조리원 충원인원(명)	1,767	1,924	2,024	2,123	2,195
전년대비 물가상승률(%)	5	5	5	5	5

※ 2011 ~ 2015년 동안 군 장병 수는 동일함

① 2012년 이후 군 장병 1인당 1일 급식비의 전년대비 증가율이 가장 큰 해는 2014년이다.

② 2012년의 조리원 충원인원이 목표 충원인원의 88%라고 할 때, 2012년의 조리원 목표 충원인원은 2,100명보다 많다.

③ 군 장병 1인당 1일 급식비의 5년(2011 ~ 2015년) 평균은 2013년 군 장병 1인당 1일 급식비보다 작다.

④ 2011년 대비 2015년의 군 장병 1인당 1일 급식비의 증가율은 2011년 대비 2015년의 물가상승률보다 낮다.

16. 다음 표는 A~E 리조트의 1박 기준 일반요금 및 회원할인율에 관한 자료이다. 이에 대한 〈보기〉의 설명 중 옳은 것만 모두 고른 것은?

〈표 1〉 비수기 및 성수기 일반요금(1박 기준)

(단위 : 천 원)

구분 \ 리조트	A	B	C	D	E
비수기 일반요금	300	250	200	150	100
성수기 일반요금	500	350	300	250	200

〈표 2〉 비수기 및 성수기 회원할인율(1박 기준)

(단위 : %)

구분	회원유형 \ 리조트	A	B	C	D	E
비수기 회원할인율	기명	50	45	40	30	20
	무기명	35	40	25	20	15
성수기 회원할인율	기명	35	30	30	25	15
	무기명	30	25	20	15	10

※ 회원할인율(%) = $\dfrac{일반요금 - 회원요금}{일반요금} \times 100$

〈보기〉

㉠ 리조트 1박 기준, 성수기 일반요금이 낮은 리조트일수록 성수기 무기명 회원요금이 낮다.

㉡ 리조트 1박 기준, B 리조트의 회원요금 중 가장 높은 값과 가장 낮은 값의 차이는 125,000원이다.

㉢ 리조트 1박 기준, 각 리조트의 기명 회원요금은 성수기가 비수기의 2배를 넘지 않는다.

㉣ 리조트 1박 기준, 비수기 기명 회원요금과 비수기 무기명 회원요금 차이가 가장 작은 리조트는 성수기 기명 회원요금과 성수기 무기명 회원요금 차이도 가장 작다.

① ㉠㉡

② ㉠㉢

③ ㉢㉣

④ ㉠㉡㉣

17. 다음 〈표〉는 서울시 10개구의 대기 중 오염물질 농도 및 오염물질별 대기환경지수 계산식에 관한 것이다. 이에 대한 〈보기〉의 설명 중 옳은 것만을 모두 고른 것은?

〈표 1〉 대기 중 오염물질 농도

오염물질 \ 지역	미세먼지 ($\mu g/m^3$)	초미세먼지 ($\mu g/m^3$)	이산화질소 (ppm)
종로구	46	36	0.018
중구	44	31	0.019
용산구	49	35	0.034
성동구	67	23	0.029
광진구	46	10	0.051
동대문구	57	25	0.037
중랑구	48	22	0.041
성북구	56	21	0.037
강북구	44	23	0.042
도봉구	53	14	0.022
평균	51	24	0.033

〈표 2〉 오염물질별 대기환경지수 계산식

오염물질 \ 계산식	조건	계산식
미세먼지 ($\mu g/m^3$)	농도가 51 이하일 때	0.9×농도
	농도가 51 초과일 때	1.0×농도
초미세먼지 ($\mu g/m^3$)	농도가 25 이하일 때	2.0×농도
	농도가 25 초과일 때	1.5×(농도−25)+51
이산화질소 (ppm)	농도가 0.04 이하일 때	1,200×농도
	농도가 0.04 초과일 때	800×(농도−0.04)+51

※ 통합대기환경지수는 오염물질별 대기환경지수 중 최댓값임

10

〈보기〉

㉠ 용산구의 통합대기환경지수는 성동구의 통합대기환경지수보다 작다.

㉡ 강북구의 미세먼지 농도와 초미세먼지 농도는 각각의 평균보다 낮고, 이산화질소 농도는 평균보다 높다.

㉢ 중랑구의 통합대기환경지수는 미세먼지의 대기환경지수와 같다.

㉣ 세 가지 오염물질 농도가 각각의 평균보다 모두 높은 구는 2개 이상이다.

① ㉠㉡
② ㉠㉢
③ ㉢㉣
④ ㉠㉡㉣

18. 다음은 어느 TV 제조업체의 최근 5개월 동안 컬러 TV 판매량을 나타낸 것이다. 6월의 컬러 TV 판매량을 단순 이동평균법, 가중이동평균법, 단순지수평활법을 이용하여 예측한 값을 각각 ㉠, ㉡, ㉢이라고 할 때, 그 크기를 비교한 것으로 옳은 것은? (단, 이동평균법에서 주기는 4개월, 단순지수평활법에서 평활상수는 0.4를 각각 적용한다.)

(단위 : 천대)

	1월	2월	3월	4월	5월	6월
판매량	10	14	9	13	15	
가중치	0.0	0.1	0.2	0.3	0.4	

① ㉠ > ㉡ > ㉢
② ㉡ > ㉠ > ㉢
③ ㉠ > ㉢ > ㉡
④ ㉡ > ㉢ > ㉠

19. 다음 제시된 숫자의 배열을 보고 규칙을 찾아 빈칸에 들어갈 알맞은 숫자를 고르면?

5 2 10 4 20 ( ) 40 8

① 30
② 8
③ 40
④ 6

20. 아래에서 S기업이 물류비용 5%를 추가로 절감할 경우, S기업은 얼마의 매출액을 증가시키는 것과 동일한 효과를 얻게 되는가?

• S기업 총 매출액 : 100억 원
• 매출액 대비 물류비 비중 : 10%
• 매출액 대비 이익률 : 5%

① 1억 원
② 1억 1천만 원
③ 10억 원
④ 110억 원

21. 다음을 읽고 네 사람의 직업이 중복되지 않을 때 C의 직업이 무엇인지 고르면?

㉠ A가 국회의원이라면 D는 영화배우이다.

㉡ B가 승무원이라면 D는 치과의사이다.

㉢ C가 영화배우면 B는 승무원이다.

㉣ C가 치과의사가 아니라면 D는 국회의원이다.

㉤ D가 치과의사가 아니라면 B는 영화배우가 아니다.

㉥ B는 국회의원이 아니다.

① 국회의원
② 영화배우
③ 승무원
④ 치과의사

22. 다음은 2023 ~ 2025년 A국 10대 수출품목의 수출액에 관한 내용이다. 제시된 표에 대한 〈보기〉의 설명 중 옳은 것만 모두 고른 것은?

〈표 1〉 A국 10대 수출품목의 수출액 비중과 품목별 세계수출시장 점유율(금액기준)

(단위 : %)

구분 연도 품목	A국의 전체 수출액에서 차지하는 비중			품목별 세계수출시장에서 A국의 점유율		
	'23년	'24년	'25년	'23년	'24년	'25년
백색가전	13.0	12.0	11.0	2.0	2.5	3.0
TV	14.0	14.0	13.0	10.0	20.0	25.0
반도체	10.0	10.0	15.0	30.0	33.0	34.0
휴대폰	16.0	15.0	13.0	17.0	16.0	13.0
2,000cc 이하 승용차	8.0	7.0	8.0	2.0	2.0	2.3
2,000cc 초과 승용차	6.0	6.0	5.0	0.8	0.7	0.8
자동차용 배터리	3.0	4.0	6.0	5.0	6.0	7.0
선박	5.0	4.0	3.0	1.0	1.0	1.0
항공기	1.0	2.0	3.0	0.1	0.1	0.1
전자부품	7.0	8.0	9.0	2.0	1.8	1.7
계	83.0	82.0	86.0	–	–	–

※ A국의 전체 수출액은 매년 변동 없음

〈표 2〉 A국 백색가전의 세부 품목별 수출액 비중

(단위 : %)

연도 세부품목	2023년	2024년	2025년
일반세탁기	13.0	10.0	8.0
드럼세탁기	18.0	18.0	18.0
일반냉장고	17.0	12.0	11.0
양문형 냉장고	22.0	26.0	28.0
에어컨	23.0	25.0	26.0
공기청정기	7.0	9.0	9.0
계	100.0	100.0	100.0

ㄱ. 2023년과 2025년 선박이 세계수출시장 규모는 같다.
ㄴ. 2024년과 2025년 A국의 전체 수출액에서 드럼세탁기가 차지하는 비중은 전년대비 매년 감소한다.
ㄷ. 2024년과 2025년 A국의 10대 수출품목 모두 품목별 세계수출시장에서 A국의 점유율은 전년대비 매년 증가한다.
ㄹ. 2025년 항공기 세계수출시장 규모는 A국 전체 수출액의 15배 이상이다.

① ㄱㄴ
② ㄱㄷ
③ ㄴㄷ
④ ㄴㄹ

23. 다음 글을 근거로 판단할 때 옳은 것은?

○○리그는 10개의 경기장에서 진행되는데, 각 경기장은 서로 다른 도시에 있다. 또 이 10개 도시 중 5개는 대도시이고 5개는 중소도시이다. 매일 5개 경기장에서 각각 한 경기가 열리면 한 시즌 당 각 경기장에서 열리는 경기의 횟수는 10개 경기장 모두 동일하다.

대도시의 경기장은 최대수용인원이 3만 명이고, 중소도시의 경기장은 최대수용인원이 2만 명이다. 대도시 경기장의 경우는 매 경기 60%의 좌석 점유율을 나타내고 있는 반면 중소도시 경기장의 경우는 매 경기 70%의 좌석 점유율을 보이고 있다. 특정 경기장의 관중수는 그 경기장의 좌석 점유율에 최대수용인원을 곱하여 구한다.

① ○○리그의 1일 최대 관중수는 16만 명이다.
② 중소도시 경기장의 좌석 점유율이 10%p 높아진다면 대도시 경기장 한 곳의 관중수보다 중소도시 경기장 한 곳의 관중수가 더 많아진다.
③ 내년 시즌부터 4개의 대도시와 6개의 중소도시에서 경기가 열린다면 ○○리그의 한 시즌 전체 누적 관중수는 올 시즌 대비 2.5% 줄어든다.
④ 대도시 경기장의 좌석 점유율이 중소도시 경기장과 같고 최대수용인원은 그대로라면, ○○리그의 1일 평균 관중수는 11만 명을 초과하게 된다.

24. 다음 연차수당 지급규정과 연차사용 내역을 참고로 할 때, 현재 지급받을 수 있는 연차수당의 금액이 같은 두 사람은 누구인가? (단, 일 통상임금 = 월 급여 ÷ 200시간 × 8시간, 만 원 미만 버림 처리한다.)

제60조(연차 유급휴가)
① 사용자는 1년간 80퍼센트 이상 출근한 근로자에게 15일의 유급휴가를 주어야 한다.
② 사용자는 계속하여 근로한 기간이 1년 미만인 근로자 또는 1년간 80퍼센트 미만 출근한 근로자에게 1개월 개근 시 1일의 유급휴가를 주어야 한다.
③ 사용자는 근로자의 최초 1년간의 근로에 대하여 유급휴가를 주는 경우에는 제2항에 따른 휴가를 포함하여 15일로 하고, 근로자가 제2항에 따른 휴가를 이미 사용한 경우에는 그 사용한 휴가 일수를 15일에서 뺀다.
④ 사용자는 3년 이상 계속하여 근로한 근로자에게는 제1항에 따른 휴가에 최초 1년을 초과하는 계속 근로 연수 매 2년에 대하여 1일을 가산한 유급휴가를 주어야 한다. 이 경우 가산휴가를 포함한 총 휴가 일수는 25일을 한도로 한다.
⑤ 사용자는 제1항부터 제4항까지의 규정에 따른 휴가를 근로자가 청구한 시기에 주어야 하고, 그 기간에 대하여는 취업규칙 등에서 정하는 통상임금 또는 평균임금을 지급하여야 한다. 다만, 근로자가 청구한 시기에 휴가를 주는 것이 사업 운영에 막대한 지장이 있는 경우에는 그 시기를 변경할 수 있다.
⑥ 제1항부터 제3항까지의 규정을 적용하는 경우 다음 각 호의 어느 하나에 해당하는 기간은 출근한 것으로 본다.
    1. 근로자가 업무상의 부상 또는 질병으로 휴업한 기간
    2. 임신 중의 여성이 제74조제1항부터 제3항까지의 규정에 따른 휴가로 휴업한 기간
⑦ 제1항부터 제4항까지의 규정에 따른 휴가는 1년간 행사하지 아니하면 소멸된다. 다만, 사용자의 귀책사유로 사용하지 못한 경우에는 그러하지 아니하다.

직원	근속년수	월 급여(만 원)	연차사용일수
김 부장	23년	500	19일
정 차장	14년	420	7일
곽 과장	7년	350	14일
남 대리	3년	300	5일
임 사원	2년	270	3일

① 김 부장, 임 사원
② 정 차장, 곽 과장
③ 곽 과장, 남 대리
④ 김 부장, 남 대리

25. 다음에 제시된 명제들이 모두 참일 경우, 이 조건들에 따라 내릴 수 있는 결론으로 적절한 것은?

a. 인사팀을 좋아하지 않는 사람은 생산팀을 좋아한다.
b. 기술팀을 좋아하지 않는 사람은 홍보팀을 좋아하지 않는다.
c. 인사팀을 좋아하는 사람은 비서실을 좋아하지 않는다.
d. 비서실을 좋아하지 않는 사람은 홍보팀을 좋아한다.

① 홍보팀을 싫어하는 사람은 인사팀을 좋아한다.
② 비서실을 싫어하는 사람은 생산팀도 싫어한다.
③ 생산팀을 좋아하지 않는 사람은 기술팀을 좋아한다.
④ 생산팀을 좋아하는 사람은 기술팀을 싫어한다.

26. M사의 총무팀에서는 A 부장, B 차장, C 과장, D 대리, E 대리, F 사원이 각각 매 주말마다 한 명씩 사회봉사활동에 참여하기로 하였다. 이들이 다음에 따라 사회봉사활동에 참여할 경우, 두 번째 주말에 참여할 수 있는 사람으로 짝지어진 것은?

1. B 차장은 A 부장보다 먼저 봉사활동에 참여한다.
2. C 과장은 D 대리보다 먼저 봉사활동에 참여한다.
3. B 차장은 첫 번째 주 또는 세 번째 주에 봉사활동에 참여한다.
4. E 대리는 C 과장보다 먼저 봉사활동에 참여하며, E 대리와 C 과장이 참여하는 주말 사이에는 두 번의 주말이 있다.

① A 부장, B 차장
② D 대리, E 대리
③ E 대리, F 사원
④ B 차장, C 과장, D 대리

27. 정원이는 이번 여름휴가에 친구들이랑 걸어서 부산으로 여행을 계획하고 있다. 그러던 중 여러 가지 상황이 변수(날씨, 직장 등)로 작용하여 여러 가지 교통수단을 생각하게 되었다. 이 때 아래의 표를 참조하여 보완적 평가방식을 활용해 정원이와 친구들이 부산까지 가는 데 있어 효율적으로 이동이 가능한 교통운송수단을 고르면 어떤 대안의 선택이 가능하게 되겠는가? (보완적 평가방식 : 각 상표에 있어 어떤 속성의 약점을 다른 속성의 강점에 의해 보완하여 전반적인 평가를 내리는 방식을 말함)

평가의 기준	중요도	교통운송수단에 관한 평가			
		비행기	기차	고속버스	승용차
경제성	20	4	5	4	3
디자인	30	4	4	5	7
승차감	40	7	5	7	8
속도	50	9	8	5	6

① 기차   ② 비행기

③ 고속버스   ④ 승용차

28. 연중 가장 무더운 8월의 어느 날 우진이는 여자친구, 두 명의 조카들과 함께 서울고속버스터미널에서 출발하여 부산고속버스터미널까지 가는 왕복 프리미엄 고속버스로 휴가를 떠나려고 한다. 이 때 아래에 나타난 자료 및 조건을 토대로 우진이와 여자친구, 조카들의 프리미엄 고속버스의 비용을 구하면?

〈주어진 조건〉
• 조카 1(남 : 만 3세)
• 조카 2(여 : 만 6세)
• 서울에서 부산으로 가는 동안(하행선) 조카 1은 우진이의 무릎에 앉아서 가며, 반대로 부산에서 서울로 올라올 시(상행선)에는 좌석을 지정해서 간다.

〈자료〉
1. 서울 – 부산 간 프리미엄 고속버스 운임요금은 37,000원이다.
2. 만 4세 미만은 어른 요금의 75%를 할인받는다.
3. 만 4~6세 사이는 어른 요금의 50%를 할인받는다.
4. 만 4세 미만의 경우에는 승차권을 따로 구매하지 않고 해당 보호자와 함께 동승이 가능하다.

① 162,798원

② 178,543원

③ 194,250원

④ 205,840원

29. 甲회사 인사부에 근무하고 있는 H 부장은 각 과의 요구를 모두 충족시켜 신규직원을 배치하여야 한다. 각 과의 요구가 다음과 같을 때 홍보과에 배정되는 사람은 누구인가?

〈신규직원 배치에 대한 각 과의 요구〉
• 관리과 : 5급이 1명 배정되어야 한다.
• 홍보과 : 5급이 1명 배정되거나 6급이 2명 배정되어야 한다.
• 재무과 : B가 배정되거나 A와 E가 배정되어야 한다.
• 총무과 : C와 D가 배정되어야 한다.

〈신규직원〉
• 5급 2명(A, B)
• 6급 4명(C, D, E, F)

① A

② B

③ C와 D

④ E와 F

30. 사과 사탕, 포도 사탕, 딸기 사탕이 각각 2개씩 있다. 甲~戊 다섯 명의 사람 중 한 명이 사과 사탕 1개와 딸기 사탕 1개를 함께 먹고, 다른 네 명이 남은 사탕을 각각 1개씩 먹었다. 모두 진실을 말하였다고 할 때, 사과 사탕 1개와 딸기 사탕 1개를 함께 먹은 사람과 戊가 먹은 사탕을 옳게 짝지은 것은?

> 甲 : 나는 포도 사탕을 먹지 않았어.
> 乙 : 나는 사과 사탕만을 먹었어.
> 丙 : 나는 사과 사탕을 먹지 않았어.
> 丁 : 나는 사탕을 한 종류만 먹었어.
> 戊 : 너희 말을 다 듣고 아무리 생각해봐도 나는 딸기 사탕을 먹은 사람 두 명 다 알 수는 없어.

① 甲, 포도 사탕 1개
② 甲, 딸기 사탕 1개
③ 丙, 포도 사탕 1개
④ 丙, 딸기 사탕 1개

31. 다음은 우리기업의 구직자 공개 채용 공고문이다. 현재 우리기업에서 채용하고자 하는 구직자로서 가장 적절한 유형은?

우리기업 채용 공고문

담당업무 : 상세요강 참조 　 고용형태 : 정규직/경력 5년↑
근무부서 : 기술팀/서울 　 모집인원 : 1명
전공 : △△학과 　 최종학력 : 대졸 이상
성별/나이 : 무관/40~50세 　 급여조건 : 협의 후 결정

〈상세요강〉
(1) 직무상 우대 능력
 • 기술을 기업의 전반적인 전략 목표에 통합시키는 능력
 • 빠르고 효과적으로 새로운 기술을 습득하고 기존의 기술에서 탈피하는 능력
 • 기술을 효과적으로 평가할 수 있는 능력
 • 기술 이전을 효과적으로 할 수 있는 능력
 • 기술 전문 인력을 운용할 수 있는 능력
 • 크고 복잡하고 서로 다른 분야에 걸쳐있는 프로젝트를 수행할 수 있는 능력
 • 조직 내 기술 이용을 수행할 수 있는 능력
(2) 제출서류
 • 이력서 및 자기소개서(경력중심으로 기술)
 • 관련 자격증 사본(해당자만 첨부)
(3) 채용일정
 서류전형 후 합격자에 한해 면접 실시
(4) 지원방법
 본사 채용 사이트에서 이력서 및 자기소개서 작성 후 메일(fdskljl@wr.or.kr)로 전송

---

① 기술관리자
② 현장기술자
③ 기술경영자
④ 작업관리자

| 32 ~ 34 | 다음 〈보기〉는 그래프 구성 명령어 실행 예시이다. 〈보기〉를 참고하여 다음 물음에 답하시오.

L5/W5

T(3,1) : A1, H(1,3) : A2, Z(4,5) : B2

L4/W5

T(1,4) : A2, H(2,3) : B1, Z(4,1) : A2

32. 다음 그래프에 알맞은 명령어는 무엇인가?

① L3/W4

  T(2,1) : B1, H(3,1) : A2, Z(1,2) : A1

② L3/W4

  T(1,2) : B1, H(1,3) : A2, Z(2,1) : A1

③ L4, W3

  T(2,1) : B1, H(3,1) : A2, Z(1,2) : A2

④ L4/W3

  T(1,2) : B2, H(1,3) : A1, Z(2,1) : A2

33. L5/W6 T(3,2) : A1, H(2,6) : B1, Z(2,5) : A2의 그래프를 산출할 때, 오류가 발생하여 다음과 같은 그래프가 산출되었다. 다음 중 오류가 발생한 값은?

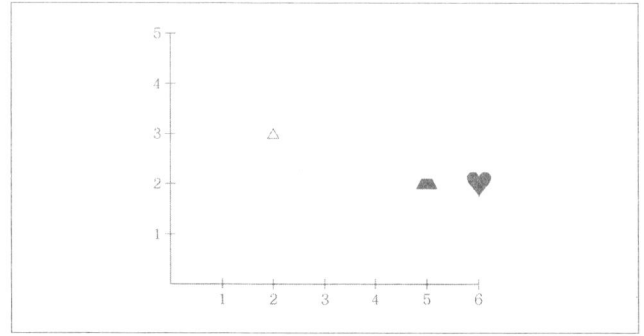

① L5/W6

② T(3,2) : A1

③ H(2,6) : B1

④ Z(2,5) : A2

34. L5/W6 T(3,1) : A2, H(4,5) : A1, Z(2,4) : B1의 그래프를 산출할 때, 산출된 그래프의 형태로 옳은 것은?

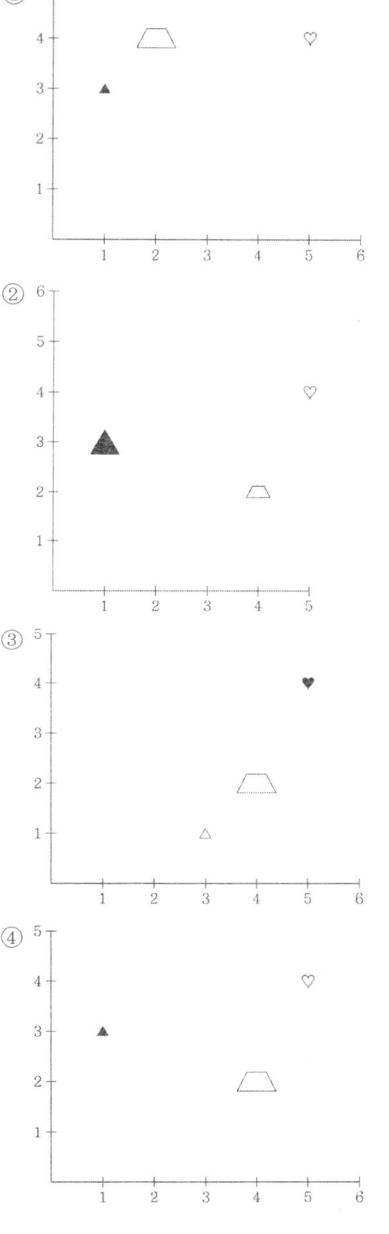

┃35~37┃ 다음은 어느 회사 로봇청소기의 〈고장신고 전 확인사항〉이다. 이를 보고 물음에 답하시오.

확인사항	조치방법
주행이 이상합니다.	• 센서를 부드러운 천으로 깨끗이 닦아주세요. • 초극세사 걸레를 장착한 경우라면 장착 상태를 확인해 주세요. • 주전원 스위치를 끈 후, 다시 켜주세요.
흡입력이 약해졌습니다.	• 흡입구에 이물질이 있는지 확인하세요. • 먼지통을 비워주세요. • 먼지통 필터를 청소해 주세요.
소음이 심해졌습니다.	• 먼지통이 제대로 장착되었는지 확인하세요. • 먼지통 필터가 제대로 장착되었는지 확인하세요. • 회전솔에 이물질이 끼어있는지 확인하세요. • Wheel에 테이프, 껌 등 이물이 묻었는지 확인하세요.
리모컨으로 작동시킬 수 없습니다.	• 배터리를 교환해 주세요. • 본체와의 거리가 3m 이하인지 확인하세요. • 본체 밑면의 주전원 스위치가 켜져 있는지 확인하세요.
회전솔이 회전하지 않습니다.	• 회전솔을 청소해 주세요. • 회전솔이 제대로 장착이 되었는지 확인하세요.
충전이 되지 않습니다.	• 충전대 주변의 장애물을 치워주세요. • 충전대에 전원이 연결되어 있는지 확인하세요. • 충전 단자를 마른 걸레로 닦아 주세요. • 본체를 충전대에 붙인 상태에서 충전대 뒷면에 있는 리셋버튼을 3초간 눌러주세요.
자동으로 충전대 탐색을 시작합니다. 자동으로 전원이 꺼집니다.	로봇청소기가 충전 중이지 않은 상태로 아무 동작 없이 10분이 경과되면 자동으로 충전대 탐색을 시작합니다. 충전대 탐색에 성공하면 충전을 시작하고 충전대를 찾지 못하면 처음 위치로 복귀하여 10분 후에 자동으로 전원이 꺼집니다.

35. 로봇청소기 서비스센터에서 근무하고 있는 L 씨는 고객으로부터 소음이 심해졌다는 문의전화를 받았다. 이에 대한 조치방법으로 L 씨가 잘못 답변한 것은?

① 먼지통 필터가 제대로 장착되었는지 확인하세요.

② 회전솔에 이물질이 끼어있는지 확인하세요.

③ Wheel에 테이프, 껌 등 이물이 묻었는지 확인하세요.

④ 흡입구에 이물질이 있는지 확인하세요.

36. 로봇청소기가 충전 중이지 않은 상태로 아무 동작 없이 10분이 경과되면 자동으로 충전대 탐색을 시작하는데 충전대를 찾지 못하면 어떻게 되는가?

① 아무 동작 없이 그 자리에 멈춰 선다.

② 처음 위치로 복귀하여 10분 후에 자동으로 전원이 꺼진다.

③ 계속 청소를 한다.

④ 계속 충전대를 찾아 돌아다닌다.

37. 로봇청소기가 갑자기 주행이 이상해졌다. 고객이 시도해 보아야 하는 조치방법으로 옳은 것은?

① 충전 단자를 마른 걸레로 닦는다.

② 회전솔을 청소한다.

③ 센서를 부드러운 천으로 깨끗이 닦는다.

④ 먼지통을 비운다.

┃ 38 ~ 40 ┃ 다음 표를 참고하여 질문에 답하시오.

스위치	기능
○	1번과 2번 기계를 180도 회전시킨다.
●	1번과 3번 기계를 180도 회전시킨다.
♧	2번과 3번 기계를 180도 회전시킨다.
♣	2번과 4번 기계를 180도 회전시킨다.
◐	1번과 2번 기계의 작동상태를 다른 상태로 바꾼다. (운전→정지, 정지→운전)
◑	3번과 4번 기계의 작동상태를 다른 상태로 바꾼다. (운전→정지, 정지→운전)
♥	모든 기계의 작동상태를 다른 상태로 바꾼다. (운전→정지, 정지→운전)

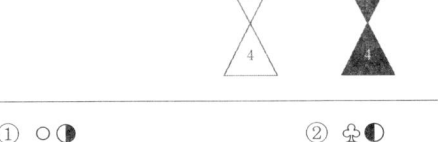

38. 처음 상태에서 스위치를 두 번 눌렀더니 다음과 같이 바뀌었다. 어떤 스위치를 눌렀는가?

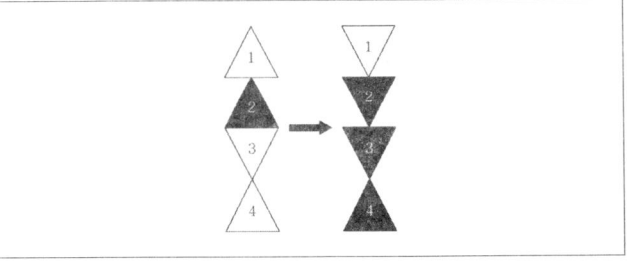

① ○◐

② ♧◐

③ ♣◑

④ ○◑

39. 처음 상태에서 스위치를 세 번 눌렀더니 다음과 같이 바뀌었다. 어떤 스위치를 눌렀는가?

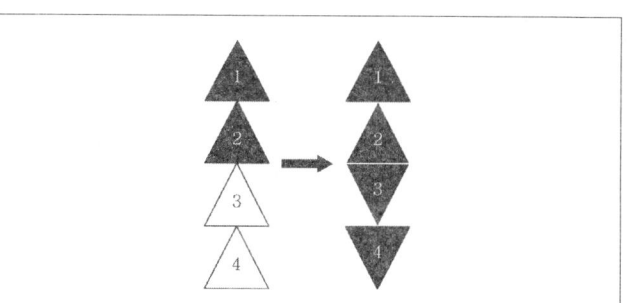

① ○ ● ◑
② ○ ◐ ◑
③ ○ ♣ ♥
④ ○ ♧ ♥

40. 처음 상태에서 스위치를 세 번 눌렀더니 다음과 같이 바뀌었다. 어떤 스위치를 눌렀는가?

① ● ♣ ◑
② ○ ● ◐
③ ● ◐ ◑
④ ♧ ♣ ◑

41. '협상'을 위하여 취하여야 할 ㉠ ~ ㉣와 같은 행동들의 순서를 바르게 나열한 것은?

㉠ 합의를 통한 결과물을 도출하여 최종 서명을 이끌어낸다.
㉡ 자신의 의견을 적극적으로 개진하여 상대방이 수용할 수 있는 근거를 제시한다.
㉢ 상대방 의견을 분석하여 무엇이 그러한 의견의 근거가 되었는지를 찾아낸다.
㉣ 상대방의 의견을 경청하고 자신의 주장을 제시한다.

① ㉠ - ㉢ - ㉡ - ㉣
② ㉢ - ㉣ - ㉡ - ㉠
③ ㉣ - ㉡ - ㉢ - ㉠
④ ㉣ - ㉢ - ㉡ - ㉠

42. 다음 글은 A라는 변호사가 B라는 의뢰자에게 하는 커뮤니케이션의 스킬을 나타낸 것이다. 대화를 읽고 A 변호사의 커뮤니케이션 스킬에 대한 내용으로 가장 거리가 먼 것을 고르면?

> A : 좀 꺼내기 어려운 얘기지만 방금 말씀하신 변호사 보수에 대해 저희 사무실 입장을 솔직히 말씀드려도 실례가 되지 않을까요?
>
> B : 네, 그러세요.
>
> A : 아마 알아보시면 아시겠지만 통상 중형법률사무소 변호사들의 시간당 단가가 20만 원 내지 40만 원 정도 사이입니다. 이 사건에 투입될 변호사는 3명이고 그 3명의 시간당 단가는 20만 원, 25만 원, 30만 원이며 변호사별로 약 ○○시간 동안 이 일을 하게 될 것 같습니다. 그렇다면 전체적으로 저희 사무실에서 투여되는 비용은 800만 원 정도인데, 지금 의뢰인께서 말씀하시는 300만 원의 비용만을 받게 된다면 저희들은 약 500만 원 정도의 손해를 볼 수밖에 없습니다.
>
> B : 그렇군요.
>
> A : 그 정도로 손실을 보게 되면 저는 대표변호사님이나 선배 변호사님들께 다른 사건을 두고 왜 이 사건을 진행해서 전체적인 사무실 수익성을 악화시켰냐는 질책을 받을 수 있습니다. 어차피 법률사무소도 수익을 내지 않으면 힘들다는 것은 이해하실 수 있으시겠죠?
>
> B : 네, 이해가 됩니다.
>
> A : 어느 정도 비용을 보장해 주셔야 저희 변호사들이 힘을 내서 일을 할 수 있고, 사무실 차원에서도 제가 전폭적인 지원을 이끌어낼 수 있습니다. 이는 귀사를 위해서도 바람직할 것이라 여겨집니다.
>
> B : 네.
>
> A : 너무 제 입장만 말씀 드린 거 같습니다. 제 의견에 대해 어떻게 생각하시는지요?
>
> B : 듣고 보니 맞는 말씀이네요.

① 상대는 변명하려 하거나 반감, 저항, 공격성을 보인다.

② 상대에게 솔직하다는 느낌을 전달하게 된다.

③ 상대가 나의 입장과 감정을 전달해서 상호 이해를 돕는다.

④ 상대는 나의 느낌을 수용하며, 자발적으로 스스로의 문제를 해결하고자 하는 의도를 가진다.

43. 조직 내 리더는 직원들의 의견을 적극 경청하고 필요한 지원을 아끼지 않음으로써 생산성과 기술 수준을 향상시킬 수 있어야 한다. 직원들의 자발적인 참여를 통한 조직의 성과를 달성하기 위해 리더가 보여주어야 할 동기부여의 방법에 대해 추가할 수 있는 의견으로 적절하지 않은 것은?

① 목표 달성을 높이 평가하여 곧바로 보상을 한다.

② 자신의 실수나 잘못에 대한 해결책을 스스로 찾도록 분위기를 조성한다.

③ 구성원들에게 지속적인 교육과 성장의 기회를 제공한다.

④ 위험 요소가 배제된 편안하고 친숙한 환경을 유지하기 위해 노력한다.

44. S마을에서는 마을 공동 태양광 설비를 마련하기로 하였다. 각 가구의 경제적 상황과 여건들을 감안하여 A, B, C, D 네 가구가 다음과 같은 조건으로 공동 투자를 하였다. 다음 중 A가구가 투자한 금액은 얼마인가?

> • A의 투자금은 C와 D의 투자금을 합한 금액의 40%이다.
> • A, B, D의 투자금을 합한 금액은 C의 투자금의 4배 금액이다.
> • B는 C보다 100만 원을 더 냈다.
> • A와 B의 투자금을 합한 금액이 C의 투자금의 2배와 D의 투자금을 합한 금액과 같다.

① 약 64만 원

② 약 67만 원

③ 약 70만 원

④ 약 72만 원

45. 다음은 각 국의 상호 채권, 채무 관계를 나타낸 자료이다. 다음 자료에서 모든 국가가 미 달러화를 자국 화폐로 쓰지 않는 나라일 경우, 현재 상태에서 미 달러화가 평가 절상과 평가 절하가 된다면, 미 달러화 환율 감안 채권, 채무액의 자국 통화 환산 가치 평가액에서 가장 이득을 보는 나라는 두 경우에 각각 어느 나라인가? (평가 절상, 평가 절하의 경우 順이며, 다른 국가와의 채권, 채무 관계는 없는 것으로 가정함)

(단위: 만 달러)

채권국＼채무국	A국	B국	C국	D국	E국
A국	–	100	20	70	50
B국	80	–	55	60	25
C국	120	40	–	40	50
D국	0	25	65	–	60
E국	30	20	90	0	–

① B국, E국

② D국, B국

③ B국, D국

④ E국, B국

46. 다음의 2가지 상황을 보고 유추 가능한 내용으로 보기 가장 어려운 것을 고르면?

(상황 1)
회계팀 신입사원인 현진이는 맞선임인 수정에게 회계의 기초를 교육받고 있는 상황이다. 현진이의 입장에서는 인내심 있고 성의 있는 선임을 만나는 것이 중요한 포인트가 된다.
수정 : 여기다 넣어야지. 더하고 더해서 여기에 넣는 거지. 그래, 안 그래?

(상황 2)
회사에서 선후배관계인 성수와 지현이는 내기바둑을 두고 있다. 선임인 성수와 후임인 지현이는 1시간째 승부를 가르지 못하고 있었는데, 마침 바둑을 두다 중간중간 졸고 있는 후임인 지현이에게 성수가 말을 하는 상황이다.
성수 : 게으름, 나태, 권태, 짜증, 우울, 분노 모두 체력이 버티지 못해 정신이 몸의 지배를 받아 나타나는 증상이야.
지현 : …
성수 : 네가 후반에 종종 무너지는 이유, 데미지를 입은 후 회복이 더딘 이유, 실수한 후 복구기가 더딘 이유는 모두 체력의 한계 때문이야.
지현 : …
성수 : 체력이 약하면 빨리 편안함을 찾기 마련이고, 그러다 보면 인내심이 떨어지고 그 피로감을 견디지 못하게 되면 승부 따위는 상관없는 지경에 이르지.
지현 : 아, 그렇군요.
성수 : 이기고 싶다면 충분한 고민을 버텨줄 몸을 먼저 만들어. 네가 이루고 싶은 게 있거든 체력을 먼저 길러라.
지현 : 네 선배님 감사합니다.

① 부하직원의 능력을 향상시키는 것을 책임지는 교육이어야 한다는 생각으로부터 출발한 방식이다.

② 작업현장에서 상사가 부하 직원에게 업무 상 필요로 하는 능력 등을 중점적으로 지도 및 육성한다.

③ 지도자 및 교육자 사이의 친밀감을 형성하기에 용이하지 않다.

④ 직무 중에 이루어지는 교육훈련을 말하는 것으로 구성원들은 구체적 업무목표의 달성이 가능하다.

47. 다음 소비자물가 상승률을 조사한 자료의 분석 내용 ㉠ ~ ㉣ 중, 자료의 내용에 부합하지 않는 것은 어느 것인가?

〈소비자물가 상승률〉

(단위: %)

	'23년	'24년					'25년	
		연간	Ⅰ	Ⅱ	Ⅲ	Ⅳ	Ⅰ	Ⅱ
소비자물가	1.0	1.9	2.1	1.9	2.3	1.5	1.3	1.5
농축수산물	3.8	5.5	6.1	6.1	8.4	1.4	1.7	2.9
농산물	3.8	4.6	4.7	3.6	10.2	-0.1	4.0	8.2
축산물	4.4	6.5	8.6	9.6	6.7	1.3	-4.2	-6.8
공업제품	-0.5	1.4	2.1	1.3	0.9	1.5	0.9	1.6
석유류	-8.1	7.7	12.0	7.7	3.4	8.0	3.9	6.6
석유류 제외	0.8	0.5	0.7	0.3	0.5	0.4	0.4	0.8
전기수도 가스	-9.2	-1.4	-6.9	-2.4	8.0	-3.3	-1.8	-3.0
서비스	2.3	2.0	2.1	2.0	1.9	1.9	1.6	1.6
집세	1.9	1.6	1.7	1.8	1.6	1.4	1.1	0.7
공공서비스	1.5	1.0	1.0	1.0	1.0	0.8	0.5	0.2
개인서비스	2.7	2.5	2.7	2.5	2.3	2.5	2.3	2.5
생활물가	0.7	2.5	2.5	2.4	3.2	1.6	1.1	1.4
식료품/에너지 제외	1.9	1.5	1.7	1.5	1.4	1.5	1.3	1.3
농산물/석유류 제외	1.6	1.5	1.5	1.4	1.7	1.3	1.2	1.3

㉠ 소비자물가는 2/4분기 중 농축수산물 가격과 석유류 가격의 상승세가 확대되면서 1%대 중반의 오름세를 기록하였다. 농축수산물 가격은 쌀 및 일부 채소류 가격이 크게 오른 데다 기저효과가 더해지면서 상승세가 확대되었다. ㉡ 공업제품 가격은 국제유가 상승의 영향으로 석유류 가격을 중심으로 큰 폭 상승하였다. ㉢ 전기·수도·가스 요금은 지난해 11월 도시가스 요금 인하의 영향 등으로 하락세를 지속하였다.
한편, 2025년 1/4분기의 전년 동기 대비 물가 상승률이 모든 분야에서 둔화되었으며, 전기·수도·가스 요금은 하락세가 큰 폭으로 둔화되었다. 이것은 ㉣ 2023년 대비 2024년의 물가 상승률이 소비자 물가와 서비스 분야를 중심으로 큰 폭 상승을 기록한 것과 달리 물가 안정의 기조를 보이고 있는 것으로 파악된다.

① ㉠   ② ㉡

③ ㉢   ④ ㉣

┃48 ~ 49┃ 다음은 1990년부터 향후 2060년까지의 인구 고령화 전망치를 나타난 표이다. 다음을 보고 물음에 답하시오.

〈인구 고령화 전망치〉

(단위: 천 명, %, 해당인구 100명 당 명)

	총인구	65세 이상	비율	노령화 지수	노년 부양비
1990년	42,869	2,195	5.1	20.0	7.4
2000년	47,008	3,395	7.2	34.3	10.1
2010년	49,554	5,366	10.8	67.2	14.8
2017년	51,446	7,076	13.8	104.8	18.8
2020년	51,974	8,134	15.6	123.7	21.8
2030년	52,941	12,955	24.5	212.1	38.2
2040년	52,198	17,120	32.8	303.2	58.2
2050년	49,433	18,813	38.1	399.0	72.6
2060년	45,246	18,536	41.0	434.6	( )

※ 노령화 지수=(65세 이상 인구÷0~14세 인구)×100
　노년부양비=(65세 이상 인구÷15~64세 인구)×100

48. 위의 자료를 참고할 때, 2060년 노년부양비로 알맞은 것은 어느 것인가?

① 81.8   ② 82.6

③ 84.5   ④ 85.2

49. 위의 자료에 대한 올바른 해석으로 볼 수 없는 것은 어느 것인가?

① 15~64세 인구 100명 당 부양해야 할 고령인구의 수는 1990년 대비 2050년에 10배 가까이 증가할 전망이다.

② 고령인구를 부양하는 인구의 수를 측정할 경우에는 14세 이하 인구의 수는 제외한다.

③ 노령화 지수는 전체 인구의 수에서 65세 이상 인구가 차지하는 비율을 의미한다.

④ 0~14세 인구 100명 당 고령인구의 수는 2040년 대비 2050년에 30% 이상 증가할 전망이다.

50. 문자판에 12시까지만 쓰여 있는 시계의 알람은 정각 1시에 한 번, 정각 2시에 두 번, 정각 3시에 3번, …, 정각 12시에 12번 울린다. 오후 5시 30분부터 시작해서 시계의 알람이 모두 합해서 170번째 울리는 시각은 언제인가?

① 오후 5시 ② 오후 6시
③ 오후 7시 ④ 오후 8시

✏️ **화학 / 환경공학개론**

1. 다음 중 양쪽성 원소가 아닌 것은?

① Al
② Sn
③ Pb
④ Na

2. 다음 중 원자반지름이 가장 작은 원소의 전자배치로 옳은 것은?

① K(2) L(8) M(1)
② K(2) L(8) M(2)
③ K(2) L(8) M(3)
④ K(2) L(8) M(7)

3. 다음 중 염소분자(Cl_2)에서 염소원자와 염소원자 사이의 결합으로 옳은 것은?

① 이온결합
② 배위결합
③ 공유결합
④ 금속결합

4. H_2O가 액체상태보다 고체상태일 때 부피가 더 늘어나는 이유로 옳은 것은?

① 수소결합
② 반데르발스결합
③ 이온결합
④ 공유결합

5. A와 B가 반응해서 C가 생성되는 반응에서 반응속도를 측정한 결과가 다음과 같을 경우 반응차수로 옳은 것은?

실험번호	A	B	속도(mol/L · 초)
1	0.02	0.1	0.024
2	0.01	0.2	0.012
3	0.02	0.2	0.048

① AB_2

② A_2B

③ AB_3

④ A_3B

6. [A+3B $\rightleftarrows$ 2C+4D]의 반응식에서 A, B의 농도를 각각 2배로 하면 반응속도는 몇 배가 되는가?

① 8배

② 16배

③ 24배

④ 48배

7. 다음 주어진 반응식을 이용하여 $CH_4(g)+2O_2(g) \rightarrow CO_2(g)+2H_2O(l)$의 엔탈피 변화($\triangle H$)를 계산하면 얼마인가?

- $C(s)+O_2(g) \rightarrow CO_2(g)$, $\triangle H = -94kcal$ $\cdots \cdots$ ㉠

- $H_2(g)+\frac{1}{2}O_2(g) \rightarrow H_2O(l)$, $\triangle H = -68kcal$ $\cdots \cdots$ ㉡

- $C(s)+2H_2(g) \rightarrow CH_4(g)$, $\triangle H = -18kcal$ $\cdots \cdots$ ㉢

① $-94kcal$

② $-162kcal$

③ $-180kcal$

④ $-212kcal$

8. 다음 중 $H_2(g)+I_2(g) \leftrightarrows 2HI(g)$의 반응식에서 농도 $[H_2]=0.2$, $[I_2]=0.1$, $[HI]=0.4$일 때 평형상수 K는 얼마인가?

① 0.1

② 0.2

③ 4

④ 8

9. 어떤 온도에서 $2NO(g)+O_2(g) \rightleftarrows 2NO_2(g)$ 반응의 평형상수는 2이다. 같은 온도에서 평형상태에 있을 때 $\frac{[NO]^4[O_2]^2}{[NO_2]^4}$의 값으로 옳은 것은?

① $\frac{1}{4}$

② $\frac{1}{2}$

③ 2

④ 4

10. 0.01M-KOH 용액의 이온화도는 1일 때 이 용액의 pH는? (단, $K_w = 1.0 \times 10^{-14}$)

① 2

② 3

③ 7

④ 12

11. 다음 중 0.1mol/L, H_2SO_4 수용액 20ml를 중화시키는 데 필요한 NaOH의 질량은?

① 0.08g

② 0.16g

③ 0.24g

④ 0.36g

12. 다음 중 $Cr_2O_7^{2-}$에서 Cr의 산화수는?

① $+3$ ② $+12$

③ $+4$ ④ $+6$

13. 다음 반응에서 Cu^{2+} 1몰을 환원시키는 데 필요한 Al의 몰수로 옳은 것은?

$$Cu^{2+}+Al \rightarrow Cu+Al^{3+}$$

① $\frac{1}{3}$몰

② $\frac{2}{3}$몰

③ 1몰

④ 2몰

14. 황산구리($CuSO_4$)수용액을 10A의 전류로 16분 5초 동안 전기 분해시켰다. (+)극에서 발생하는 기체의 부피를 표준상태에서 구하면 몇 L인가?

① $0.56L$ ② $1.12L$

③ $5.6L$ ④ $8.4L$

15. 다음 반쪽 반응에서 A^{2+}과 B^{3+}의 반응 몰수비로 옳은 것은?

• $A^{2+} \rightarrow A^{4+}+2e^-$
• $B^{3+}+3e^- \rightarrow B$

① $1:3$ ② $1:5$

③ $2:1$ ④ $3:2$

16. 다음 중 상온에서 물과 반응하여 수소를 생성시키는 금속은?

① Ag   ② Mg

③ Cu   ④ Na

17. 다음은 메탄올의 구조식이다. 분자의 실제구조에서 HCH 사이의 결합각 A는 대략 몇 도인가?

① $90°$

② $104.5°$

③ $109°$

④ $120°$

18. 다음 그림은 수소(H)와 2주기 원소 X ~ Z로 이루어진 분자의 구조식을 나타낸 것이다. 이 분자에서 X ~ Z는 모두 음(−)의 산화수를 갖는다. 이 분자에서 X ~ Z의 산화수로 옳은 것은? (단, X ~ Z는 임의의 원소 기호이다.)

	X의 산화수	Y의 산화수	Z의 산화수
①	-2	-1	-2
②	-2	-2	-1
③	-3	-1	-1
④	-3	-2	-2

19. 다음은 ppm 농도에 대한 설명이다. 이 설명에 나오는 x를 구하면?

1ppm은 용액 10^6 g에 용질 1g이 녹아 있는 것을 의미한다. 용액 200g에 카페인 0.01g이 녹아 있는 경우, 용액 속 카페인의 농도는 $x$ppm이다.

① 0.01
② 0.5
③ 10
④ 50

20. 다음 표는 용기 (개)와 (내)에 들어 있는 기체에 대한 자료이다. 이 자료를 보고 $\dfrac{B의\ 원자량}{A의\ 원자량}$ 을 구하면? (단, A와 B는 임의의 원소 기호이다.)

용기	(개)	(내)
분자식	AB_2	AB_3
기체의 질량(g)	2	5
전체 원자 수	$3N$	$8N$

① $\dfrac{1}{4}$
② $\dfrac{1}{2}$
③ 1
④ 2

21. 다음 중 C_3H_8 22g이 완전히 연소될 때 필요한 O_2 부피로 옳은 것은? (단, 0℃, 1기압)

① 22.4L
② 30.6L
③ 42.1L
④ 56.0L

22. 다음 중 불균일 혼합물로 옳은 것은?

① 수소
② 공기
③ 소금물
④ 우유

23. 다음 중 일정한 온도, 압력 하에서 수소 10ml와 산소 10ml를 반응시킬 때 수증기가 생성되고 남은 기체의 양은 몇 ml인가?

① 수소 3ml
② 산소 3ml
③ 수소 5ml
④ 산소 5ml

24. 탄소와 수소 화합물의 질량을 분석한 결과가 탄소원자 92.3%, 수소원자 7.7%이었을 때 이 화합물의 분자식으로 옳은 것은? (단, 분자량 = 26)

① C_2H_2
② C_2H_4
③ C_3H_8
④ C_4H_4

25. 다음 표는 두 가지 화합물 Ⅰ, Ⅱ의 성분 원소 A, B의 질량백분율이다. 화합물 Ⅰ의 화학식이 AB_2일 때, 화합물 Ⅱ의 화학식으로 옳은 것은?

화합물	성분원소의 질량(%)	
	A	B
Ⅰ	50	50
Ⅱ	40	60

① AB
② AB_2
③ A_2B
④ AB_3

26. 환경정책기본법상 대기오염물질의 환경기준항목이 아닌 것은?

① CO
② NO_2
③ SO_2
④ CO_2

27. 다음 중 불화수소의 원인이 아닌 것은?

① 알루미늄공장에서 빙정석을 사용
② 내화벽돌에서 규석을 사용
③ 비료공장에서 인광석을 사용
④ 유리공장에서 형석을 사용

28. 다음 중 인체에 흡수되어 조혈기능의 장애를 일으키는 물질은?

① 벤젠
② 카드뮴
③ 인
④ 황

29. 대기오염이 인체에 주는 피해사항으로 옳지 않은 것은?

① 역전과 무풍일 때 피해사항이 크다.
② 건강한 젊은층의 피해가 가장 크다.
③ 오염물질의 종류, 성상, 농도와 폭로시간에 따라 다르다.
④ 공업지역 주민의 피해가 크다.

30. 발생원에서 배출된 오염물질이 다른 물질과 반응하여 생성된 2차 오염물질에 영향을 주는 요소가 아닌 것은?

① 공기
② 외부의 광합성도
③ 반응물질의 농도
④ 지형

31. 산성비의 피해사항이 아닌 것은?

① 인체 발육 저하
② 식물, 꽃가루의 수정 저하
③ 생태계 파괴
④ 수중생태계에 영향

32. 고정 발생원으로부터의 유해가스 방지대책으로 옳지 않은 것은?

① 가스의 정화
② 배출원 위치의 재조정
③ 생산공정의 일률화
④ 연료대체

33. 다음 중 대기오염물질을 2가지 물리적 기본 형태로 나눌 경우 바르게 구분된 것은?

① 가스상 물질과 입자상 물질
② 액체상 물질과 가스상 물질
③ 액체상 물질과 입자상 물질
④ 고체상 물질과 액체상 물질

34. 다음 중 지정폐기물의 종류가 아닌 것은?

① 폐농약
② 폐유기용제
③ 감염성 폐기물
④ 생활폐기물

35. 위생 매립지에 유입된 미확인 물질을 원소 분석한 결과, 질량기준으로 탄소 40.92%, 수소 4.58%, 산소 54.50%로 구성되어 있을 경우 이 물질의 실험식은?

① 2 : 1 : 3
② 1 : 2 : 3
③ 3 : 3 : 4
④ 3 : 4 : 3

36. 다음 중 질소순환미생물과 관계가 없는 것은?

① Gallionella
② Nitrosomonas
③ Azotobacter
④ Pseudomonas

37. 물의 특성을 바르게 설명한 것은?

① 물의 여러 가지 특성은 물분자와 수소결합 때문에 나타난다.
② 물의 밀도는 6℃에서 $1g/cm^3$으로 가장 크다.
③ 물의 분자량에 비해 끓는점이 낮다.
④ 물이 얼게 되면 액체상태보다 밀도가 커진다.

38. 재포기계수가 커지는 조건은?

① 하천바닥이 완만하고 수심이 깊을수록
② 하천바닥의 경사가 급하고 수심이 깊으며 유속이 느릴수록
③ 하천바닥이 거칠고 경사가 급하며 수심이 얕고 유속이 빠를수록
④ 하천바닥이 거칠고 경사가 급하며 수심이 깊고 유속이 느릴수록

39. 하천에서 유기물 분해상태를 조사하기 위해 20℃에서 BOD를 측정했을 때 $K_1 = 0.2$/일이었다. 실제 하천온도가 18℃일 때 탈산소계수는 얼마인가? (단, 온도보정계수 = 1.047)

① 0.23/일
② 0.18/일
③ 0.10/일
④ 0.08/일

40. 중탄산염에 대한 설명으로 옳지 않은 것은?

① 중탄산염은 냉수에서 OH^-를 발생하지 않는다.
② 자연수 중의 알칼리도는 CO_3^{2-}나 OH^-형태로 존재하고 HCO_3^-의 형태는 적다.
③ 자연수 중의 알칼리도는 중탄산염의 형태이다.
④ 수중의 CO_2는 탄산염과 수산화물을 HCO_3^-으로 변화시킨다.

41. BOD 곡선에 대한 설명 중 옳은 것은?

① 유기물질이 유입되면 DO가 증가한다.
② 2단계 탄소화합물이 산화될 때 보통 100일 정도가 소요된다.
③ 1단계는 질소화합물이 산화된다.
④ BOD가 높으면 수중 유기물이 많은 것을 의미한다.

42. 수질오염공정시험기준상 이온전극법으로 측정할 수 있는 대상 항목과 가장 거리가 먼 것은?

① 불소
② 염소
③ 시안
④ 브롬

43. 하수처리과정이 성공적으로 이루어졌을 때 다량 검출되는 물질은?

① 암모니아
② 암모니아성 질소
③ 질산성 질소
④ 질소

44. 폐·하수 내에 존재하는 질소의 특징으로 옳지 않은 것은?

① 질소화합물만을 함유한 폐수가 하천에 유입될 경우에는 생물학적 작용에 의해 정화된다.
② 생하수 내에 질소는 분해과정을 걸쳐 $NH_3 - N$로 존재한다.
③ 혐기성 상태에서 질산화 작용에 의해서 $NO_2 - N$로 변한다.
④ 생하수 내에서 질소는 유기성 질소화합물을 포함하고 있다.

45. 수질오염의 발생원 중 점오염원의 종류가 아닌 것은?

① 도시하수
② 산업폐수
③ 공장폐수
④ 우수

46. 피부장애 및 카네미유증 등을 발생시키는 오염물질은?

① 페놀
② N-헥산추출물질
③ 아연
④ PCB

47. 특정한 조류를 온도 20℃, 조도 4,000Lux에서 배양하여 증식한 조류의 건조중량을 나타낸 것은?

① BOD
② COD
③ TOD
④ AGP

48. 먹는 물 수질기준에서 미생물에 관한 기준으로 옳지 않은 것은?

① 일반세균은 1ml 중 100CFU를 넘지 않아야 한다.
② 총 대장균군은 100ml에서 검출되지 않아야 한다.
③ 대장균, 분원성 대장균군은 100ml에서 검출되지 않아야 한다.
④ 여시니아균은 1L에서 검출되지 않아야 한다(먹는물공동시설의 경우).

49. 명반(Alum)을 사용한 응집침전의 특징이 아닌 것은?

① 침강속도가 빠르다.
② 제일 많이 쓰이는 무기응집제이다.
③ pH 범위는 5.5 ~ 5.8로 좁다.
④ 정수처리에 사용된다.

50. 포기조에서 산소요구량을 결정하는 데 가장 중요한 인자는?

① 용존산소
② 유기물질량
③ 무기물질량
④ 활성슬러지량

부산환경공단 기술동영상 모의고사

직업기초능력평가

문항						문항					
1	①	②	③	④		26	①	②	③	④	
2	①	②	③	④		27	①	②	③	④	
3	①	②	③	④		28	①	②	③	④	
4	①	②	③	④		29	①	②	③	④	
5	①	②	③	④		30	①	②	③	④	
6	①	②	③	④		31	①	②	③	④	
7	①	②	③	④		32	①	②	③	④	
8	①	②	③	④		33	①	②	③	④	
9	①	②	③	④		34	①	②	③	④	
10	①	②	③	④		35	①	②	③	④	
11	①	②	③	④		36	①	②	③	④	
12	①	②	③	④		37	①	②	③	④	
13	①	②	③	④		38	①	②	③	④	
14	①	②	③	④		39	①	②	③	④	
15	①	②	③	④		40	①	②	③	④	
16	①	②	③	④		41	①	②	③	④	
17	①	②	③	④		42	①	②	③	④	
18	①	②	③	④		43	①	②	③	④	
19	①	②	③	④		44	①	②	③	④	
20	①	②	③	④		45	①	②	③	④	
21	①	②	③	④		46	①	②	③	④	
22	①	②	③	④		47	①	②	③	④	
23	①	②	③	④		48	①	②	③	④	
24	①	②	③	④		49	①	②	③	④	
25	①	②	③	④		50	①	②	③	④	

전공과목

문항						문항					
1	①	②	③	④		26	①	②	③	④	
2	①	②	③	④		27	①	②	③	④	
3	①	②	③	④		28	①	②	③	④	
4	①	②	③	④		29	①	②	③	④	
5	①	②	③	④		30	①	②	③	④	
6	①	②	③	④		31	①	②	③	④	
7	①	②	③	④		32	①	②	③	④	
8	①	②	③	④		33	①	②	③	④	
9	①	②	③	④		34	①	②	③	④	
10	①	②	③	④		35	①	②	③	④	
11	①	②	③	④		36	①	②	③	④	
12	①	②	③	④		37	①	②	③	④	
13	①	②	③	④		38	①	②	③	④	
14	①	②	③	④		39	①	②	③	④	
15	①	②	③	④		40	①	②	③	④	
16	①	②	③	④		41	①	②	③	④	
17	①	②	③	④		42	①	②	③	④	
18	①	②	③	④		43	①	②	③	④	
19	①	②	③	④		44	①	②	③	④	
20	①	②	③	④		45	①	②	③	④	
21	①	②	③	④		46	①	②	③	④	
22	①	②	③	④		47	①	②	③	④	
23	①	②	③	④		48	①	②	③	④	
24	①	②	③	④		49	①	②	③	④	
25	①	②	③	④		50	①	②	③	④	

성 명

수 험 번 호

⓪	①	②	③	④	⑤	⑥	⑦	⑧	⑨
⓪	①	②	③	④	⑤	⑥	⑦	⑧	⑨
⓪	①	②	③	④	⑤	⑥	⑦	⑧	⑨
⓪	①	②	③	④	⑤	⑥	⑦	⑧	⑨
⓪	①	②	③	④	⑤	⑥	⑦	⑧	⑨
⓪	①	②	③	④	⑤	⑥	⑦	⑧	⑨
⓪	①	②	③	④	⑤	⑥	⑦	⑧	⑨
⓪	①	②	③	④	⑤	⑥	⑦	⑧	⑨

SEOWONGAK
(주)서원각

부산환경공단

환경(8급)
기출동형 모의고사

제 3 회	영 역	직업기초능력평가, 전공과목(화학/환경공학개론)
	문항수	100문항
	시 간	100분
	비 고	객관식 4지 택일형

SEOWONGAK
(주)서원각

부산환경공단 환경(8급) 채용대비

제3회 기출동형 모의고사

📝 문항수 : 100문항
⏰ 시 간 : 100분

✏️ 직업기초능력평가

1. 다음 A ~ F에 대한 평가로 적절하지 못한 것은?

어느 때부터 인간으로 간주할 수 있는가와 관련된 주제는 인문학뿐만 아니라 자연과학에서도 흥미로운 주제이다. 특히 태아의 인권 취득과 관련하여 이러한 주제는 다양하게 논의되고 있다. 과학적으로 볼 때, 인간은 수정 후 시간의 흐름에 따라 수정체, 접합체, 배아, 태아의 단계를 거쳐 인간의 모습을 갖추게 되는 수준으로 발전한다. 수정 후에 태아가 형성되는 데까지는 8주 정도가 소요되는데 배아는 2주 경에 형성된다. 10달의 임신 기간은 태아 형성기, 두뇌의 발달 정도 등을 고려하여 4기로 나뉘는데, 1 ~ 3기는 3개월 단위로 나뉘고 마지막 한 달은 4기에 해당한다. 이러한 발달 단계의 어느 시점에서부터 그 대상을 인간으로 간주할 것인지에 대해서는 다양한 견해들이 있다.

A에 따르면 태아가 산모의 뱃속으로부터 밖으로 나올 때 즉 태아의 신체가 전부 노출이 될 때부터 인간에 해당한다. B에 따르면 출산의 진통 때부터는 태아가 산모로부터 독립해 생존이 가능하기 때문에 그때부터 인간에 해당한다. C는 태아가 형성된 후 4개월 이후부터 인간으로 간주한다. 지각력이 있는 태아는 보호받아야 하는데 지각력이 있어서 필수 요소인 전뇌가 2기부터 발달하기 때문이다. D에 따르면 정자와 난자가 합쳐졌을 때, 즉 수정체부터 인간에 해당한다. 그 이유는 수정체는 생물학적으로 인간으로 태어날 가능성을 갖고 있기 때문이다. E에 따르면 합리적 사고를 가능하게 하는 뇌가 생기는 시점 즉 배아에 해당하는 때부터 인간에 해당한다. F는 수정될 때 영혼이 생기기 때문에 수정체부터 인간에 해당한다고 본다.

① A가 인간으로 간주하는 대상은 B도 인간으로 간주한다.

② C가 인간으로 간주하는 대산은 E도 인간으로 간주한다.

③ D가 인간으로 간주하는 대상은 E도 인간으로 간주한다.

④ D가 인간으로 간주하는 대상은 F도 인간으로 간주하지만, 그렇게 간주하는 이유는 다르다.

2. 다음 글을 읽고 '이것'에 대한 설명으로 가장 적절한 것은?

미국 코넬 대학교 심리학과 연구팀은 본교 32명의 대학생을 대상으로 미국의 식품산업 전반에 대한 의견 조사를 실시하였다. '텔레비전에 등장하는 음식 광고가 10년 전에 비해 줄었는지 아니면 늘었는지'를 중심으로 여러 가지 질문을 던졌다. 모든 조사가 끝난 후 설문에 참가한 대학생들에게 다이어트 여부에 대한 추가 질문을 하였다. 식사량에 신경을 쓰고 있는지, 지방이 많은 음식은 피하려고 노력하고 있는지 등에 대한 질문들이었다. 현재 다이어트에 신경 쓰고 있는 대학생들은 그렇지 않은 대학생보다 텔레비전의 식품 광고가 더 늘었다고 인식한 분석 결과가 나타났다. 이들은 서로 다른 텔레비전 프로그램을 봤기 때문일까? 물론 그렇지 않다. 이유는 간단하다. 다이어트를 하는 대학생들은 음식에 대한 '이것'으로 세상을 보고 있었기 때문이다.

코넬 대학교 연구팀은 미국의 한 초등학교 교사와 교직원을 대상으로 아동들이 직면하고 있는 위험 요소가 5년 전에 비하여 증가했는지 감소했는지 조사했다. 그런 다음 응답자들에게 신상 정보를 물었는데, 그 중 한 질문이 첫 아이가 태어난 연도였다. 그 5년 사이에 첫 아이를 낳은 응답자와 그렇지 않은 응답자의 위험 지각 정도를 비교했다. 그 기간 동안에 부모가 된 교사와 직원들이, 그렇지 않은 사람들에 비해 아이들이 직면한 위험 요소가 훨씬 더 늘었다고 답했다. 부모가 되는 순간 세상을 위험한 곳으로 인식하기 시작하는 것이다. 그런 이유로 이들은 영화나 드라마에 등장하는 'F'로 시작하는 욕도 더 예민하게 받아들인다. 이 점에 대해 저널리스트 엘리자베스 오스틴은 이렇게 지적한다. "부모가 되고 나면 영화, 케이블 TV, 음악 그리고 자녀가 없는 친구들과의 대화 중에 늘 등장하는 비속어에 매우 민감해진다." 이처럼 우리가 매일 보고 듣는 말이나 그 내용은 개개인의 '이것'에 의해 결정된다.

① 자기 자신의 관심에 따라 세상을 규정하는 사고방식이다.
② 자기 자신에 의존하여 자신이 모든 것을 결정하려고 하는 욕구이다.
③ 특정한 부분에 순간적으로 집중하여 선택적으로 지각하는 능력이다.
④ 자기 자신의 경험과 인식이 정확하고 객관적이라고 믿는 입장이다.

3. 다음 글을 읽고 가장 옳게 말한 사람은?

바이러스의 감염방식은 두 가지로 나뉜다. 첫 번째 감염방식은 뮤 – 파지 방식이라고 불리는 것이고, 다른 하나는 람다 – 파지라고 불리는 방식이다. 바이러스 감염 경로는 다양하다. 가령 뮤 – 파지 방식에 의해 감염되는 바이러스는 주로 호흡기와 표피에 감염되지만 중추신경계에는 감염되지 않는다. 반면 람다 – 파지 방식으로 감염되는 바이러스는 주로 중추신경계에 감염되지만 호흡기와 표피에 감염되는 종류도 있다.

바이러스의 형태는 핵산을 둘러싸고 있는 캡시드의 모양으로 구별하는데 이 형태들 중에서 많이 발견되는 것이 나선형, 원통형, 이십면체형이다. 나선형 바이러스는 모두 뮤 – 파지 방식으로 감염되고, 원통형 바이러스는 모두 람다 – 파지 방식으로 감염된다. 그러나 이십면체형 바이러스는 때로는 뮤 – 파지 방식으로, 때로는 람다 – 파지 방식으로 감염된다. 작년 가을 유행했던 바이러스 X는 이십면체형이 아닌 것으로 밝혀졌고, 람다 – 파지 방식으로 감염되었다. 올해 기승을 부리면서 우리를 위협하고 있는 바이러스 Y는 바이러스 X의 변종인데 그 형태와 감염방식은 X와 동일하다.

① 갑 : 바이러스 X는 원통형뿐이다.
② 을 : 바이러스 X는 호흡기에 감염되지 않는다.
③ 병 : 바이러스 Y는 호흡기에만 감염된다.
④ 정 : 바이러스 Y는 나선형이 아니다.

4. 다음 글을 읽고 문화바우처사업의 문제점에 대한 개선방안으로 적절한 것은?

문화바우처사업은 기초생활수급자와 법정 차상위계층을 대상으로 연간 5만 원 상당의 문화예술 상품을 구매하거나 이용할 수 있는 '문화카드'를 발급하는 정책을 말한다. 2005년 5억 원 예산으로 시작한 이 사업은 2011년 347억 원으로 증액되는 등 대표적인 문화 복지 정책으로 자리 잡고 있다.

그러나 대상자의 문화카드 발급률과 사용률에 있어 양극화가 심각하게 나타나고 있다. 이러한 격차는 문화 생활에 대한 개인적 관심의 차이보다는 대상자의 거주지역, 문화예술 교육 경험, 나이, 학력 등에서 비롯된다는 것이 각종 통계에서 드러나고 있다. 특히 문화카드 발급률 및 사용률 실태조사에서 세대적 요인에 따른 격차가 큰 것으로 나타나고 있다. 20대와 30대의 발급률과 사용률은 각각 90% 이상인 반면, 50대와 60대의 경우 각각 50% 이하로 나타났다.

또한 지역 간 격차도 심한 것으로 나타났다. 도시의 경우 발급률과 사용률 평균이 전국 평균을 웃도는 70% 이상이었으나, 농촌지역의 경우 20%에도 못 미치는 경우가 대다수였다. 이로 인해 어느 지방자치단체에서는 이 사업에 책정된 예산의 80% 가까이를 집행하지 못하는 상황도 발생하고 있다.

이와 같이 문화카드의 발급률과 사용률이 저조한 것은 농촌 지역 주민 대부분이 사업 시행을 모르거나 사업 자체에 대한 인식을 제대로 하지 못하고 있기 때문으로 분석된다. 또한 행정기관을 방문해 문화카드를 발급받아야 하는 등 절차가 까다로워 고령의 농촌지역 주민들이 이용을 꺼리는 것도 한 원인으로 손꼽힌다.

① 사업의 홍보 확대 및 문화카드 발급절차 간소화 방안
② 사업의 불법 수혜자에 대한 적발 강화 방안
③ 농촌지역의 문화바우처사업 예산 확대 방안
④ 젊은 세대가 선호하는 문화 사업 다양화 방안

5. 다음 글을 읽고 그래프에 나타날 곡선의 형태를 가장 적절하게 설명한 것은?

> 인간이 어떤 소리를 들을 수 있기 위해 필요한 최소한의 강도(소리의 물리적 크기)를 역치(閾値, threshold)라고 한다. 따라서 인간이 그 소리를 듣기 위해서는 그 소리의 강도가 역치 수준 이상으로 제시되어야만 하는 것이다. 그리고 이를 데시벨(dB)이라는 단위를 사용하여 표시한다. 약한 소리는 낮은 값의 데시벨을 지니며 큰 소리는 높은 값의 데시벨을 지닌다. 그리고 소리에는 또 다른 중요한 차원이 있는데 이는 그 소리가 고음이냐 저음이냐를 판단하는 차원이며 여기에 관여하는 소리의 물리적인 차원의 단위가 주파수(Hz)이다. 일반적으로 높은 주파수의 소리를 높은 음(즉, 고음)으로, 그리고 상대적으로 낮은 주파수의 음을 낮은 음(즉, 저음)으로 지각한다. 인간이 들을 수 있는 주파수 영역대는 20Hz ~ 20,000Hz이며 이 영역을 벗어나는 주파수의 음들은 전혀 듣지를 못한다. 그런데 더욱 중요한 점은 각 주파수별로 소리의 역치가 다르다는 점이다. 일반적으로 20Hz에 가까운 낮은 주파수에 대해서는 역치가 가장 높으며 대략 5,000Hz 지점에서 가장 역치가 낮다. 이 영역대를 벗어나 더 고음에 해당하는 주파수인 20,000Hz에 가까워질수록 다시금 역치는 상승하는데 20Hz인 경우보다 역치가 높아지지는 않는다. 이러한 내용에 근거하여 그래프를 작성하고자 한다. 이를 위해 그래프의 가로축에 주파수를 놓고 세로축에 데시벨을 설정하였다. 그리고 이 그래프에서는 각 주파수별로 해당하는 역치, 즉 데시벨(dB)을 점으로 표시하고자 한다. 그렇다면 이 점들을 선으로 연결하면 일종의 곡선형태가 나타날 것이다.

① 그래프의 왼쪽 끝에서 낮고 5,000Hz에서 가장 높으며, 이후 20,000Hz에서 가장 낮아지는 곡선

② 그래프의 왼쪽 끝에서 가장 높고 5,000Hz에서 가장 낮으며, 이후 20,000Hz를 향해 갈수록 점진적으로 높아지는 곡선

③ 그래프의 왼쪽 끝에서 높고 5,000Hz에서 가장 낮으며, 이후 20,000Hz에서 가장 높아지는 곡선

④ 그래프의 왼쪽 끝에서 가장 낮고 5,000Hz에서 가장 높으며, 이후 20,000Hz를 향해 갈수록 점진적으로 낮아지는 곡선

6. 다음 글의 ㉠과 ㉡을 고려하여 만들어진 자율주행자동차가 오른쪽으로 방향을 바꿔 트럭과 충돌하는 사건이 일어났다고 가정해보자. 이 사건이 일어날 수 있는 경우에 해당하는 것은?

> 갑 : 사람이 운전하지 않고 자동차 스스로 운전을 하는 세상이 조만간 현실이 될 거야. 운전 실수로 수많은 사람이 목숨을 잃는 비극은 이제 종말을 맞게 될까?
>
> 을 : 기술이 가능하다는 것과 그 기술이 상용화되는 것은 별개의 문제지. 현재까지 자동차 운전이란 인간이 하는 자발적인 행위라고 할 수 있고, 바로 그 때문에 교통사고에서 실수로 사고를 낸 사람에게 그 사고에 대한 책임을 물을 수 있는 것 아니겠어? 자율주행 자동차가 사고를 낸다고 할 때 그 책임을 누구에게 물을 수 있지?
>
> 갑 : 모든 기계가 그렇듯 오작동이 있을 수 있지. 만약 오작동으로 인해서 사고가 났는데 그 사고가 제조사의 잘못된 설계 때문이라면 제조사가 그 사고에 대한 책임을 지는 것이 당연하잖아. 자율주행 자동차에 대해서도 똑같이 생각하면 되지 않을까?
>
> 을 : 그런데 문제는 자율주행 자동차를 설계하는 과정에서 어떤 것을 잘못이라고 볼 것인지 하는 거야. ㉠이런 상황을 생각해 봐. 달리고 있는 자율주행 자동차 앞에 갑자기 아이 두 명이 뛰어들었는데 거리가 너무 가까워서 자동차가 아이들 앞에 멈출 수는 없어. 자동차가 직진을 하면 교통 법규는 준수하겠지만 아이들은 목숨을 잃게 되지. 아이들 목숨을 구하기 위해서 교통 법규를 무시하고 왼쪽으로 가면, 자동차는 마주 오는 오토바이와 충돌하여 오토바이에 탄 사람 한 명을 죽게 만들어. 오른쪽으로 가면 교통 법규는 준수하겠지만 정차 중인 트럭과 충돌하여 자율주행 자동차 안에 타고 있는 탑승자 모두 죽게 된다고 해. 자동차가 취할 수 있는 다른 선택은 없고 각 경우에서 언급된 인명 피해 말고 다른 인명 피해는 없다고 할 때. 어떤 결정을 하도록 설계하는 것이 옳다고 할 수 있을까?
>
> 갑 : 그런 어느 쪽이 옳다고 단정할 수 없는 문제이기 때문에 오히려 쉬운 문제라고 할 수 있지. 그런 상황에서 최선의 선택은 없으므로 어느 쪽으로 설계하더라도 괜찮다는 거야. 예를 들어, ㉡다음 규칙을 어떤 우선순위로 적용할 것인지를 합의하기만 하면 되는 거지. 규칙 1. 자율주행 자동차에 탄 탑승자를 보호하라. 규칙 2. 인명 피해를 최소화하라. 규칙 3. 교통 법규를 준수하라. '규칙 1 - 2 - 3'의 우선순위를 따르게 한다면, 규칙 1을 가장 먼저 지키고, 그 다음 규칙 2. 그 다음 규칙 3을 지키는 것이지. 어떤 순위가 더 윤리적으로 옳은지에 대해 사회적으로 합의만 된다면 그에 맞춰 설계한 자율주행 자동차를 받아들일 수 있을 거야.

① 자율주행 자동차에는 1명이 탑승하고 있었고, 우선순위는 규칙 3 - 1 - 2이다.
② 자율주행 자동차에는 2명이 탑승하고 있었고, 우선순위는 규칙 3 - 2 - 1이다.
③ 자율주행 자동차에는 1명이 탑승하고 있었고, 우선순위는 규칙 2 - 3 - 1이다.
④ 자율주행 자동차에는 2명이 탑승하고 있었고, 우선순위는 규칙 2 - 3 - 1이다.

7. 다음 글을 읽고 이 글에서 설명하고 있는 '사전조치'의 개념과 다른 내용은?

개인이나 사회는 장기적으로 최선인 일을 의지박약, 감정, 충동, 고질적 습관, 중독 그리고 단기적 이익추구 등의 이유로 인해 수행하지 못하는 경우가 많다. 예컨대 많은 사람들이 지금 담배를 끊는 것이 자신의 건강을 위해서 장기적으로 최선이라고 판단함에도 불구하고 막상 담배를 피울 수 있는 기회에 접하게 되면 의지박약으로 인해 담배를 피우는 경우가 많다. 이런 경우 개인이나 사회는 더 합리적으로 행동하기 위해서 행위자가 가질 수 있는 객관적인 기회를 제한하거나 선택지를 줄임으로써 의지박약이나 충동 또는 단기적 이익 등에 따라 행동하는 것을 방지할 수 있다. 이런 조치를 '사전조치'라 한다.

① 알코올 중독자가 금주를 목적으로 인근 수십 킬로미터 안에 술을 파는 곳이 없는 깊은 산속으로 이사를 하였다.
② 술에 취할 때마다 헤어진 애인에게 전화를 하는 사람이 더 이상 애인에게 전화를 하지 않기 위해 자신의 핸드폰 번호를 변경하였다.
③ 가정 내에서 TV를 통한 미성년자의 등급 외 상영물 시청을 제한하기 위해 TV에 성인물 시청 시 비밀번호를 입력하도록 하는 장치를 설치하였다.
④ 군것질 버릇이 있는 영화배우가 최근 캐스팅된 영화 촬영을 앞두고 몸 관리를 위해 자신의 숙소에 있는 모든 군것질 거리를 치웠다.

8. 다음 글을 논리적으로 바르게 배열한 것은?

㉠ 오늘날까지 인류가 알아낸 지식은 한 개인이 한 평생 체험을 거듭할지라도 그 몇 만분의 일도 배우기 어려운 것이다.
㉡ 가령, 무서운 독성을 가진 콜레라균을 어떠한 개인이 먹어 보아서 그 성능을 증명하려 하면, 그 사람은 그 지식을 얻기 전에 벌써 죽어버리고 말게 될 것이다.
㉢ 지식은 그 종류와 양이 무한하다.
㉣ 또 지식 중에는 체험으로써 배우기에는 너무 위험한 것도 많다.
㉤ 그러므로 체험만으로써 모든 지식을 얻으려는 것은 매우 졸렬한 방법일 뿐 아니라, 거의 불가능한 일이라 하겠다.

① ㉢㉠㉣㉡㉤
② ㉠㉢㉡㉣㉣
③ ㉠㉡㉣㉤㉢
④ ㉢㉣㉠㉡㉤

9. 다음 글을 통해 알 수 없는 것은?

동아시아 삼국에 외국인이 집단적으로 장기 거주함에 따라 생활의 편의와 교통통신을 위한 근대적 편의시설이 갖춰지기 시작하였다. 이른바 문명의 이기로 불린 전신, 우편, 신문, 전자, 기차 등이 그것이다. 민간인을 독자로 하는 신문은 개항 이후 새롭게 나타난 신문들 가운데 하나이다. 신문(新聞) 혹은 신보(新報)라는 이름부터가 그렇다. 물론 그 전에도 정부 차원에서 관료들에게 소식을 전하는 관보가 있었지만 오늘날 우리가 사용하는 의미에서의 신문은 여기서부터 비롯된다.

1882년 서양 선교사가 창간한 「The Universal Gazette」의 한자 표현이 '천하신문'인 데서 알 수 있듯, 선교사들은 가제트를 '신문'으로 번역했다. 이후 신문이란 말은 "마카오의 신문지를 창조하라"거나 "신문관을 설립하자"는 식으로 중국인들이 자발적으로 활발하게 사용하기 시작했다.

상업이 발달한 중국 상하이와 일본 요코하마에서는 각각 1851년과 1861년 영국인에 의해 영자신문이 창간되어 유럽과 미국 회사들에 필요한 정보를 제공했고, 이윽고 이를 모델로 하는 중국어, 일본어 신문이 창간되었다. 상하이 최초의 중국어 신문은 영국의 민간회사 자림양행에 의해 1861년 창간된 「상하이신보」다. 거기에는 선박의 출입일정, 물가정보, 각종 광고 등이 게재되어 중국인의 필요에 부응했다. 이 신문은 'ㅇㅇ신보'라는 용어의 유래가 된 신문이다. 중국에서 자국인에 의해 발행된 신문은 1874년 상인 황타오에 의해 창간된 중국어 신문 「순후안일보」가 최초이다. 이것은 오늘날 '△△일보'라는 용어의 유래가 된 신문이다.

한편 요코하마에서는 1864년 미국 영사관 통역관이 최초의 일본어 신문 「카이가이신문」을 창간하면서 일본 국내외 뉴스와 광고를 게재했다. 1871년 처음으로 일본인에 의해 일본어 신문인 「요코하마마이니치신문」이 창간되었고, 이후 일본어 신문 창간의 붐이 있었다.

개항 자체가 늦었던 조선에서는 정부 주도하에 1883년 외교를 담당하던 통리아문박문국에서 최초의 근대적 신문 「한성순보」를 창간했다. 그러나 한문으로 쓰인 「한성순보」와는 달리 그 후속으로 1886년 발행된 「한성주보」는 국한문혼용을 표방했다. 한글로 된 최초의 신문은 1896년 독립협회가 창간한 「독립신문」이다. 1904년 영국인 베델과 양기탁 등에 의해 「대한매일신보」가 영문판 외에 국한문 혼용판과 한글전용판을 발간했다. 그밖에 인천에서 상업에 종사하는 사람들을 위한 정보를 알려주는 신문 등 다양한 종류의 신문이 등장했다.

① 중국 상하이와 일본 요코하마에서 창간된 영자신문은 서양 선교사들이 주도적으로 참여하였다.

② 개항 이전에는 관료를 위한 관보는 있었지만, 민간인 독자를 대상으로 하는 신문은 없었다.

③ 'ㅇㅇ신보'나 '△△일보'란 용어는 민간이 만든 신문들의 이름에서 기인한다.

④ 일본은 중국보다 자국인에 의한 자국어 신문을 먼저 발행하였다.

10. 다음 글을 순서대로 바르게 배열한 것은?

㉠ 적응의 과정은 북쪽의 문헌이나 신문을 본다든지 텔레비전, 라디오를 시청함으로써 이루어질 수 있는 극복의 원초적 단계이다.

㉡ 이질성의 극복을 위해서는 이질화의 원인을 밝히고 이를 바탕으로 해서 그것을 극복하는 단계로 나아가야 한다. 극복의 문제도 단계를 밟아야 한다. 일차적으로는 적응의 과정이 필요하다.

㉢ 남북의 언어가 이질화되었다고 하지만 사실은 그 분화의 연대가 아직 반세기에도 미치지 않았고 맞춤법과 같은 표기법은 원래 하나의 뿌리에서 갈라진 만큼 우리의 노력 여하에 따라서는 동질성의 회복이 생각 밖으로 쉬워질 수 있다.

㉣ 문제는 어휘의 이질화를 어떻게 극복할 것인가에 귀착된다. 우리가 먼저 밟아야 할 절차는 이질성과 동질성을 확인하는 일이다.

① ㉡㉠㉢㉣

② ㉡㉢㉣㉠

③ ㉢㉣㉡㉠

④ ㉣㉡㉢㉠

11. 다음은 일정한 규칙에 따라 배열된 수이다. 빈칸에 알맞은 수를 고르면?

| 8 3 2 | 14 4 3 | 20 6 3 | ( ) 7 4 |

① 25
② 27
③ 30
④ 34

12. △△ 인터넷 사이트에 접속하기 위한 비밀번호의 앞 세 자리는 영문으로, 뒤 네 자리는 숫자로 구성되어 있다. △△ 인터넷 사이트에 접속하려 하는데 비밀번호 끝 두 자리가 생각나지 않아서 접속할 수가 없다. 기억하고 있는 사실이 다음과 같을 때, 사이트 접속 비밀번호를 구하면?

| ㉠ 비밀번호 : | a | b | c | 4 | 2 | ? | ? |

ㄴ 네 자리 숫자의 합은 15
ㄷ 맨 끝자리의 숫자는 그 바로 앞자리 수의 2배

① abc4200
② abc4212
③ abc4224
④ abc4236

13. 다음은 주어진 문제에 대한 갑과 을의 대화이다. 을이 갑의 풀이가 옳지 않다고 했을 때, 책의 쪽수가 될 수 없는 것은?

어떤 책을 하루에 40쪽씩 읽으면 13일째에 다 읽는다고 한다. 이 책은 모두 몇 쪽인가?

갑 : 하루에 40쪽씩 읽고 13일째에 다 읽으니까 40 × 13 = 520(쪽), 즉 이 책의 쪽수는 모두 520쪽이네.
을 : 꼭 그렇지만은 않아.

① 480쪽
② 485쪽
③ 490쪽
④ 500쪽

14. A사는 1억 원을 투자하여 연간 15%의 수익률을 올리는 것을 목표로 새로운 택배서비스를 시작하였다. 이때, 택배서비스의 목표수입가격은 얼마가 적당한가? (단, 예상 취급량 30,000개/연, 택배서비스 취급원가 1,500원/개)

① 1,000원
② 1,500원
③ 2,000원
④ 3,000원

15. 어느 인기 그룹의 공연을 준비하고 있는 기획사는 다음과 같은 조건으로 총 1,500장의 티켓을 판매하려고 한다. 티켓 1,500장을 모두 판매한 금액이 6,000만 원이 되도록 하기 위해 판매해야 할 S석 티켓의 수를 구하면?

㈎ 티켓의 종류는 R석, S석, A석 세 가지이다.
㈏ R석, S석, A석 티켓의 가격은 각각 10만 원, 5만 원, 2만 원이고, A석 티켓의 수는 R석과 S석 티켓의 수의 합과 같다.

① 450장
② 600장
③ 750장
④ 900장

16. 그림은 ∠B = 90°인 직각삼각형 ABC의 세 변을 각각 한 변으로 하는 정사각형을 그린 것이다. □ADEB의 넓이는 9이고 □BFGC의 넓이가 4일 때, □ACHI의 넓이는?

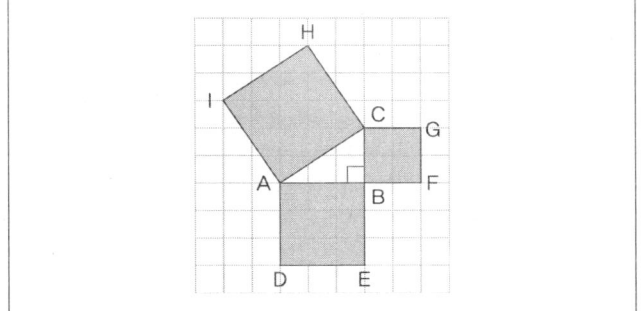

① 13
② 14
③ 15
④ 16

17. 차고 및 A, B, C 간의 거리는 아래의 표와 같다. 차고에서 출발하여 A, B, C 3개의 수요지를 각각 1대의 차량이 방문하는 경우에 비해, 1대의 차량으로 3개의 수요지를 모두 방문하고 차고지로 되돌아오는 경우, 수송거리가 최대 몇 km 감소되는가?

구분	A	B	C
차고	10	13	12
A	–	5	10
B	–	–	7

① 24 ② 30

③ 36 ④ 46

18. 다음 ABC무역주식회사는 플라즈마 TV 핵심부품을 항공편으로 미국 뉴욕에 수출할 예정이다. 수출 시 보험과 다른 수송비 등 여타조건은 무시하고 아래 사항만을 고려할 경우에 항공운임은 얼마인가?

> ㉠ 플라즈마 TV 핵심부품이 내장되고 포장된 상자의 무게는 40kg이다.
> ㉡ 상기 상자의 용적은 가로 80cm, 세로 60cm, 높이 70cm 인 직육면체이다.
> ㉢ 항공운임은 중량 또는 부피 중 큰 것을 적용하기로 한다. (단, 운임부와 중량 환산 기준은 $6,000cm^2 = kg$)
> ㉣ 요율(최저운임은 US$ 200)
> • 50kg 미만 : US$ 17/kg
> • 50kg 이상 ~ 60kg 미만 : US$ 13/kg
> • 60kg 이상 ~ 80kg 미만 : US$ 10/kg
> • 80kg 이상 ~ 100kg 미만 : US$ 7/kg

① US$ 315

② US$ 334

③ US$ 680

④ US$ 728

19. 3개월의 인턴기간 동안 업무평가 점수가 가장 높았던 甲, 乙, 丙, 丁 네 명의 인턴에게 성과급을 지급했다. 제시된 조건에 따라 성과급은 甲 인턴부터 丁 인턴까지 차례로 지급되었다고 할 때, 네 인턴에게 지급된 성과급 총액은 얼마인가?

> • 甲 인턴은 성과급 총액의 1/3보다 20만 원 더 받았다.
> • 乙 인턴은 甲 인턴이 받고 남은 성과급의 1/2보다 10만 원을 더 받았다.
> • 丙 인턴은 乙 인턴이 받고 남은 성과급의 1/3보다 60만 원을 더 받았다.
> • 丁 인턴은 丙 인턴이 받고 남은 성과급의 1/2보다 70만 원을 더 받았다.

① 860만 원 ② 900만 원

③ 940만 원 ④ 960만 원

20. 다음 표는 ㈎, ㈏, ㈐ 세 기업의 남자 사원 400명에 대해 현재의 노동 조건에 만족하는가에 관한 설문 조사를 실시한 결과이다. ㉠ ~ ㉣ 중에서 옳은 것은 어느 것인가?

구분	불만	보통	만족	계
㈎ 회사	34	38	50	122
㈏ 회사	73	11	58	142
㈐ 회사	71	41	24	136

> ㉠ 이 설문 조사에서는 현재의 노동 조건에 대해 불만을 나타낸 사람은 과반수를 넘지 않는다.
> ㉡ 가장 불만 비율이 높은 기업은 ㈐ 회사이다.
> ㉢ '보통'이라고 회답한 사람이 가장 적은 ㈏ 회사는 가장 노동조건이 좋은 기업이다.
> ㉣ 만족이라고 답변한 사람이 가장 많은 ㈏ 회사가 가장 노동조건이 좋은 회사이다.

① ㉠㉡

② ㉠㉢

③ ㉡㉢

④ ㉢㉣

21. 다음은 영철이가 작성한 A, B, C, D 네 개 핸드폰의 제품별 사양과 사양에 대한 점수표이다. 다음 표를 본 영미가 〈보기〉와 같은 상황에서 선택하기에 가장 적절한 제품과 가장 적절하지 않은 제품은 각각 어느 것인가?

구분	A	B	C	D
크기	153.2×76.1×7.6	154.4×76×7.8	154.4×75.8×6.9	139.2×68.5×8.9
무게	171g	181g	165g	150g
RAM	4GB	3GB	4GB	3GB
저장공간	64GB	64GB	32GB	32GB
카메라	16Mp	16Mp	8Mp	16Mp
배터리	3,000mAh	3,000mAh	3,000mAh	3,000mAh
가격	653,000원	616,000원	599,000원	549,000원

〈사양별 점수표〉

무게	160g 이하	161~180g	181~200g	200g 이상
	20점	18점	16점	14점

RAM	3GB		4GB	
	15점		20점	

저장 공간	32GB		64GB	
	18점		20점	

카메라	8Mp		16Mp	
	8점		20점	

가격	550,000원 미만	550,000~600,000원 미만	600,000~650,000원 미만	650,000원 이상
	20점	18점	16점	14점

"나도 이번에 핸드폰을 바꾸려 하는데, 내가 가장 중요하게 생각하는 조건은 저장 공간이야. 그 다음으로는 무게가 가벼웠으면 좋겠고, 다음 카메라 기능이 좋은 걸 원하지. 음... 다른 기능은 전혀 고려하지 않지만, 저장 공간, 무게, 카메라 기능에 각각 가중치를 30%, 20%, 10% 추가 부여하는 정도라고 볼 수 있어."

① A제품과 D제품
② B제품과 C제품
③ A제품과 C제품
④ B제품과 A제품

22. 양 과장은 휴가를 맞아 제주도로 여행을 떠나려고 한다. 가족 여행이라 짐이 많을 것을 예상한 양 과장은 제주도로 운항하는 5개의 항공사별 수하물 규정을 다음과 같이 검토하였다. 다음 규정을 참고할 때, 양 과장이 판단한 것으로 올바르지 않은 것은?

	화물용	기내 반입용
갑항공사	A + B + C = 158cm 이하, 각 23kg, 2개	A + B + C = 115cm 이하, 10kg ~ 12kg, 2개
을항공사		A + B + C = 115cm 이하, 10kg ~ 12kg, 1개
병항공사	A + B + C = 158cm 이하, 20kg, 1개	A + B + C = 115cm 이하, 7kg ~ 12kg, 2개
정항공사	A + B + C = 158cm 이하, 각 20kg, 2개	A + B + C = 115cm 이하, 14kg 이하, 1개
무항공사		A + B + C = 120cm 이하, 14kg~16kg, 1개

※ A, B, C는 가방의 가로, 세로, 높이의 길이를 의미함

① 기내 반입용 가방이 최소한 2개는 되어야 하니 일단 갑, 병항공사밖엔 안 되겠군.
② 가방 세 개 중 A + B + C의 합이 2개는 155cm, 1개는 118cm이니 무항공사 예약상황을 알아봐야지.
③ 무게로만 따지면 병항공사보다 을항공사를 이용하면 더 많은 짐을 가져갈 수 있겠군.
④ 가방의 총 무게가 55kg을 넘어갈 테니 반드시 갑항공사를 이용해야겠네.

23. 어느 하천의 A 지점에서 B 지점을 통과하여 C 지점으로 흐르는 물의 세 지점에 대한 수질 오염 정도를 측정한 결과, 아래 〈결과〉와 같은 표를 작성하였다. 다음 글의 내용을 참고할 때, 〈보기〉 중 수질 오염 결과를 올바르게 판단한 것을 모두 고른 것은?

수질 오염의 정도를 알아보는 지표로 사용되는 것들은 수소 이온 농도 지수, 용존 산소량, 생화학적 산소 요구량, 화학적 산소 요구량 등이 있다.

수소 이온 농도 지수(pH)는 용액의 산성 및 알칼리성의 세기를 나타내는 값으로 중성은 7, 7보다 작을수록 산성이, 7보다 클수록 알칼리성이 강한 것을 의미한다.

용존 산소량(DO)은 물속에 녹아 있는 산소의 양을 의미하며, 수온이 높을수록, 플랑크톤 등의 생물이 이상 증식할수록 수질이 나빠지게 된다.

생화학적 산소 요구량(BOD)은 물속의 유기 물질을 호기성 박테리아가 분해하는 데 필요한 산소의 양으로, 생물학적으로 분해 가능한 유기물의 총량을 파악하는 데 유용한 지표가 된다.

화학적 산소 요구량(COD)은 물속의 유기 물질을 화학적 산화제를 사용하여 분해, 산화하는 데 필요한 산소의 양으로, 오염 물질 중 생물학적으로 분해할 수 없는 유기 물질의 양을 파악하는 데 유용한 지표로 쓰인다.

〈결과〉

	pH	DO	BOD	COD
A 지점	5.5	6.0	1.5	4.5
B 지점	8.3	5.0	5.0	4.9
C 지점	7.8	4.6	4.5	4.3

〈보기〉
㉠ A 지점은 B 지점보다 산성이 강하다.
㉡ 용존 산소량으로 판단하면, A 지점은 C 지점보다 맑고 깨끗한 물이다.
㉢ 생화학적 산소 요구량으로 판단한 수질은 B 지점이 가장 나쁘다.
㉣ 상류에서 하류로 이동하면서 생물학적으로 분해할 수 없는 유기물의 양은 증가하다가 감소하였다.

① ㉠㉡㉢㉣ ② ㉡㉢㉣
③ ㉠㉢㉣ ④ ㉠㉡㉣

24. R공사에서는 신입사원 2명을 채용하기 위하여 서류와 필기 전형을 통과한 갑, 을, 병, 정 네 명의 최종 면접을 실시하려고 한다. 아래 표와 같이 네 개 부서의 팀장이 각각 네 명을 모두 면접하여 최종 선정 우선순위를 결정하였다. 면접 결과에 대한 〈보기〉와 같은 설명 중 적절한 것을 모두 고른 것은?

	A팀장	B팀장	C팀장	D팀장
최종 선정자 (1/2/3/4순위)	을 / 정 / 갑 / 병	갑 / 을 / 정 / 병	을 / 병 / 정 / 갑	병 / 정 / 갑 / 을

* 우선순위가 높은 사람 순으로 2명을 채용하며, 동점자는 A, B, C, D팀장 순으로 부여한 고순위자로 결정함
* 팀장별 순위에 대한 가중치는 모두 동일하다.

〈보기〉
㉠ '을' 또는 '정' 중 한 명이 입사를 포기하면 '갑'이 채용된다.
㉡ A팀장이 '을'과 '정'의 순위를 바꿨다면 '갑'이 채용된다.
㉢ B팀장이 '갑'과 '병'의 순위를 바꿨다면 '정'은 채용되지 못한다.

① ㉠
② ㉠㉢
③ ㉡㉢
④ ㉠㉡㉢

25. 외화송금 수수료에 대한 다음과 같은 규정을 참고할 때, 〈보기〉와 같은 세 가지 거래에 대해 지불해야 하는 총 수수료 금액은 모두 얼마인가?

외화자금의 국내 간 이체 수수료(당·타발)	U$5,000 이하 : 5,000원 U$10,000 이하 : 7,000원 U$10,000 초과 : 10,000원
	인터넷 뱅킹 : 5,000원 실시간 이체 : 타발 수수료는 없음
해외로 외화 송금	**송금 수수료** U$500 이하 : 5,000원 U$2,000 이하 : 10,000원 U$5,000 이하 : 15,000원 U$20,000 이하 : 20,000원 U$20,000 초과 : 25,000원 * 인터넷 뱅킹 이용 시 건당 3,000 ~ 5,000원
	해외 및 중계은행 수수료를 신청인이 부담하는 경우 해외 현지 및 중계은행의 통화별 수수료를 추가로 징구
	전신료 8,000원 인터넷 뱅킹 및 자동이체 5,000원
	조건변경 전신료 8,000원
해외/타행에서 받은 송금	건당 10,000원

〈보기〉
- U$15,000을 국내 거래처로 인터넷 뱅킹을 통해 송금한 경우
- U$10,000을 거래은행 창구에서 홍콩으로 송금(해외 수수료는 수신인 부담)한 경우
- 대만에서 인터넷 뱅킹을 통해 U$8,000이 입금된 경우

① 48,000원
② 45,000원
③ 43,000원
④ 38,000원

26. 홍보팀 백 대리는 회사 행사를 위해 연회장을 예약하려 한다. 연회장의 현황과 예약 상황이 다음과 같을 때, 연회장에 예약 문의를 한 백 대리의 아래 질문에 대한 연회장 측의 회신 내용에 포함되기에 적절하지 않은 것은?

〈연회장 시설 현황〉

구분	최대 수용 인원(명)	대여 비용(원)	대여 가능 시간
A	250	500,000	3시간
B	250	450,000	2시간
C	200	400,000	3시간
D	150	350,000	2시간

* 연회장 정리 직원은 오후 10시에 퇴근함
* 시작 전과 후 준비 및 청소 시간 각각 1시간 소요, 연이은 사용의 경우 중간 1시간 소요

〈연회장 예약 현황〉

일	월	화	수	목	금	토
			1 A 10시 B 16시	2 B 19시 D 18시	3 C 15시 D 16시	4 A 11시 B 12시
5	6 B 17시 C 18시	7	8 A 18시 D 16시	9 C 15시	10 C 16시 D 11시	11
12	13 C 15시 D 16시	14 A 16시	15 D 18시 A 15시	16	17 B 18시 D 17시	18

〈백 대리 요청 사항〉

안녕하세요?

연회장 예약을 하려 합니다. 주말과 화, 목요일을 제외하고 가능한 날이면 언제든 좋습니다. 참석 인원은 180 ~ 220명 정도 될 것 같고요, 오후 6시에 저녁 식사를 겸해서 2시간 정도 사용하게 될 것 같습니다. 물론 가급적 저렴한 연회장이면 더 좋겠습니다. 회신 부탁드립니다.

12

① 가능한 연회장 중 가장 저렴한 가격을 원하신다면 월요일은 좀 어렵겠습니다.
② A, B 연회장은 원하시는 날짜에 언제든 가능합니다.
③ 인원이 200명을 넘지 않으신다면 가장 저렴한 연회장을 사용하실 수 있는 기회가 네 번 있습니다.
④ 8일과 15일은 사용하실 수 있는 잔여 연회장 현황이 동일합니다.

27. ㉠에 대한 근거로 적절한 것만을 〈보기〉에서 있는 대로 고른 것은?

화재가 발생하며 화재의 기전에 의해 사망하는 것을 화재사라고 한다. 화재 현장에서 불완전연소의 결과로 발생한 매연(煤煙)을 들이키면 폐 기관지 등 호흡기 점막에 새까맣게 매(煤)가 부착된다. 화재 현장에서 생성되는 다양한 유독가스 중 일산화탄소는 피해자의 호흡에 의해 혈류로 들어가 헤모글로빈에 산소보다 더 강하게 결합하여 산소와 헤모글로빈의 결합을 방해한다. 생체의 피부에 고열이 작용하면 화상이 일어나는데 그중 가장 경미한 정도인 1도 화상에서는 손상에 대한 생체의 반응으로 피부로의 혈액공급이 많아져 발적과 종창이 나타난다. 더 깊이 침범된 2, 3도 화상에서는 피부의 물질, 피하조직의 괴사 등이 나타난다. 불길에 의해 고열이 가해지면 근육은 근육 단백질의 형태와 성질이 변하여 위축되는 모양을 띤다. 근육의 위축은 그 근육에 의해 가동되는 관절 부위의 변화를 가져오게 되는데 관절을 펴는 근육보다는 굽히는 근육의 양이 더 많으므로 불길에 휩싸여 열변성이 일어난 시신은 대부분의 관절이 약간씩 굽은 모습으로 탄화된다.
한편, 화재 현장에서 변사체가 발견되어 부검이 시행되었다. 부검을 마친 법의학자는 ㉠희생자가 생존해 있을 때에 화재가 발생하여 화재의 기전에 의해 사망하였다고 판단하였다.

〈보기〉
㉠ 불에 탄 시체의 관절이 약간씩 굽어 있다.
㉡ 얼굴에 빨간 발적이나 종창이 일어난 화상이 있다.
㉢ 혈액 내에 일산화탄소와 결합한 헤모글로빈 농도가 높다.

① ㉠
② ㉡
③ ㉠㉢
④ ㉡㉢

28. 다음 물질 A, B, C의 특성에 대하여 추정한 것으로 옳은 것만을 〈보기〉에서 있는 대로 고른 것은?

갑, 을, 병은 산행을 하다 식용으로 보이는 버섯을 채취하였다. 하산 후 갑은 생버섯 5g과 술 5잔, 을은 끓는 물에 삶은 버섯 5g과 술 5잔, 병은 생버섯 5g만 먹었다.
다음 날 갑과 을은 턱 윗부분만 검붉게 변하는 악취(顎醉) 현상이 나타났으며, 둘 다 5일 동안 지속되었으나 병은 그러한 현상이 없었다. 또한, 세 명은 버섯을 먹은 다음 날 오후부터 미각을 상실했다가, 7일 후 모두 회복되었다. 한 달 후 건강 검진을 받은 세 명은 백혈구가 정상치의 1/3 수준으로 떨어진 것이 발견되어 무균 병실에 입원하였다. 세 명 모두 1주일이 지나 백혈구 수치가 정상이 되어 퇴원하였고 특별한 치료를 한 것은 없었다.
담당 의사는 만성 골수성 백혈병의 권위자였다. 만성 골수성 백혈병은 비정상적인 유전자에 의해 백혈구를 필요 이상으로 증식시키는 티로신 키나아제 효소가 만들어짐으로써 나타난다. 담당 의사는 3개월 전 문제의 버섯을 30g 섭취한 사람이 백혈구의 급격한 감소로 사망한 보고가 있다는 것을 알았으며, 해당 버섯에서 악취 현상 원인 물질 A, 미각 상실 원인 물질 B, 백혈구 감소 원인 물질 C를 분리하였다.

〈보기〉
㉠ A는 알코올과의 상호 작용에 의해서 증상을 일으킨다.
㉡ B는 알코올과의 상관관계는 없고, 물에 끓여도 효과가 약화되지 않는다.
㉢ C는 물에 끓이면 효과가 약화되며, 티로신 키나아제의 작용을 억제하는 물질로 적정량 사용하면 만성 골수성 백혈병 치료제의 가능성이 있다.

① ㉠
② ㉢
③ ㉠㉡
④ ㉡㉢

29. 반지 상자 A, B, C 안에는 각각 금반지와 은반지 하나씩 들어있고, 나머지 상자는 비어있다. 각각의 상자 앞에는 다음과 같은 말이 씌어 있다. 그런데 이 말들 중 하나의 말만이 참이며, 은반지를 담은 상자 앞 말은 거짓이다. 다음 중 항상 맞는 것은?

A 상자 앞 : 상자 B에는 은반지가 있다.
B 상자 앞 : 이 상자는 비어있다.
C 상자 앞 : 이 상자에는 금반지가 있다.
---

① 상자 A에는 은반지가 있다.
② 상자 A에는 금반지가 있다.
③ 상자 B에는 은반지가 있다.
④ 상자 B는 비어있다.

30. A, B, C, D, E는 형제들이다. 다음의 〈보기〉를 보고 첫째부터 막내까지 올바르게 추론한 것은?

〈보기〉
㉠ A는 B보다 나이가 적다.
㉡ D는 C보다 나이가 적다.
㉢ E는 B보다 나이가 많다.
㉣ A는 C보다 나이가 많다.
---

① E > B > D > A > C
② E > B > A > C > D
③ D > C > A > B > E
④ D > C > A > E > B

31. 아래의 내용은 "(주) 더 하얀"에서 출시된 신상품 세탁기의 매뉴얼을 나타내고 있다. 제시된 내용을 참조하여 세탁기 사용설명서를 잘못 이해하고 있는 사람을 고르면?

아래에 있는 내용은 "경고"와 "주의"의 두 가지로 구분하고 있으며, 해당 표시를 무시하고 잘못된 취급을 할 시에는 위험이 발생할 수 있으니 반드시 주의 깊게 숙지하고 지켜주시기 바랍니다. 더불어 당부사항도 반드시 지켜주시기 바랍니다.

1. 경고
㉠ 아래 그림과 같이 제품수리기술자 이외 다른 사람은 절대로 세탁기 분해, 개조 및 수리 등을 하지 마세요.

• 화재, 감전 및 상해의 원인이 됩니다. 해당 제품에 대한 A/S 문의는 제품을 구입한 대리점 또는 사용설명서의 뒷면을 참조하시고 상담하세요.
㉡ 아래 그림과 같이 카펫 위에 설치하지 마시고 욕실 등의 습기가 많은 장소 또는 비바람 등에 노출된 장소 및 물이 튀는 곳에 설치하지 마세요.

• 이러한 경우에 화재, 감전, 고장, 변형 등의 위험이 있습니다.
㉢ 아래 그림과 같이 해당 세탁기를 타 전열기구와 함께 사용하는 것을 금하며 정격 15A 이상의 콘센트를 단독으로 사용하세요.

• 자사 세탁기를 타 기구와 사용하게 되면 분기 콘센트부가 이상 과열되어 이는 화재 또는 감전의 위험이 있습니다. 제품 본체를 손상시킬 위험이 있습니다.
㉣ 아래 그림과 같이 접지를 반드시 연결해 주십시오.

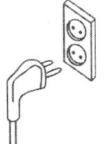

14

- 제대로 접지가 안 된 경우에는 고장 또는 누전 시에 감전의 위험이 있습니다.
- 가옥의 구조 또는 세탁기 설치 장소에 따라서 전원 콘센트가 접지가 안 될 시에는 해당 서비스센터에 문의하여 외부접지선을 활용해 접지하세요.

Ⓜ 아래 그림과 같이 전원플러그를 뽑을 경우에는 전원 코드를 잡지 말고 반드시 끝단의 전원 플러그를 손으로 잡고 뽑아주세요.

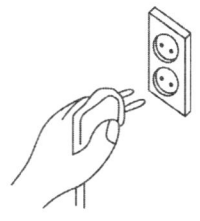

- 화재 또는 감전의 위험이 있습니다.

ⓗ 아래 그림과 같이 전원 플러그의 금속부분이나 그 주변 등에 먼지가 붙어 있을 시에는 깨끗이 닦아주시고, 전원 플러그가 흔들리지 않도록 확실하게 콘센트에 접속해 주세요.

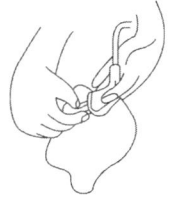

- 먼지가 쌓여서 발열, 발화 및 절연열화에 의해 감전, 누전의 원인이 됩니다.

2. 주의

ⓐ 자사 세탁기 본래의 용도(의류세탁) 외의 것은 세탁(탈수)하지 마세요.

- 이상 진동을 일으키면서 제품 본체를 손상시킬 위험이 있습니다.

ⓛ 온수를 사용하는 경우에는 50도 이상의 뜨거운 물은 사용하지 마세요.

- 플라스틱 부품의 변형 또는 손상 등에 의해서 감전 혹은 누전 등의 위험이 있습니다.

ⓒ 오랜 시간 동안 사용하지 않을 시에는 반드시 전원 플러그를 콘센트에서 뽑아주세요

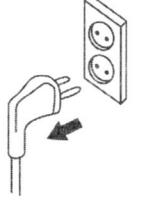

- 절연저하로 인해 감전, 누전, 화재 등의 원인이 됩니다.

3. 당부사항

ⓐ 세탁물은 초과해서 넣지 마세요.

- 탈수 시에 세탁물이 빠져나올 수 있습니다.

ⓛ 세제를 과하게 넣지 마세요.

- 세제를 많이 넣게 되면 세탁기 외부로 흘러나오거나 또는 전기부품에 부착되어 고장의 원인이 됩니다.

ⓒ 탈수 중 도어가 열린 상태로 탈수조가 회전하는 경우에는 세탁기의 사용을 중지하고 수리를 의뢰해 주세요.

- 상해의 원인이 됩니다.

ⓔ 세탁 시에 세탁물이 세탁조 외부로 빠져나오는 경우 또는 물이 흘러넘치는 것을 방지하기 위해 아래와 같이 조치해 주세요.

- 세탁물이 많을 시에는 균일하게 잘 넣어주세요. 세탁물이 떠오르게 되어 급수 시 물을 비산시켜 바닥으로 떨어지거나 또는 탈수 시 세탁물이 빠져나와 손상을 입힐 수 있습니다.

- 쉽게 물에 뜨거나 또는 큰 세탁물의 경우에는 급수 후 일시정지를 한 다음 손으로 눌러 밀어넣어 세탁물을 수면 아래로 밀어넣어주세요. 세탁을 진행하고 있는 동안에도 세탁물에 물이 새어들지 않거나 또는 손으로 눌러도 세탁액이 새어들지 않는 세탁물은 세탁하지 마세요. 탈수 시에 빠져나와 의류 및 세탁기를 손상시킬 수 있습니다.

① 연철 : 자사의 세탁기는 전류용량 상 멀티 탭을 활용하여 15A 이상의 콘센트를 타 전열기구와 함께 사용하는 것이 좋아.
② 우진 : 제품에 대한 A/S는 대리점이나 설명서 뒷면을 참조하면 되겠군.
③ 규호 : 전원 플러그를 뺄 경우에는 손으로 끝단의 전원 플러그를 잡아서 빼야해.
④ 원모 : 전원 플러그 주변의 먼지는 깨끗이 닦아줘야 한다는 것을 잊어서는 안돼.

32. 다음과 같은 프로그램 명령어를 참고할 때, 아래의 모양 변화가 일어나기 위해서 두 번의 스위치를 눌렀다면 어떤 스위치를 눌렀는가? (위부터 아래로 차례로 1~4번 도형임)

스위치	기능
◉	1번, 4번 도형을 시계 방향으로 90도 회전함
◈	2번, 3번 도형을 시계 방향으로 90도 회전함
▣	1번, 2번 도형을 시계 반대 방향으로 90도 회전함
◑	3번, 4번 도형을 시계 반대 방향으로 90도 회전함

① ▣, ◉
② ◑, ◉
③ ◉, ▣
④ ◑, ◈

┃33 ~ 34┃ 다음은 디지털 카메라의 사용설명서이다. 이를 읽고 물음에 답하시오.

오류 메시지가 발생했을 때에는 아래의 방법으로 대처하세요.

오류 메시지	대처방법
렌즈가 잠겨 있습니다.	줌 렌즈가 닫혀 있습니다. 줌 링을 반시계 방향으로 딸깍 소리가 날 때까지 돌리세요.
메모리 카드 오류	• 전원을 껐다가 다시 켜세요. • 메모리 카드를 뺐다가 다시 넣으세요. • 메모리 카드를 포맷하세요.
배터리를 교환 하십시오	충전된 배터리로 교체하거나 배터리를 충전하세요.
사진 파일이 없습니다.	사진을 촬영한 후 또는 촬영한 사진이 있는 메모리 카드를 넣은 후 재생 모드를 실행하세요.
잘못된 파일입니다.	잘못된 파일을 삭제하거나 가까운 서비스센터로 문의하세요.
저장 공간이 없습니다.	필요 없는 파일을 삭제하거나 새 메모리 카드를 넣으세요.
카드가 잠겨 있습니다.	SD, SDHC, SDXC, UHS – 1 메모리 카드에는 잠금 스위치가 있습니다. 잠금 상태를 확인한 후 잠금을 해제하세요.
폴더 및 파일 변화가 최댓값입니다. 카드를 교환해주세요	메모리카드의 파일명이 DCF 규격에 맞지 않습니다. 메모리 카드에 저장된 파일은 컴퓨터에 옮기고 메모리 카드를 포맷한 후 사용하세요.
Error 00	카메라의 전원을 끄고, 렌즈를 분리한 후 재결합하세요. 동일한 메시지가 나오는 경우 가까운 서비스 센터로 문의하세요.
Error 01/02	카메라의 전원을 끄고, 배터리를 뺐다가 다시 넣으세요. 동일한 메시지가 나오는 경우 가까운 서비스 센터로 문의하세요.

33. 카메라를 작동하던 중 다음과 같은 메시지가 나타났을 때 대처방법으로 가장 적절한 것은?

Error 00

① 배터리를 뺐다가 다시 넣는다.

② 카메라의 전원을 끄고 줌 링을 반시계 방향으로 돌린다.

③ 카메라의 전원을 끄고 렌즈를 분리한 후 재결합한다.

④ 메모리카드를 뺐다가 다시 넣는다.

34. 카메라를 작동하던 중 '메모리 카드 오류!'라는 메시지가 뜰 경우 적절한 대처방법으로 가장 옳은 것은?

① 충전된 배터리로 교체하거나 배터리를 충전한다.

② 가까운 서비스 센터로 문의한다.

③ 메모리 카드를 뺐다가 다시 넣는다.

④ 카메라의 전원을 끄고 렌즈를 분리했다가 재결합한다.

┃35 ~ 36┃ 다음 표를 참고하여 질문에 답하시오.

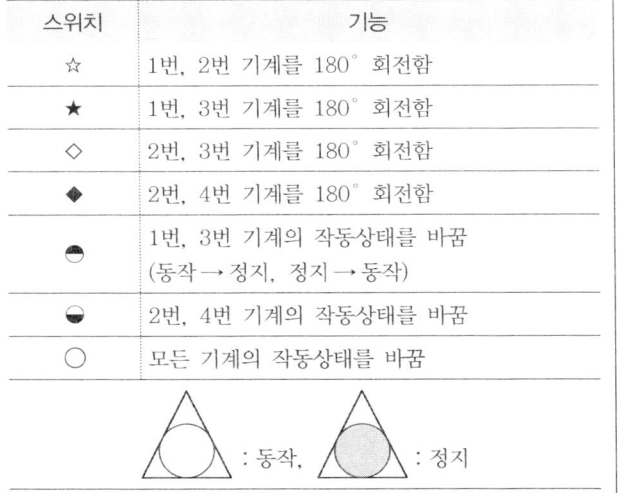

35. 처음 상태에서 스위치를 세 번 눌렀더니 다음과 같이 바뀌었다. 어떤 스위치를 눌렀는가?

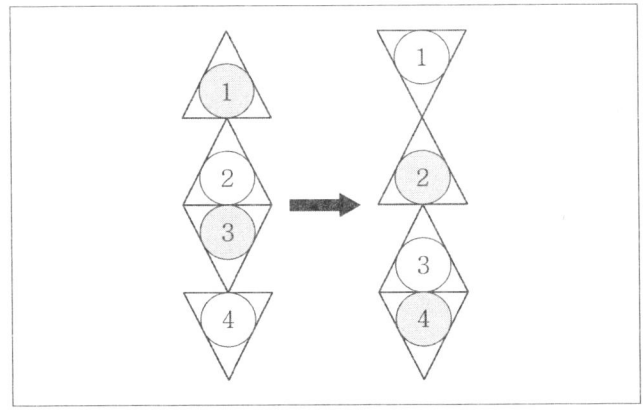

① ◆, ,

② ★, ◇, ○

③ ◇, ,

④ ☆, ◇, ○

36. 처음 상태에서 스위치를 네 번 눌렀더니 다음과 같이 바뀌었다. 어떤 스위치를 눌렀는가? (단, 회전버튼과 상태버튼을 각 1회 이상씩 눌러야 한다.)

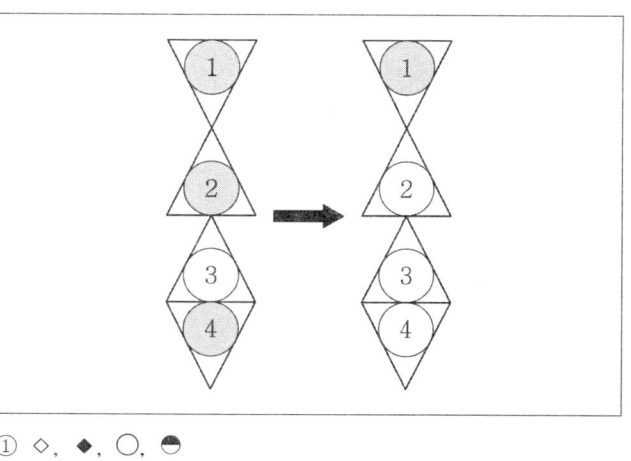

① ◇, ◆, ○, ◐
② ☆, ★, ◇, ◐
③ ★, ◇, ◆, ◐
④ ☆, ◇, ○, ◐

37. 고등학교 동창인 재희, 은제, 미연, 민주는 모두 한 집에 살고 있다. 이들 네 사람은 봄맞이 대청소를 하고 새로운 냉장고를 구입한 후 함께 앉아 냉장고 사용설명서를 읽고 있다. 다음 내용을 바탕으로 냉장고 사용 매뉴얼을 잘못 이해한 사람을 고르면?

1. 사용 환경에 대한 주의사항 2. 안전을 위한 주의사항 ※ 사용자의 안전을 지키고 재산상의 손해 등을 막기 위한 내용입니다. 반드시 읽고 올바르게 사용해 주세요.	
경고	'경고'의 의미 : 지시사항을 지키지 않았을 경우 사용자의 생명이 위험하거나 중상을 입을 수 있습니다.
주의	'주의'의 의미 : 지시사항을 지키지 않았을 경우 사용자의 부상이나 재산 피해가 발생할 수 있습니다.
전원 관련 경고	• 220V 전용 콘센트 외에는 사용하지 마세요. • 손상된 전원 코드나 플러그, 헐거운 콘센트는 사용하지 마세요. • 코드 부분을 잡아 빼거나 젖은 손으로 전원 플러그를 만지지 마세요. • 전원 코드를 무리하게 구부리거나 무거운 물건에 눌려 망가지지 않도록 하세요. • 천둥, 번개가 치거나 오랜 시간 사용하지 않을 때는 전원 플러그를 빼주세요. • 220V 이외에 전원을 사용하거나 한 개의 콘센트에 여러 전기제품을 동시에 꽂아 사용하지 마세요. • 접지가 잘되어 있지 않으면 고장이나 누전 시 감전될 수 있으므로 확실하게 해 주세요. • 전원 플러그에 먼지가 끼어 있는지 확인하고 핀을 끝까지 밀어 확실하게 꽂아 주세요.
설치 및 사용 경고	• 냉장고를 함부로 분해, 개조하지 마세요. • 냉장고 위에 무거운 물건이나 병, 컵, 물이 들어 있는 용기는 올려놓지 마세요. • 어린이나 냉장고 문에 절대로 매달리지 못하게 하세요. • 불이 붙기 쉬운 LP 가스, 알코올, 벤젠, 에테르 등은 냉장고에 넣지 마세요. • 가연성 스프레이나 열기구는 냉장고 근처에 사용하지 마세요. • 가스가 샐 때에는 냉장고나 플러그는 만지지 말고 즉시 환기시켜 주세요. • 이 냉장고는 가정용으로 제작되었기에 선박용으로 사용하지 마세요. • 냉장고를 버릴 때에는 문의 패킹을 떼어 내시고, 어린이가 노는 곳에는 냉장고를 버려두지 마세요. (어린이가 들어가면 갇히게 되어 위험합니다.)

① 재희 : 밖에 천둥, 번개가 심하게 치니까 전원 플러그를 빼야겠어.

② 은제 : 우리가 구입한 냉장고는 선박용으로 활용해서는 안돼.

③ 미연 : 냉장고를 임의로 분해하거나 개조하지 말라고 하는데, 이는 냉장고를 설치하거나 사용 시의 경고로 받아들일 수 있어.

④ 민주 : '주의' 표시에서 지시사항을 제대로 지키지 않으면 생명이 위험하게 된대.

38. 다음은 K사의 드론 사용 설명서이다. 아래 부품별 기능표를 참고할 때, 360도 회전비행을 하기 위하여 조작해야 할 버튼이 순서대로 알맞게 연결된 것은 어느 것인가?

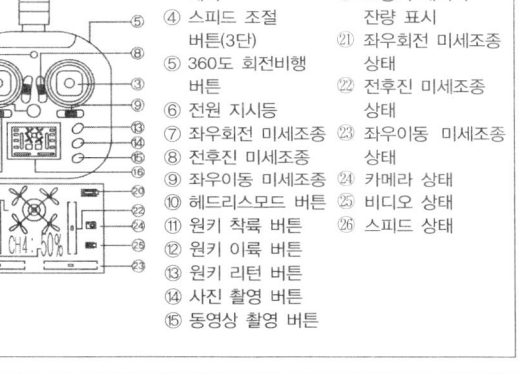

① 전원 스위치	⑯ LCD 창
② 상승/하강/회전 조작레버	⑰ 스마트폰 거치대
③ 이동방향 조작 레버	⑱ 신호 표시
④ 스피드 조절 버튼(3단)	⑲ 기체 상태 표시
⑤ 360도 회전비행 버튼	⑳ 조종기 배터리 잔량 표시
⑥ 전원 지시등	㉑ 좌우회전 미세조종 상태
⑦ 좌우회전 미세조종	㉒ 전후진 미세조종 상태
⑧ 전후진 미세조종	㉓ 좌우이동 미세조종 상태
⑨ 좌우이동 미세조종	㉔ 카메라 상태
⑩ 헤드리스모드 버튼	㉕ 비디오 상태
⑪ 원키 착륙 버튼	㉖ 스피드 상태
⑫ 원키 이륙 버튼	
⑬ 원키 리턴 버튼	
⑭ 사진 촬영 버튼	
⑮ 동영상 촬영 버튼	

360도 회전비행

팬토머는 360도 회전비행이 가능합니다. 드론이 앞/뒤/좌/우 방향으로 회전하므로 첫 회전 비행시 각별히 주의하세요.

(1) 넓고 단단하지 않은 바닥 위에서 비행하세요.
(2) 조종기의'360도 회전비행'버튼을 누른 후, 오른쪽 이동방향 조작 레버를 앞/뒤/좌/우한 방향으로만 움직이세요.
(3) 360도 회전비행을 위해서는 충분한 연습이 필요합니다.

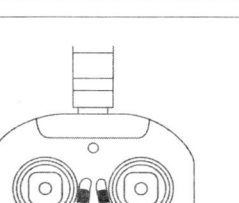

① ③번 버튼 − ⑤번 버튼

② ②번 버튼 − ⑤번 버튼

③ ⑤번 버튼 − ②번 버튼

④ ⑤번 버튼 − ③번 버튼

39. 다음은 A사의 식품안전관리에 관한 매뉴얼의 일부이다. 아래의 내용을 읽고 가장 적절하지 않은 항목을 고르면?

1. 식재료 구매 및 검수
※ 검수절차 및 유의사항
　① 청결한 복장, 위생장갑 착용 후 검수 시작
　② 식재료 운송차량의 청결상태 및 온도유지 여부 확인
　③ 표시사항, 유통기한, 원산지, 중량, 포장상태, 이물혼입 등 확인
　④ 제품 온도 확인
　⑤ 검수 후 식재료는 전처리 또는 냉장·냉동보관
　– 냉동 식재료 검수 방법

변색 확인	장기간 냉동 보관과 부주의한 관리로 식재료의 색상이 변색
이취 전이	장기간 냉동 보관 및 부주의한 관리로 이취가 생성
결빙 확인	냉동보관이 일정하게 이루어지지 않아 결빙 발생 및 식재료의 손상 초래
분리 확인	장기간의 냉동 보관과 부주의한 관리로 식재료의 분리 발생

　– 가공 식품 검수 방법

외관 확인	용기에 손상이 가 있거나, 부풀어 오른 것
표시 확인	유통기한 확인 및 유통온도 확인
내용물 확인	본래의 색이 변질된 것, 분말 제품의 경우 덩어리 진 것은 습기가 차서 변질된 것임

2. 식재료 보관
※ 보관 방법 및 유의사항
　① 식품과 비식품(소모품)은 구분하여 보관
　② 세척제, 소독제 등은 별도 보관
　③ 대용량 제품을 나누어 보관하는 경우 제품명과 유통기한 반드시 표시하고 보관용기를 청결하게 관리
　④ 유통기한이 보이도록 진열
　⑤ 입고 순서대로 사용(선입선출)
　⑥ 보관 시설의 온도 15℃, 습도 50 ~ 60% 유지
　⑦ 식품보관 선반은 벽과 바닥으로부터 15cm 이상 거리 두기
　⑧ 직사광선 피하기
　⑨ 외포장 제거 후 보관
　⑩ 식품은 항상 정리 정돈 상태 유지

① 식재료 검수 시에는 표시사항, 유통기한, 원산지, 중량, 포장상태, 이물혼입 등을 확인해야 한다.

② 식재료 검수 후에 식재료는 전처리 또는 냉장·냉동보관을 해야 한다.

③ 식재료 보관 시의 보관 시설 온도는 10℃, 습도 45 ~ 60% 유지해야 한다.

④ 식재료 보관 시 식품보관 선반은 벽과 바닥으로부터 15cm 이상 거리를 두어야 한다.

---

40. 다음은 ISBN 코드와 13자리 번호체계를 설명하는 자료이다. 다음 내용을 참고로 할 때, 빈칸 'A'에 들어갈 마지막 '체크기호'의 숫자는 무엇인가?

〈체크기호 계산법〉

• 1단계 – ISBN 처음 12자리 숫자에 가중치 1과 3을 번갈아가며 곱한다.
• 2단계 – 각 가중치를 곱한 값들의 합을 계산한다.
• 3단계 – 가중치의 합을 10으로 나눈다.
• 4단계 – 3단계의 나머지 값을 10에서 뺀 값이 체크기호가 된다. 단 나머지가 0인 경우의 체크기호는 0이다.

ISBN 938 – 15 – 93347 – 12 – A

① 5 　　　　　　 ② 6
③ 7 　　　　　　 ④ 8

---

41. 다음 표와 같이 협상의 과정을 5단계로 구분하였을 때, 빈칸에 들어갈 내용으로 적절한 것은?

협상 시작	상대방의 협상 의지를 확인함
상호 이해	( )
실질 이해	분할과 통합 기법을 활용하여 이해관계를 분석함
해결 대안	대안 이행을 위한 실행계획을 수립함
합의 문서	합의문을 작성함

① 갈등문제의 진행상황과 현재의 상황을 점검함
② 간접적인 방법으로 협상의사를 전달함
③ 겉으로 주장하는 것과 실제로 원하는 것을 구분하여 실제로 원하는 것을 찾아냄
④ 협상 안건마다 대안들을 평가함

---

42. 다음 사례에 나타난 리더십 유형의 특징으로 옳은 것은?

이번에 새로 팀장이 된 대근은 입사 5년차인 비교적 젊은 팀장이다. 그는 자신의 팀에 있는 팀원들은 모두 나름대로의 능력과 경험을 가지고 있으며 자신은 그들 중 하나에 불과하다고 생각한다. 따라서 다른 팀의 팀장들과 같이 일방적으로 팀원들에게 지시를 내리거나 팀원들의 의견을 듣고 그 중에서 마음에 드는 의견을 선택적으로 추리는 등의 행동을 하지 않고 평등한 입장에서 팀원들을 대한다. 또한 그는 그의 팀원들에게 의사결정 및 팀의 방향을 설정하는데 참여할 수 있는 기회를 줌으로써 팀 내 행동에 따른 결과 및 성과에 대해 책임을 공유해 나가고 있다. 이는 모두 팀원들의 능력에 대한 믿음에서 비롯된 것이다.

① 질문을 금지한다.
② 모든 정보는 리더의 것이다.
③ 실수를 용납하지 않는다.
④ 책임을 공유한다.

43. 다음에 예시된 인물 중 리더십을 갖춘 리더의 자질이 보이는 사람을 모두 고른 것은?

- A 부장 : 사내 윤리 규정과 행동 강령에 맞지 않는 행위를 적발하고 관리하기 위해서 조직원들이 자발적으로 노력할 수 있도록 직간접적인 영향력을 준다.
- B 부장 : 불합리한 사내 성과급 지급 시스템에 대한 자신의 소신을 거침없이 제안하고 직원들에 대한 격려를 아끼지 않는다.
- C 부장 : 조금이라도 리스크가 예상되는 프로젝트는 사전에 찾아내어 착수를 금지하며, 항상 리스크 제로 원칙을 유지해 나간다.
- D 부장 : 대국민 홍보를 위해 고안한 홍보대사 운영, 청년 인턴제 실시 등의 방안이 이루어지도록 기획이사와 임원진들을 설득하여 최종 승인을 얻어내었다.

① A 부장, B 부장
② B 부장, C 부장
③ A 부장, B 부장, C 부장
④ A 부장, B 부장, D 부장

44. 다음 두 사례를 읽고 하나가 가지고 있는 임파워먼트의 장애요인으로 옳은 것은?

〈사례 1〉
▽▽그룹에 다니는 민 대리는 이번에 새로 입사한 신입직원 하나에게 최근 3년 동안의 매출 실적을 정리해서 올려달라고 부탁하였다. 더불어 기존 거래처에 대한 DB를 새로 업데이트하고 회계팀으로부터 전달받은 통계자료를 토대로 새로운 마케팅 보고서를 작성하라고 지시하였다. 하지만 하나는 일에 대한 열의는 전혀 없이 그저 맹목적으로 지시받은 업무만 수행하였다. 민 대리는 그녀가 왜 업무에 열의를 보이지 않는지, 새로운 마케팅 사업에 대한 아이디어를 내놓지 못하는지 의아해 했다.

〈사례 2〉
◆◆기업에 다니는 박 대리는 이번에 새로 입사한 신입직원 희진에게 최근 3년 동안의 매출 실적을 정리해서 올려달라고 부탁하였다. 더불어 기존 거래처에 대한 DB를 새로 업데이트하고 회계팀으로부터 전달받은 통계자료를 토대로 새로운 마케팅 보고서를 작성하라고 지시하였다. 희진은 지시받은 업무를 확실하게 수행했지만 일에 대한 열의는 전혀 없었다. 이에 박 대리는 그녀와 함께 실적자료와 통계자료들을 살피며 앞으로의 판매 향상에 도움이 될 만한 새로운 아이디어를 생각하여 마케팅 계획을 세우도록 조언하였다. 그제야 희진은 자신에게 주어진 프로젝트에 대해 막중한 책임감을 느끼고 자신의 판단에 따라 효과적인 해결책을 만들었다.

① 책임감 부족
② 갈등처리 능력 부족
③ 경험 부족
④ 제한된 정책과 절차

┃45 ~ 46┃ 다음 자료를 읽고 이어지는 물음에 답하시오.

전교생이 560명인 한국개발고등학교의 전교회장 선거에 동철과 혜린이 입후보하였다. 이번 선거의 최대 관심사는 자율학습 시간의 조정이다. 학생들은 자신이 선호하는 시간과 가장 가까운 시간을 공약하는 후보에게 반드시 투표한다. 예컨대, 동철이 2시간, 혜린이 5시간을 공약한다면 3시간을 선호하는 학생은 동철에게 투표한다. 만약 두 후보가 공약한 시간과 자신이 선호하는 시간의 차이가 같다면 둘 중 한 명을 50%의 확률로 선택한다. 설문조사 결과 학생들의 자율학습 시간 선호 분포는 다음 그림과 같다.

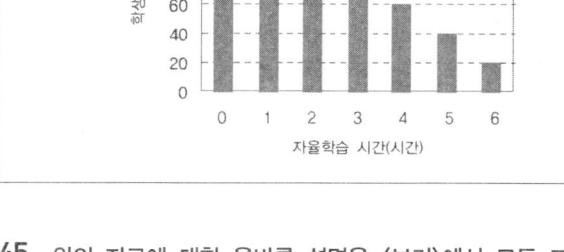

45. 위의 자료에 대한 올바른 설명을 〈보기〉에서 모두 고른 것은 어느 것인가?

〈보기〉
㉠ 0~2시간을 선호하는 학생들이 4~6시간을 선호하는 학생들보다 많다.
㉡ 혜린이 2시간을 공약하고 동철이 3시간을 공약한다면 동철이 더 많은 표를 얻을 수 있다.
㉢ 혜린이 5시간을 공약한다면 동철은 4시간을 공약하는 것이 5시간을 공약하는 것보다 많은 표를 얻을 수 있다.
㉣ 동철이 1시간을 공약한다면 혜린은 3시간을 공약하는 것이 2시간을 공약하는 것보다 많은 표를 얻을 수 있다.

① ㉠㉡
② ㉠㉢
③ ㉠㉣
④ ㉡㉣

46. 각 후보가 자신이 당선될 가능성이 가장 높은 자율학습 시간을 공약으로 내세울 때, 동철과 혜린의 공약으로 적절한 것은 어느 것인가?

① 동철은 2시간을 공약하고 혜린은 3시간을 공약한다.
② 동철은 3시간을 공약하고 혜린은 2시간을 공약한다.
③ 동철과 혜린 모두 2시간을 공약한다.
④ 동철과 혜린 모두 3시간을 공약한다.

47. 다음 세 조직의 특징에 대한 설명으로 적절하지 않은 것은?

A팀 : 쉽지 않은 해외 영업의 특성 때문인지, 직원들은 대체적으로 질투심이 좀 강한 편이고 서로의 사고방식의 차이를 이해하지 못하는 분위기다. 일부 직원은 조직에 대한 이해도가 다소 떨어지는 것으로 보인다.
B팀 : 직원들의 목표의식과 책임감이 강하고 직원들 상호 간 협동심이 뛰어나다. 지난 달 최우수 조직으로 선정된 만큼 자신이 팀의 일원이라는 점에 자부심이 강하며 매사에 자발적인 업무 수행을 한다.
C팀 : 팀의 분위기가 아주 좋으며 모두들 C팀에서 근무하기를 희망한다. 사내 체육대회에서 1등을 하는 등 직원들 간의 끈끈한 유대관계가 장점이나, 지난 2년간 조직 평가 성적이 만족스럽지 못하여 팀장은 내심 걱정거리가 많다.

① B팀은 우수한 팀워크를 가진 조직이다.
② A팀은 자아의식이 강하고 자기중심적인 조직으로 평가할 수 있다.
③ 팀의 분위기가 좋으나 성과를 내지 못하고 있다면, 팀워크는 좋으나 응집력이 부족한 집단이다.
④ C팀은 응집력이 좋은 팀으로 평가할 수 있다.

48. 다음의 조직도에 대한 설명으로 적절하지 않은 것은 어느 것인가?

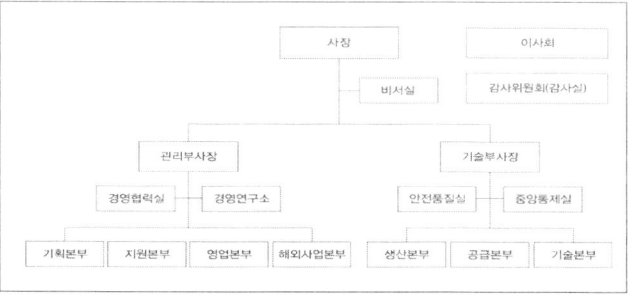

① 업무의 내용이 유사하고 관련성이 있는 업무들을 결합해서 조직을 구성하였다.

② 위와 같은 조직도를 통해 조직에서 하는 일은 무엇이며, 조직구성원들이 어떻게 상호작용하는지를 파악할 수 있다.

③ 일반적으로 위와 같은 형태의 조직구조는 급변하는 환경변화에 효과적으로 대응하고 제품, 지역, 고객별 차이에 신속하게 적응하기에 적절한 구조는 아니다.

④ 산하 조직의 수가 더 많은 관리부사장이 기술부사장보다 강력한 권한과 지위를 갖는다.

49. 다음은 엄 팀장과 그의 팀원인 문식이의 대화이다. 다음 상황에서 엄 팀장이 주의해야 할 점으로 옳지 않은 것은?

엄 팀장 : 문식 씨, 좋은 아침이군요. 나는 문식 씨가 구체적으로 어떤 업무를 하길 원하는지, 그리고 새로운 업무 목표는 어떻게 이룰 것인지 의견을 듣고 싶습니다.

문 식 : 솔직히 저는 현재 제가 맡고 있는 업무도 벅찬데 새로운 업무를 받은 것에 대해 달갑지 않습니다. 그저 난감할 뿐이죠.

엄 팀장 : 그렇군요. 그 마음 충분히 이해합니다. 하지만 현재 회사 여건상 인력감축은 불가피합니다. 현재의 인원으로 업무를 어떻게 수행할 수 있을지에 대해 우리는 계획을 세워야 합니다. 이에 대해 문식 씨가 새로 맡게 될 업무를 검토하고 그것을 어떻게 달성할 수 있을지 집중적으로 얘기해 봅시다.

문 식 : 일단 주어진 업무를 모두 처리하기에는 시간이 너무 부족합니다. 좀 더 다른 방법을 세워야 할 것 같아요.

엄 팀장 : 그렇다면 혹시 그에 대한 다른 대안이 있나요?

문 식 : 기존에 제가 가지고 있던 업무들을 보면 없어도 될 중복된 업무들이 있습니다. 이러한 업무들을 하나로 통합한다면 새로운 업무를 볼 여유가 생길 것 같습니다.

엄 팀장 : 좋습니다. 좀 더 구체적으로 말씀해 주시겠습니까?

문 식 : 우리는 지금까지 너무 고객의 요구를 만족시키기 위해 필요 없는 절차들을 많이 따르고 있었습니다. 이를 간소화할 필요가 있다고 생각합니다.

엄 팀장 : 그렇군요. 어려운 문제에 대해 좋은 해결책을 제시해 줘서 정말 기쁩니다. 그렇다면 지금부터는 새로운 업무를 어떻게 진행시킬지, 그리고 그 업무가 문식 씨에게 어떤 이점으로 작용할지에 대해 말씀해 주시겠습니까? 지금까지 문식 씨는 맡은 업무를 잘 처리하였지만 너무 같은 업무만을 하다보면 도전정신도 없어지고 자극도 받지 못하죠. 이번에 새로 맡게 될 업무를 완벽하게 처리하기 위해 어떤 방법을 활용할 생각입니까?

문 식 : 네. 사실 말씀하신 바와 같이 지금까지 겪어보지 못한 전혀 새로운 업무라 기분이 좋지는 않습니다. 하지만 반면 저는 지금까지 제 업무를 수행하면서 창의적인 능력을 사용해 보지 못했습니다. 이번 업무는 제게 이러한 창의적인 능력을 발휘할 수 있는 기회입니다. 따라서 저는 이번 업무를 통해 좀 더 창의적인 능력을 발휘해 볼 수 있는 경험과 그에 대한 자신감을 얻게 되었다는 점이 가장 큰 이점으로 작용할 것이라 생각됩니다.

엄 팀장 : 문식 씨 정말 훌륭한 생각을 가지고 있군요. 이미 당신은 새로운 기술과 재능을 가지고 있다는 것을 우리에게 보여주고 있습니다.

① 지나치게 많은 정보와 지시를 내려 직원들을 압도한다.

② 어떤 활동을 다루고, 시간은 얼마나 걸리는지 등에 대해 구체적이고 명확하게 밝힌다.

③ 질문과 피드백에 충분한 시간을 할애한다.

④ 핵심적인 질문으로 효과를 높인다.

50. 조직문화는 흔히 관계지향 문화, 혁신지향 문화, 위계지향 문화, 과업지향 문화의 네 가지로 분류된다. 다음 글에서 제시된 ㉠~㉣과 같은 특징 중 과업지향 문화에 해당하는 것은 어느 것인가?

㉠ A팀은 무엇보다 엄격한 통제를 통한 결속과 안정성을 추구하는 분위기이다. 분명한 명령계통으로 조직의 통합을 이루는 일을 제일의 가치로 삼는다.

㉡ B팀은 업무 수행의 효율성을 강조하며 목표 달성과 생산성 향상을 위해 전 조직원이 산출물 극대화를 위해 노력하는 문화가 조성되어 있다.

㉢ C팀은 직원들 간의 응집력과 사기 진작을 위한 방안을 모색 중이다. 인적자원의 가치를 개발하기 위해 직원들 간의 관계에 초점을 둔 조직문화가 D팀의 특징이다.

㉣ D팀은 직원들에게 창의성과 기업가 정신을 강조한다. 또한, 조직의 유연성을 통해 외부 환경 적응력에 비중을 둔 조직문화를 가지고 있다.

① ㉠

② ㉡

③ ㉢

④ ㉣

화학 / 환경공학개론

1. 다음의 (   ) 안에 들어갈 말로 옳은 것은?

유기화합물 간의 반응이 무기화합물 간의 반응에 비하여 일반적으로 반응이 더디게 일어나는 이유는 유기화합물이 대개 (   ) 화합물이기 때문이다.

① 이온결합

② 큰 분자량을 가진

③ 높은 끓는점을 가진

④ 공유결합

2. 25℃, 1기압의 C_2H_2와 C_2H_4의 혼합기체 1L를 모두 에탄으로 만들 때 같은 상태의 수소기체 1.2L가 소모되었다면 다음 중 이 혼합기체에서 C_2H_2와 C_2H_4의 몰수의 비로 옳은 것은?

① 1 : 1

② 1 : 3

③ 1 : 4

④ 1 : 6

3. 다음 중 펜탄의 이성질체수로 옳은 것은?

① 1개

② 2개

③ 3개

④ 4개

4. CH_3OCH_3와 C_2H_5OH가 있다. 이 두 화합물을 혼합시켰을 때 구별할 수 있는 방법은?

> ㉠ 에스테르화 반응을 시킨다.
> ㉡ 연소생성물을 확인한다.
> ㉢ 분자량을 측정한다.
> ㉣ 금속 Na과 반응시켜 본다.
> ㉤ 끓는점을 조사한다.

① ㉠㉡㉢
② ㉠㉣㉤
③ ㉡㉢㉣
④ ㉢㉣㉤

5. 다음 중 알칼리 금속의 특징으로 옳은 것은?

① 산화제이다.
② 이온화 에너지가 매우 작다.
③ 음이온으로 되기 쉽다.
④ 바닥상태에서 원자가 전자수는 2개이다.

6. 농도를 알 수 없는 아이오딘(I_2)용액 25ml를 0.10mol/L $Na_2S_2O_3$ 표준용액으로 적정하였더니 100ml가 소비되었다. 반응식이 다음과 같다면 아이오딘용액의 몰농도로 옳은 것은?

> $$aS_2O_3^{2-} + bI_2 \rightarrow cS_4O_6^{2-} + dI^-$$
> (단, a, b, c, d는 반응계수이다.)

① 0.1mol/L
② 0.2mol/L
③ 0.3mol/L
④ 0.4mol/L

7. 백금 전극을 사용하여 NaCl 수용액을 전기분해할 때 일어나는 변화에 대한 설명으로 옳지 않은 것은?

① 양극에서는 Cl_2가 발생한다.
② 음극에서는 Na가 생성된다.
③ 음극에서는 H_2가 발생한다.
④ 양극에서는 산화가 일어난다.

8. 다음 중 $NaClO_3$에서 밑줄 친 원자의 산화수로 옳은 것은?

① +1   ② +3
③ +5   ④ +6

9. 다음 중 4g의 NaOH를 중화시키는 데 필요한 1mol/L HCl 수용액의 부피로 옳은 것은?

① 30ml   ② 50ml
③ 70ml   ④ 100ml

10. 다음 중 실온에서 0.03몰 NaOH용액 500ml와 pH = 2인 HCl용액 500ml를 혼합한 용액의 pH로 옳은 것은?

① 8   ② 9
③ 11   ④ 12

11. 어떤 온도에서 1L들이 용기에 0.8몰의 H_2와 0.4몰의 N_2를 넣고 반응시키면 NH_3 0.4몰이 생성되면서 평형에 도달되었다. 이 온도에서 평형상수 K값을 구하면?

① 1   ② 10
③ 100   ④ 140

12. 다음 중 $aA(g) + bB(g) \rightleftharpoons cC(g) + Q$kcal의 반응이 평형에 도달했을 때 온도를 높여주고 또, 압력을 높여 줄수록 C의 농도가 증가한다면 반응식에 대한 설명으로 옳은 것은?

① $a+b > c, \ Q < 0$

② $a+b > c, \ Q > 0$

③ $a+b < c, \ Q < 0$

④ $a+b < c, \ Q > 0$

13. 다음 열화학 반응식을 이용하여 $C(s) + H_2O(g) \rightarrow CO(g) + H_2(g)$의 반응열($\triangle H$)을 구하면?

• $C(g) + O_2(g) \rightarrow CO_2(g) + 80.2$kcal ㉠
• $2H_2(g) + O_2(g) \rightarrow 2H_2O(g) + 107.4$kcal ㉡
• $2CO(g) + O_2(g) \rightarrow 2CO_2(g) + 126.8$kcal ㉢

① -73.8kcal

② 36.9kcal

③ -36.9kcal

④ 73.8kcal

14. 다음 중 극성 분자인 것은?

① 질소 ② 산소

③ 암모니아 ④ 수소

15. 주기율표의 같은 족에서 원자번호가 증가할수록 반지름은 어떻게 변하는가?

① 작아진다.

② 커진다.

③ 변화 없다.

④ 커졌다가 작아진다.

16. 다음 중 한 개의 C_6H_6 분자를 구성하는 모든 원자들의 가전자(원자가 전자)수의 합은?

① 12개

② 18개

③ 24개

④ 30개

17. 알켄(alkene)에 대한 다음 설명 중에서 올바른 것은?

① 삼중결합을 적어도 한 개 이상 가지고 있으며 일반식은 C_nH_{2n-2}이다.

② 상온에서 탄소 – 탄소 이중결합의 회전은 쉽게 일어난다.

③ 알켄 분자들은 서로 강한 수소결합을 한다.

④ 알켄은 불포화 탄화수소로 첨가 반응을 잘한다.

18. 납축전지는 $Pb(s)$ 전극과 $PbO_2(s)$ 전극으로 구성되어 있으며 전해질은 H_2SO_4 수용액이다. 납축전지의 방전 과정에서 일어나는 반응은 다음과 같다. 이에 관한 다음 서술 중 옳은 것을 모두 고르시오.

$Pb(s) + PbO_2(s) + 2H_2SO_4(aq) \rightarrow 2PbSO_4(s) + 2H_2O(l)$

㉠ 자동차의 배터리에 이용된다.
㉡ 1차 전지에 속하며 충전할 수 없다.
㉢ 방전될수록 두 전극의 질량은 증가한다.
㉣ 방전될수록 전해질의 황산 농도가 증가한다.

① ㉠㉢

② ㉡㉣

③ ㉠㉡

④ ㉠㉣

19. 수소 기체와 산소 기체는 다음과 같이 반응하여 물을 생성한다. 10g의 수소 기체가 산소와 완전히 반응하는데 필요한 산소의 양은 얼마인가?

$$2H_2(g) + O_2(g) \rightarrow 2H_2O(g)$$

① 20g
② 40g
③ 60g
④ 80g

20. 25℃의 반응용기 1L에 N_2O_4 2몰을 넣어 반응시켰더니 NO_2가 2몰 생기면서 반응이 평형 상태에 도달하였을 경우 이 온도에서 평형상수로 옳은 것은?

① 2
② 3
③ 4
④ 6

21. 보어의 원자모형에 따르면 수소원자의 에너지준위는 $E_n = \dfrac{1,312.7}{n^2}$ kJ/mol(n = 1, 2, 3, …)로 나타낸다. K전자껍질과 L전자껍질의 에너지준위의 차($E_2 - E_1$)는 L전자껍질과 M전자껍질의 에너지준위의 차($E_3 - E_2$)의 몇 배인가?

① 2.8배
② 4.2배
③ 5.4배
④ 6.0배

22. 어떤 고체시료 0.644g을 34.7g의 니트로벤젠에 녹였더니 어는점 내림이 0.895℃였을 때 물질의 분자량으로 옳은 것은? (단, 니트로벤젠의 K_f = 2.00)

① 17.6g
② 25.3g
③ 36.8g
④ 41.5g

23. 다음 중 90℃의 물 200g에 질산칼륨을 포화시킨 다음 10℃로 냉각시켰을 때 결정으로 석출될 질산칼륨의 양으로 옳은 것은? (단, 용해도는 10℃에서 20이며, 90℃에서 200이다.)

① 100g
② 160g
③ 240g
④ 360g

24. 다음 중 90% 황산(H_2SO_4 = 98)의 비중이 약 1.6일 때 이 용액의 몰농도로 옳은 것은?

① 14.4M
② 14.7M
③ 15.0M
④ 15.3M

25. 0℃, 1기압에서 발생되는 프로판(C_3H_8) 11g이 완전 연소했을 때 발생되는 CO_2의 부피로 옳은 것은? (단, 원자량은 C = 12, H = 1)

① 5.6L
② 9.8L
③ 16.8L
④ 18.4L

26. 어떤 폐기물의 입도(Particle Size)를 분석한 결과, 입도누적곡선상의 10%, 50%, 60%, 그리고 90%에 해당하는 입경이 각각 1mm, 5mm, 10mm, 그리고 20mm이었다면 이 폐기물의 유효입경과 균등계수는 얼마인가?

① 유효입경 = 1mm, 균등계수 = 5
② 유효입경 = 1mm, 균등계수 = 10
③ 유효입경 = 5mm, 균등계수 = 2
④ 유효입경 = 5mm, 균등계수 = 4

27. 다음 중 연소용 공기의 과잉공급량을 약 10% 이내(공기비 1.05 ~ 1.10)로 줄임으로써 질소산화물의 생성을 억제하는 방법은?

① 연소부분 냉각 ② 수증기 분무
③ 저온도 연소 ④ 저산소 연소

28. 다이옥신(Dioxin)의 대표적인 물리적 성질로 알맞은 것은?

① 소수성, 낮은 증기압, 열적 안정, 강한 흡착성
② 친수성, 낮은 증기압, 열적 불안정, 강한 흡착성
③ 소수성, 높은 증기압, 열적 불안정, 약한 흡착성
④ 친수성, 낮은 증기압, 열적 안정, 강한 흡착성

29. 다음은 생물학적 영양염류 제거공법이다. 이 가운데 생물학적 인(P) 제거 공정의 기본형은 무엇인가?

① A/O(혐기/호기) 공법
② UCT(University of Cape Town) 공법
③ VIP(Virginia Initiative Plant) 공법
④ Bardenpho 5단계 공법

30. 호소의 부영양화 현상에 관한 기술로서 틀린 것은?

① COD가 낮고, 투명도도 저하된다.
② 독성에 의해 어폐류가 폐사하며, 악취를 발생시킨다.
③ 한 번 부영양화된 호수는 회복이 어려우며 상수원으로는 부적당하다.
④ 질소, 인을 포함한 합성세제 사용을 금지하며 조류번식을 방지하기 위하여 황산 제2구리(CuSO4), 석회석을 혼합한 황토 또는 활성탄을 뿌려 제거한다.

31. 혐기성 소화조로 유입된 유기물이 70%, 무기물이 30%이었다. 소화조에서 소화 후 분석결과 유기물 50%, 무기물 50%이었다면 소화율은 약 얼마인가?

① 37% ② 47%
③ 57% ④ 67%

32. 다음 중 폐기물의 분류에 해당하지 않는 것은?

① 생활폐기물 ② 사업장폐기물
③ 지정폐기물 ④ 아파트폐기물

33. 분진제거효율을 측정하기 위해 필요한 자료가 아닌 것은?

① 중력가속도 ② 입자의 침강속도
③ 가스의 수평속도 ④ 침강실의 높이

34. 대기오염이 인체에 미치는 일반적인 영향이 아닌 것은?

① 고농도에 노출되면 알레르기성 질환을 발생시킨다.
② 호흡기 장애를 유발한다.
③ 중추신경, 말초신경을 마비시킨다.
④ 발암성 물질이 있다.

35. 다음 중 오리피스를 이용한 유량측정 공식은?

① $Q = 60\dfrac{V}{t}$ ② $Q = K \cdot b \cdot h^{3/2}$

③ $Q = 60 \cdot V \cdot A$ ④ $Q = \dfrac{C \cdot A}{\sqrt{1 - \left[\dfrac{d_2}{d_1}\right]^4}}\sqrt{2g \cdot H}$

36. 하수관거 내 관정부식의 방지대책으로 보기 어려운 것은?

① 황산염 산화 세균에 선택적으로 작용하는 약제를 주입하여 활동을 억제시킨다.

② 산화제의 첨가나 금속염의 첨가 방법에 의해 황화수소의 대기중으로의 확산을 방지한다.

③ 공기, 산소, 과산화수소, 초산염 등의 약품 주입에 의해 하수의 혐기화를 억제, 황화수소의 발생을 방지한다.

④ 유황산화 세균에 선택적으로 작용하는 약제를 혼입한 콘크리트를 이용한다.

37. 다음에 주어진 Manning 공식에서 x는 얼마를 나타내는가?

$$V = \frac{1}{n} \cdot R^x \cdot I^{1/2}$$

① 1/10   ② 1/5

③ 2/3   ④ 3/2

38. 강우강도 $= \dfrac{3,000}{t+15}$ nm/hr, 면적 2km², 유입시간 6분, 유출계수 $C = 0.65$, 관내유속이 2m/sec인 경우 관길이 600m인 하수관에서 흘러나오는 우수량은?

① 41.67m³/sec

② 31.96m³/sec

③ 21.31m³/sec

④ 17.58m³/sec

⑤ 10m³/sec

39. 급수시설 기기 및 자재 선정 시 고려할 사항이 아닌 것은?

① 수질에 악영향을 미치지 않아야 한다.

② 부품조달이 용이해야 한다.

③ 진공브레이크를 설치한다.

④ 환경친화적이어야 한다.

40. 물소독시 염소대신 오존을 사용했을 때의 현상으로 옳지 않은 것은?

① pH 변화에 상관없이 강력한 살균력을 발휘한다.

② THM(trihalomethane)을 형성하지 않는다.

③ 잔류성이 없다.

④ 반감기가 길어서 처리장에 오존발생기가 있어야 한다.

41. 정수나 하수처리에 살균제로 가장 많이 사용되는 염소소독에 관한 설명 중 옳지 않은 것은?

① 염소가 물과 반응했을 때 생성된 염산이 강한 살균작용을 한다.

② 수인성 전염병을 예방한다.

③ pH가 낮을수록 OCl^- 보다 $HOCl$이 물속에 많이 용존 한다.

④ $HOCl$과 OCl^-의 물속 용존량은 pH와 밀접한 관계가 있다.

42. 지표생물을 사용하여 수질을 측정하고자 할 경우 선정조건으로 옳은 것은?

① 환경, 수질 등에 대한 정보가 많이 유출되지 않은 것

② 생식밀도가 높은 것

③ 어느 장소에서도 살 수 있는 이동성이 활발한 것

④ 생물의 분류가 확립되지 않은 것

43. 기포의 발달로 부력이 생겨 수표면에 밀집되어 있는 조류는?

① 섬모충류
② 남조류
③ 녹조류
④ 위족류

44. 일반적으로 물속의 용존산소(DO)농도가 가장 감소되는 경우는?

① 오염물질의 농도가 낮을 경우
② 유량이 적을 경우
③ 분해성 유기물질이 적을 경우
④ 염류농도가 낮을 경우

45. 용존산소곡선에서 DO가 가장 낮은 임계점의 임계시간을 구하는 공식에 필요한 항목이 아닌 것은?

① 평균수심
② 탈산소계수
③ 자정상수 = 재포기계수/탈산소계수
④ 재포기계수

46. 물의 알칼리도에 관여하는 물질만으로 짝지어진 것은?

① OH^-, $CaCO_3$, HCO_3^-
② H^+, CO_3^{2-}, HCO_3^-
③ H^+, $CaCO_3$, HCO_3^-
④ OH^-, CO_3^{2-}, HCO_3^-

47. COD 측정에 관한 설명으로 옳은 것은?

① 다이크로뮴산칼륨에 의한 시험방법은 간단하다.
② 과망가니즈산칼륨으로 COD를 측정하면 유기물의 산화력이 약하다.
③ 산성 100℃에서 과망가니즈산칼륨에 의해 COD를 측정하면 염소이온이 2,000mg/L 이상이다.
④ 알칼리성 100℃에서 과망가니즈산칼륨에 의해 COD를 측정하면 염소이온이 2,000mg/L 이하이다.

48. 일정한 온도에서 어떤 유해가스와 물이 평형상태에 있다. 이 때 기체상의 유해가스 분압이 38mmHg이고, 수증기의 유해가스 농도가 2.5kg · mol/m³일 때 헨리상수는 몇 atm · m³/kg · mol인가? (단, 전압은 1atm이다.)

① 0.01
② 0.02
③ 0.03
④ 0.04

49. MPN에 대한 설명으로 옳은 것은?

① 검체 1ml 중의 대장균 수
② 검체 10ml 중의 대장균 수
③ 검체 100ml 중의 대장균 수
④ 검체 1,000ml 중의 대장균 수

50. 여과막을 사용하는 수처리법의 일종으로 고도처리의 물리적인 방법은?

① 역삼투법
② 공기탈기법
③ 증류법
④ 부상법

부산환경단 기술동형 모의고사

성명

수험번호

직업기초능력평가

문항					문항					문항				
1	①	②	③	④	26	①	②	③	④					
2	①	②	③	④	27	①	②	③	④					
3	①	②	③	④	28	①	②	③	④					
4	①	②	③	④	29	①	②	③	④					
5	①	②	③	④	30	①	②	③	④					
6	①	②	③	④	31	①	②	③	④					
7	①	②	③	④	32	①	②	③	④					
8	①	②	③	④	33	①	②	③	④					
9	①	②	③	④	34	①	②	③	④					
10	①	②	③	④	35	①	②	③	④					
11	①	②	③	④	36	①	②	③	④					
12	①	②	③	④	37	①	②	③	④					
13	①	②	③	④	38	①	②	③	④					
14	①	②	③	④	39	①	②	③	④					
15	①	②	③	④	40	①	②	③	④					
16	①	②	③	④	41	①	②	③	④					
17	①	②	③	④	42	①	②	③	④					
18	①	②	③	④	43	①	②	③	④					
19	①	②	③	④	44	①	②	③	④					
20	①	②	③	④	45	①	②	③	④					
21	①	②	③	④	46	①	②	③	④					
22	①	②	③	④	47	①	②	③	④					
23	①	②	③	④	48	①	②	③	④					
24	①	②	③	④	49	①	②	③	④					
25	①	②	③	④	50	①	②	③	④					

전공과목

문항					문항				
1	①	②	③	④	26	①	②	③	④
2	①	②	③	④	27	①	②	③	④
3	①	②	③	④	28	①	②	③	④
4	①	②	③	④	29	①	②	③	④
5	①	②	③	④	30	①	②	③	④
6	①	②	③	④	31	①	②	③	④
7	①	②	③	④	32	①	②	③	④
8	①	②	③	④	33	①	②	③	④
9	①	②	③	④	34	①	②	③	④
10	①	②	③	④	35	①	②	③	④
11	①	②	③	④	36	①	②	③	④
12	①	②	③	④	37	①	②	③	④
13	①	②	③	④	38	①	②	③	④
14	①	②	③	④	39	①	②	③	④
15	①	②	③	④	40	①	②	③	④
16	①	②	③	④	41	①	②	③	④
17	①	②	③	④	42	①	②	③	④
18	①	②	③	④	43	①	②	③	④
19	①	②	③	④	44	①	②	③	④
20	①	②	③	④	45	①	②	③	④
21	①	②	③	④	46	①	②	③	④
22	①	②	③	④	47	①	②	③	④
23	①	②	③	④	48	①	②	③	④
24	①	②	③	④	49	①	②	③	④
25	①	②	③	④	50	①	②	③	④

SEOWONGAK
(주)서원각

부산환경공단

환경(8급)
기출동형 모의고사

제1회 ~ 제2회

- 정답 및 해설 -

SEOWONGAK
(주)서원각

부산환경공단 환경(8급) 채용대비

제1회 정답 및 해설

📝 직업기초능력평가

1 ③

㈐에서 웰빙에 대한 화두를 던지고 있으나, ㈑에서 반전을 이루며 인간의 건강이 아닌 환경의 건강을 논하고자 하는 필자의 의도를 읽을 수 있다. 이에 따라 환경파괴에 의한 생태계의 변화와 그러한 생태계의 변화가 곧 인간에게 영향을 미치게 된다는 논리를 펴고 있으므로 이어서 ㈎, ㈏의 문장이 순서대로 위치하는 것이 가장 적절한 문맥의 흐름이 된다.

2 ②

甲은 사랑의 도시락 배달에 대한 정보를 얻기 위해 乙과 면담을 하고 있다. 그러므로 ㉡은 면담의 목적에 대한 동의를 구하는 질문이 아니라 알고 싶은 정보를 얻기 위한 질문에 해당한다고 할 수 있다.

3 ④

2015년 우리나라에서 지급된 산업재해 보험급여는 약 4조 원 가량이라고 제시되어 있지만 선진국의 지급 비용은 얼마인지 기사 내용에서는 찾을 수 없다.
① 우리나라에서 산업재해 근로자를 위한 사회 복귀 시스템을 실시한지 17년이 되었다.
② 선진국 산재지정병원에서는 의료재활뿐만 아니라 심리, 직업재활 프로그램을 동시에 받을 수 있다.
③ 외래재활전문센터는 입원이 필요하지 않은 환자들의 접근성을 위해 도심에 위치하고 있다.

4 ④

글의 전반부에서 비은행 금융회사의 득세에도 불구하고 여전히 은행이 가진 유동성 공급의 중요성을 언급한다. 여기서는 은행이 글로벌 금융위기를 겪으며 제기된 비대칭정보 문제를 언급하며, 금융시스템 안정을 위해서 필요한 은행의 건전성을 간접적으로 강조하고 있다. 후반부에서는 수익성이 함께 뒷받침되지 않을 경우의 부작용을 직접적으로 언급하며, 은행의 수익성은 한 나라의 경제 전반을 뒤흔들 수 있는 중요한 과제임을 강조한다. 따라서, 후반부가 시작되는 첫 문장은 건전성과 아울러 수익성도 중요하다는 화제를 제시하는 보기 ④의 문구가 가장 적절하다고 볼 수 있다.
또한, 자칫 수익성만 강조하게 되면 국가 경제 전반에 영향을 줄 수 있는 불건전한 은행의 문제점이 드러날 수 있으므로 '적정 수준'이라는 문구를 포함시킨 것으로 볼 수 있다.

5 ①

제시된 보고서에서 A는 1인 가구의 대다수는 노인가구가 차지하고 있으며 노인 가구는 소득수준이 낮은 데 반해 연료비 비율이 높다는 점을 지적하고 있다. 따라서 보기 ② ~ ④의 내용은 A가 언급한 내용과 직접적인 연관성이 있는 근거 자료가 될 수 있으나, 과거 일정기간 동안의 연료비 증감 내역은 제시된 정보라고 할 수 없다.

6 ③

1천만 원 이상의 과태료가 내려지게 되면 공표 조치의 대상이 되나, 모든 공표 조치 대상자들이 과태료를 1천만 원 이상 납부해야 하는 것은 아니다. 예컨대, 최근 3년 내 시정조치 명령을 2회 이상 받은 경우에도 공표 대상에 해당되므로, 과태료 금액에 의한 공표 대상자 자동 포함 이외에도 공표 대상에 포함될 경우가 있게 되어 반드시 1천만 원 이상의 과태료가 공표 대상자에게 부과된다고 볼 수는 없다.
① 행정 처분의 종류를 처분 강도에 따라 구분하였으며, 이에 따라 가장 무거운 조치가 공표인 것으로 판단할 수 있다.
② 제시된 글의 마지막 부분에서 언급하였듯이 개인정보보호위원회 심의 · 의결을 거쳐야 하므로 행정안전부 장관의 결정이 최종적인 것이라고 단언할 수는 없다.

④ 7가지 공표기준의 5번째와 6번째 내용은 반복적이거나 지속적인 위반 행위에 대한 제재를 의미한다고 볼 수 있다.

7 ②

LID에 대한 설명을 주 내용으로 하는 글이므로 용어의 소개와 주요 국가별 기술 적용 방식을 언급하고 있는 (나) 단락이 가장 먼저 놓여야 할 것이다. 국가별 간략한 소개에 이어 (가)에서와 같이 우리나라의 LID 기법 적용 사례를 소개하는 것이 자연스러운 소개의 방식으로 볼 수 있다. (다)와 (라)에서는 논지가 전환되며 앞서 제시된 LID 기법에 대한 활용 방안에 대하여 소개하고 있는 바, (라)에서 시급히 보완해야 할 문제점이 제시되며 한국 그린인프라·저영향 개발센터를 소개하였고, 이곳에서의 활동 내역과 계획을 (다)에서 구체적으로 제시하고 있다. 따라서 (나) – (가) – (라) – (다)의 순서가 가장 자연스러운 문맥의 흐름으로 볼 수 있다.

8 ④

결원이 생겼을 때에는 그대로 추가 선발 없이 채용을 마감할 수 있으며, 추가합격자를 선발할 경우 차순위자를 선발하여야 한다.
① 모든 응시자는 1인 1개 분야만 지원할 수 있다.
② 입사지원서 작성 내용과 다르게 된 결과이므로 취소처분이 가능하다.
③ 지원자가 채용예정인원 수와 같거나 미달하더라도 적격자가 없는 경우 선발하지 않을 수 있다.

9 ③

③ '역학조사'는 '감염병 등의 질병이 발생했을 때, 통계적 검정을 통해 질병의 발생 원인과 특성 등을 찾아내는 것'을 일컫는 말로, 한자로는 '疫學調査'로 쓴다.
① '다중'은 '多衆'으로 쓰며, '삼중 구조'의 '중'은 '重'으로 쓴다.
② '출연'과 '연극'의 '연'은 모두 '演'으로 쓴다.
④ '일 따위가 더디게 진행되거나 늦어짐'의 뜻을 가진 '지연'은 '遲延'으로 쓴다.

10 ①

전반적으로 수온의 상승이 전망되지만 겨울철 이상 기후로 인한 저수온 현상으로 대표적 한대성 어종인 대구가 남하하게 되어, 동해, 경남 진해에서 잡히던 대구가 인천이 아닌 전남 고흥, 여수 등지에서 잡힐 것으로 전망하고 있다.
② 홍수, 가뭄, 폭염, 열대야 등이 보다 많고 잦아질 것으로 전망하고 있으므로 연평균 기온과 연평균 강수량이 오를 것으로 볼 수 있다.
③ 노후화로 인해 방조제, 항구 등이 범람에 취약해지고, 가뭄과 홍수가 보다 빈번해질 것으로 볼 수 있다.
④ 참치 등 난대성 어종 양식 기회가 제공되어 시중의 참치 가격이 인하된다고 볼 수 있으며, 수온 상승은 하천에 저산소·무산소 현상을 유발할 수 있다.

11 ③

화살표로부터 시작해서 9를 빼고 5를 곱한 값이 짝수가 되어야 2로 나누었을 때 정수가 된다. 따라서 (?)의 수는 홀수가 되어야 한다. 그러므로 짝수는 일단 정답에서 제외해도 된다.
보기의 번호를 대입하여 계산해 보면 된다.
① $11 - 9 = 2$, $2 \times 5 = 10$, $10 \div 2 = 5$, $5 - 4 = 1$, $1 + 12 = 13$, $13 \div 3 = 4.3333$
② $12 - 9 = 3$, $3 \times 5 = 15$, $15 \div 2 = 7.5$
③ $13 - 9 = 4$, $4 \times 5 = 20$, $20 \div 2 = 10$, $10 - 4 = 6$, $6 + 12 = 18$, $18 \div 3 = 6$, $6 + 7 = 13$
④ $14 - 9 = 5$, $5 \times 5 = 25$, $25 \div 2 = 12.5$

12 ③

㉠ 주어진 기간 동안 강풍 피해금액과 풍랑 피해금액의 합계를 각각 계산하여 비교하기보다는 소거법을 이용하여 비교하는 것이 좋다. 비슷한 크기의 값들을 서로 비교하여 소거한 뒤 남은 값들의 크기를 비교해주는 것으로 2021년 강풍과 2022년 풍랑 피해금액이 70억 원으로 동일하고 2017, 2018, 2020년 강풍 피해금액의 합 244억 원과 2021년 풍랑 피해금액 241억 원이 비슷하다. 또한 2019, 2024년 강풍 피해금액의 합 336억 원과 2019년 풍랑 피해금액 331억 원이 비슷하다. 이 값들을 소거한 뒤 남은

값들을 비교해보면 강풍 피해금액의 합계가 풍랑 피해금액의 합계보다 더 작다는 것을 알 수 있다.

ⓛ 2024년 태풍 피해액이 2024년 5개 자연재해 유형 전체 피해금액의 90% 이상이라는 것은 즉, 태풍을 제외한 나머지 4개 유형 피해금액의 합이 전체 피해금액의 10% 미만이라는 것을 의미한다. 2024년 태풍을 제외한 나머지 4개 유형 피해금액의 합을 계산하면 전체 피해금액의 10% 밖에 미치지 못함을 알 수 있다.

ⓒ 피해금액이 매년 10억 원보다 큰 자연재해 유형은 호우, 대설이 있다.

ⓔ 피해금액이 큰 자연재해 유형부터 순서대로 나열하면 2022년 호우, 태풍, 대설, 풍랑, 강풍이며 이 순서는 2023년의 순서와 동일하다.

13 ③

사고 후 조달원 사고 전 조달원	수돗물	정수	약수	생수	합계
수돗물	40	30	20	30	120
정수	10	50	10	30	100
약수	20	10	10	40	80
생수	10	10	10	40	70
합계	80	100	50	140	370

수돗물은 120가구에서 80가구로, 약수는 80가구에서 50가구로 각각 이용 가구 수가 감소하였다. 정수는 100가구로 변화가 없으며, 생수는 70가구에서 140가구로 증가하였다. 따라서 사고 전에 비해 사고 후에 이용 가구 수가 감소한 식수 조달원의 수는 2개이다.

14 ③

ⓛ 2023 ~ 2025년 동안의 유형별 최종에너지 소비량 비중이므로 전력 소비량의 수치는 알 수 없다.

ⓛ 2025년의 산업부문의 최종에너지 소비량은 115,155천 TOE이므로 전체 최종에너지 소비량인 193,832천 TOE의 50%인 96,916천TOE보다 많으므로 50% 이상을 차지한다고 볼 수 있다.

ⓒ 2023 ~ 2025년 동안 석유제품 소비량 대비 전력 소비량의 비율을 $\frac{전력}{석유제품}$으로 계산하면

2023년 $\frac{18.2}{53.3} \times 100 = 34.1\%$,

2024년 $\frac{18.6}{54} \times 100 = 34.4\%$,

2025년 $\frac{19.1}{51.9} \times 100 = 36.8\%$이므로 매년 증가함을 알 수 있다.

ⓔ 2025년 산업부문과 가정·상업부문에서 $\frac{무연탄}{유연탄}$을 구하면

산업부문의 경우 $\frac{4,750}{15,317} \times 100 = 31\%$,

가정·상업부문의 경우 $\frac{901}{4,636} \times 100 = 19.4\%$이므로 모두 25% 이하인 것은 아니다.

15 ①

ⓛ 2024년의 총사용량은 전년대비 46,478m^3 증가하여 약 19%의 증가율을 보이며, 2019년의 총사용량은 전년대비 35,280m^3 증가하여 약 12.2%의 증가율을 보여 모두 전년대비 15% 이상 증가한 것은 아니다.

ⓛ 1명당 생활용수 사용량을 보면 2023년 0.36m^3/명 $\left(\frac{136,762}{379,300}\right)$, 2018년은 0.38m^3/명 $\left(\frac{162,790}{430,400}\right)$, 2019년은 0.34m^3/명 $\left(\frac{182,490}{531,250}\right)$이 되어 매년 증가하는 것은 아니다.

ⓒ 45,000 → 49,050 → 52,230으로 농업용수 사용량은 매년 증가함을 알 수 있다.

ⓔ 가정용수와 영업용수 사용량의 합은 업무용수와 욕탕용수의 사용량의 합보다 매년 크다는 것을 알 수 있다.

• 2023년
65,100 + 11,000 = 76,100 > 39,662 + 21,000 = 60,662

• 2024년
72,400 + 19,930 = 92,330 > 45,220 + 25,240 = 70,460

• 2025년
84,400 + 23,100 = 107,500 > 47,250 + 27,740 = 74,990

16 ③

모든 호주는 국가로부터 영업전 20무를 지급받았다. →20무

여자는 원칙적으로 구분전의 수전 대상이 아니었지만, 남편이 사망한 과부에게만은 구분전 30무를 지급하였다. → 30무

18세 이상의 성인 남자일지라도 심각한 신체장애로 노동력의 일부를 상실한 경우에는 구분전을 40무만 지급받았다. →40무

총합계는 90무이다.

17 ③

장인 A의 최초 1일 도자기 생산량은 100개

제자 1을 길러내면 10개 감소, 제자 2를 길러내면 20개 감소

제자 1의 1일 도자기 생산량은 100 − 20 = 80개

제자 2가 있으면 제자 1의 생산량은 80 − 10 = 70개

그러면 장인 A, 제자 1일 경우 90 + 80 = 170개

장인 A, 제자 1, 제자 2일 경우 80 + 70 + 60 = 210개

장인 A, 제자 1, 제자 2, 제자 3인 경우

70 + 60 + 50 + 40 = 220개

장인 A, 제자 1, 제자 2, 제자 3, 제자 4인 경우

60 + 50 + 40 + 30 + 20 = 200개

제자 3일 때 가장 많다.

18 ①

㉠ 논문당 평균 저자 수가 가장 많은 것은 의약학이다.

㉡ 학술지당 평균 저자 수는 인문학 < 복합학 < 사회과학 순이다.

㉢ 논문당 평균 저자 수가 4명보다 많고, 논문당 평균 참고문헌 수가 10권을 넘지 않는 것은 농수해양이다.

㉣ 논문당 평균 저자 수가 2명보다 적으며, 논문당 평균 참고문헌 수가 12권 이상으로 사회과학 다음으로 많은 것은 복합학이다.

19 ④

여성의 비율은 $\dfrac{여성}{남성}$이므로 1등실이 가장 높고 2등실, 3등실 그리고 승무원의 순으로 낮아진다.

20 ③

① A지역의 전체 면적은 2021년부터 2025년까지 지속적으로 증가한 것이 아니라 2022년 2.78㎢에서 2023년에 약 2.69㎢로 감소하였다.

② 삼림 면적은 2021년에 A지역 전체 면적의 25% 미만에서 2025년에는 55% 이상으로 증가하였지만 토지유형 중 증가율이 가장 높은 것은 훼손지이다.

④ 2021년 ~ 2023년 훼손지의 변화는 없으므로 나지의 연도별 면적 변화폭이 다른 토지유형의 연도별 면적 변화폭에 비해 가장 작은 것으로 볼 수는 없다.

21 ④

수요일의 지하철 비용

막힐 경우 $(6{,}000+1{,}000)\times0.3 = 2{,}100$원

막히지 않을 경우 $(6{,}000+1{,}000)\times0.7 = 4{,}900$원

7,000원

수요일의 버스 비용

막힐 경우 $(1{,}200+9{,}000)\times0.3 = 3{,}060$원

막히지 않은 경우 $(1{,}200+3{,}000)\times0.7 = 2{,}940$원

6,000원

그러므로 수요일 지하철과 버스의 비용 차이는 1,000원이다.

22 ③

ⓐ는 맨 왼쪽에서 두 번째에 위치하고 ⓒ와 ⓓ는 누가 더 왼쪽인지 알 수 없으나 나란히 ⓐ의 왼쪽에 위치하며 ⓑ는 ⓐ의 오른쪽에 위치하므로 ⓔ는 맨 왼쪽에 있게 된다.

23 ①

주현과 명진의 말이 모순되므로 두 사람 중 한 명은 나쁜 사람이 된다. 명진의 말이 진실일 경우 다음과 같이 생각해 볼 수 있다.

주현(거짓)	영숙	혜정	창엽	명진(진실)
나쁜 사람				착한 사람

4

명진은 착한 사람인데 주현은 나쁜 사람이므로 창엽의 말은 거짓이다.

주현(거짓)	영숙	혜정	창엽(거짓)	명진(진실)
나쁜 사람			나쁜 사람	착한 사람

따라서 혜정의 말은 진실이며, 혜정은 착한 사람이다. 3명이 진실을 말하는 착한 사람이라고 했으므로 영숙의 말도 진실이며, 영숙은 착한 사람이 된다.

주현(거짓)	영숙(진실)	혜정(진실)	창엽(거짓)	명진(진실)
나쁜 사람	착한 사람	착한 사람	나쁜 사람	착한 사람

따라서 영숙, 혜정, 명진은 착한 사람이며, 주현과 창엽은 나쁜 사람이다.

24 ④

출발역이 대화역이라고 했으므로 지현이는 3호선 종점인 대화역에서 출발하여 갈아타는 수고 없이 그대로 옥수역까지 갈 수 있다. 그러므로 갈아타는 횟수는 0이다.

25 ②

C의 진술이 참이면 C는 출장을 간다. 그러나 C의 진술이 참이면 A는 출장을 가지 않고 A의 진술은 거짓이 된다. A의 진술이 거짓이 되면 그 부정은 참이 된다. 그러므로 D, E 두 사람은 모두 출장을 가지 않는다. 또한 D, E의 진술은 거짓이 된다.

D의 진술이 거짓이 되면 실제 출장을 가는 사람은 2명 미만이 된다. 그럼 출장을 가는 사람은 한 사람 또는 한 사람도 없는 것이 된다.

E의 진술이 거짓이 되면 C가 출장을 가고 A는 안 간다. 그러므로 E의 진술도 거짓이 된다.

그러면 B의 진술도 거짓이 된다. D, A는 모두 출장을 가지 않는다. 그러면 C만 출장을 가게 되고 출장을 가는 사람은 한 사람이다.

만약 C의 진술이 거짓이라면 출장을 가는 사람은 2명 미만이어야 한다. 그런데 이미 A가 출장을 간다고 했으므로 B, E의 진술은 모두 거짓이 된다. B 진술의 부정은 D가 출장을 가지 않고 A도 출장을 가지 않는 것이므로 거짓이 된다. 그러면 B의 진술도 참이 되어 B가 출장을 가야 한다. 그러면 D의 진술이 거짓인 경우가

존재하자 않게 되므로 모순이 된다. 그럼 D의 진술이 참인 경우를 생각하면 출장을 가는 사람은 A, D 이므로 이미 출장 가는 사람은 2명 이상이 된다. 그러면 B, D의 진술의 진위여부를 가리기 어려워진다.

26 ②

아들, 딸은 직계 존비속이다. 본인은 100%, 직계 존비속 80%, 형제·자매는 50%

(개) - 본인 300 + 동생 200 × 0.5 = 100
(내) - 딸 200 × 0.8 = 160
(대) - 본인 300 + 아들 400 × 0.8 = 320
(래) - 본인 200 + 딸 200 × 0.8 = 160

모두 합하면

$$300 + 100 + 160 + 300 + 320 + 200 + 160 = 1,540만\ 원$$

27 ③

A : 영어 → 중국어
B : ~영어 → ~일본어, 일본어 → 영어
C : 영어 또는 중국어
D : 일본어 ↔ 중국어
E : 일본어

㉠ B는 참이고 E는 거짓인 경우
  • 영어와 중국어 중 하나는 반드시 수강한다(C).
  • 영어를 수강할 경우 중국어를 수강하고(A), 일본어를 수강한다(D).
  • 중국어를 수강할 경우 일본어를 수강하고(D), 영어를 수강한다(E는 거짓이므로). → 중국어도 수강한다(A). 그러므로 B가 참인 경우 일본어, 중국어, 영어를 수강한다.

㉡ B가 거짓이고 E가 참인 경우
  • 일본어를 수강하고 영어를 수강하지 않으므로(E) 반드시 중국어를 수강한다(C).
  • 중국어를 수강하므로 일본어를 수강한다(D). 그러므로 E가 참인 경우 일본어, 중국어를 수강한다. 영식이가 반드시 수강할 과목은 일본어, 중국어이다.

28 ②

실제 전투능력을 정리하면 경찰(3), 헌터(4), 의사(2), 군인(8), 폭파전문가(2)이다.

이를 토대로 탈출 통로의 좀비수와 처치 가능 좀비수를 계산해 보면

동쪽 통로 11마리 좀비 : 폭파전문가(2), 군인(8) – 10마리의 좀비를 처치 가능

서쪽 통로 7마리 좀비 : 헌터(4), 경찰(3) – 7마리의 좀비 모두 처치 가능

남쪽 통로 11마리 좀비 : 헌터(4), 폭파전문가(2) – 6마리의 좀비 처치 가능

북쪽 통로 9마리 좀비 : 경찰(3), 의사(2), 전투력 강화제(1) – 6마리의 좀비 처치 가능

29 ④

두 번째 조건을 부등호로 나타내면, C < A < E
세 번째 조건을 부등호로 나타내면, B < D, B < A
네 번째 조건을 부등호로 나타내면, B < C < D
다섯 번째 조건에 의해 다음과 같이 정리할 수 있다.
∴ B < C < D, A < E

① 주어진 조건만으로는 세 번째로 월급이 많은 사람이 A인지, D인지 알 수 없다.

② B < C < D, A < E이므로 월급이 가장 많은 E는 월급을 50만 원을 받고, A와 D는 각각 40만 원 또는 30만 원을 받으며, C는 20만 원을, B는 10만 원을 받는다. E와 C의 월급은 30만 원 차이가 난다.

③ B의 월급은 10만 원, E의 월급은 50만 원이므로 합하면 60만 원이다.
C의 월급은 20만 원을 받지만, A는 40만 원을 받는지 30만 원을 받는지 알 수 없으므로 B와 E의 월급의 합은 A와 C의 월급의 합보다 많을 수도 있고, 같을 수도 있다.

30 ①

화재 주의사항에서 보면 "배터리가 새거나 냄새가 날 때는 즉시 사용을 중지하고 화기에서 멀리 두세요."라고 되어 있다. 냄새가 난다고 해서 핸드폰의 전원을 끄는

것이 아닌 사용의 중지를 권고하고 있으므로 ①번이 잘못 설명되었음을 알 수 있다.

31 ①

제품 매뉴얼 ⋯ 사용자를 위해 제품의 특징이나 기능 설명, 사용방법과 고장 조치방법, 유지 보수 및 A/S, 폐기까지 제품에 관련된 모든 서비스에 대해 소비자가 알아야 할 모든 정보를 제공하는 것을 의미한다.

32 ①

기술적용 시 고려해야 할 사항으로 잠재적 응용 가능성, 수명주기, 비용, 전략적 중요도 등을 들 수 있다.

33 ③

㉣㉤에 의해 B, D가 지하철을 이용함을 알 수 있다.
㉢㉥에 의해 E는 부산환경공단에 지원했음을 알 수 있다.
㉤에 의해 B는 회계법인에 지원했음을 알 수 있다.
A와 C는 버스를 이용하고, E는 택시를 이용한다.
A는 서원각, B는 회계법인, C와 D는 전력공사 또는 가스공사, E는 부산환경공단에 지원했다.

34 ③

③은 냄새가 나는 경우 확인해 봐야 하는 사항이다.

35 ④

④는 세척이 잘되지 않는 경우의 조치방법이다.

36 ②

버튼 잠금 설정이 되어 있는 경우 '헹굼/건조'와 '살균' 버튼을 동시에 2초간 눌러서 해제할 수 있다.

37 ①

첫 번째 상태와 나중 상태를 비교해 보았을 때, 기계의 모양이 바뀐 것은 1번과 2번이다. 스위치를 두 번 눌러서 1번과 2번의 모양을 바꾸려면 1번과 3번을 회전시키고(●), 2번과 3번을 다시 회전시키면(↻) 된다.

38 ②

첫 번째 상태와 나중 상태를 비교해 보았을 때, 기계의 모양이 바뀐 것은 3번과 4번이다. 1번과 2번을 회전시키고(○), 1번과 3번을 회전 시키면(●) 1번은 원래 모양으로 돌아간다. 이 상태에서 2번과 4번을 회전시키면(♣) 2번도 원래 모양으로 돌아가고 3번과 4번의 모양만 바뀌게 된다.

39 ③

삼각형의 색깔이 W이므로 흰색이 되어야 한다.

40 ①

예시의 그래프에서 W는 가로축의 눈금 수를 나타내는 것이고, L은 세로축의 눈금 수를 나타낸다. S, T, C는 그래프 내의 도형 S(Star) = ☆, T(Triangle) = △, C(Circle) = ○을 나타내며, 괄호 안의 수는 도형의 가로 세로 좌표이다. 좌표 뒤의 B, W는 도형의 색깔로 각각 Black(검정색), White(흰색)을 의미한다.
주어진 조건에 따라 좌표를 나타내면 S(1,2) : B, T(3,3) : W, C(2,1) : B가 된다.

41 ②

팀워크의 개념 설명을 근거로 좋은 팀워크에 해당하는 사례를 찾는 문제로 좋은 팀워크를 판단하려면 개념과 응집력의 차이를 정확히 숙지하여야 한다.
ㄱ 협동 또는 교류보다는 경쟁을 모토로 삼는다는 것은 팀보다는 개인을 우선하는 것이므로 팀워크를 저해하는 측면이 있다.
ㄴ 좋은 팀워크를 가진 팀이라도 의견충돌이나 갈등은 존재할 수 있지만 이런 상황이 지속되지 않고 해결된다. B팀의 경우 출시 일자를 놓고 의견충돌이 있었지만 다음 회의 때 해결되는 모습을 보여주므로 좋은 팀워크 사례로 볼 수 있다.
ㄷ C팀은 팀원 간에 친밀도는 높지만 업무처리가 비효율적이라 팀워크를 저해하는 요소를 지니고 있다.

42 ②

원/달러 환율이 1,100원일 때 1달러를 사려면 원화 1,100원을 지불해야 한다. 그런데 원/달러 환율이 1,000원으로 내려간다면(원화 값 상승) 1달러를 사기 위해 필요한 원화는 1,000원으로 줄어든다. 달러는 저렴해진 반면 원화는 가치가 높아진 것이다.
원화 값이 강세를 보이면 우선 기러기 아빠들로서는 경제적 부담이 줄어든다. 외국에 있는 가족의 생활비와 학자금을 보내주기 위한 달러를 저렴하게 살 수 있기 때문이다. 수입품 구매가격도 내려가기 때문에 외국에서 제품을 구입해 국내로 들여오는 수입상이나 수입품을 선호하는 소비자들도 원화 강세를 반기게 된다. 달러화로 결제를 하는 스마트폰 유료 애플리케이션이나 국외 구매 대행 사이트 역시 원화가 강세를 보이면 달러를 원화로 환산한 결제액은 줄어든다. 외국여행을 떠나는 사람들도 이러한 현상을 반긴다. 원화 값 강세 덕에 외국에서 쓸 수 있는 돈이 사실상 늘어나기 때문이다.
그러나 국내 기업의 수출 담당자들은 비상이 걸린다. 수출 위주 기업들은 외국에 물건을 팔고 대금으로 달러를 받는다. 그런데 원화가 강세를 보이면 수출대금으로 받는 달러 가치가 떨어진다. 원/달러 환율이 1,100원일 때 100만 달러를 수출한 기업이 수출대금을 원화로 환전하면 11억 원을 받는다. 하지만 원/달러 환율이 1,000원이라면 이 기업이 받게 될 원화는 10억 원으로 줄어든다.

43 ①

주어진 자료를 통해 다음과 같은 구체적인 수치를 확인하여 도표로 정리할 수 있다.

	유치원 수	학급 수	원아 수	교원 수
국공립	4,799개	10,909개	172,287명	15,864명
사립	4,222개	26,840개	506,009명	39,028명

따라서 국공립 유치원 1개 당 평균 원아 수는 172,287 ÷ 4,799 = 약 35.9명으로 가장 큰 수치가 된다.
② 26,840 ÷ 4,222 = 약 6.4개
③ 39,028 ÷ 4,222 = 약 9.2명
④ 172,287 ÷ 15,864 = 약 10.9명

44 ④

리더는 변화를 두려워하지 않아야 하며 리스크를 극복할 자질을 키워야 한다. 위험을 감수해야 할 이유가 합리적이고, 목표가 실현가능한 것이라면 직원들은 기꺼이 변화를 향해 나아갈 것이며 위험을 선택한 자신에게 자긍심을 가지며 좋은 결과를 이끌어내고자 지속적으로 노력할 것이다.

45 ③

판관비를 대입하여 시기별 매출 자료를 다음과 같이 정리해 볼 수 있다.

(단위 : 억 원)

	'17. 1분기	2분기	3분기	4분기	'18. 1분기	2분기
매출액	51	61	62	66	61	58
매출원가	39.1	44.8	45.3	48.5	43.0	40.6
매출총이익	11.9	16.2	16.7	17.5	18.0	17.4
판관비	2.0	2.1	2.2	2.3	2.4	2.5
영업이익	9.9	14.1	14.5	15.2	15.6	14.9

따라서 매출총이익에서 판관비가 차지하는 비중은 2.0 ÷ 11.9 × 100 = 약 16.8%인 2017년 1분기가 가장 큰 것을 확인할 수 있다.

① 매출원가는 2017년 4분기가 가장 크나, 매출총이익은 2018년 1분기가 가장 크다.

② 영업이익률은 2018년 1분기가 15.6 ÷ 61 × 100 = 약 25.6%이며, 2018년 2분기가 14.9 ÷ 58 × 100 = 약 25.7%이다.

④ 2018년 1분기에는 매출총이익과 영업이익이 증가하였으나, 매출원가는 감소하였다.

46 ②

일률을 계산하는 문제이다. 2개의 생산라인을 풀가동하여 3일 간 525개의 레일을 생산하므로 하루에 2개 생산라인에서 생산되는 레일의 개수는 525÷3=175개가 된다. 이 때, A라인만을 풀가동하여 생산할 수 있는 레일의 개수가 90개이므로 B라인의 하루 생산 개수는 175-90=85개가 된다.

따라서 구해진 일률을 통해 A라인 5일, B라인 2일, A+B라인 2일의 생산 결과를 계산하면, 생산한 총 레일의 개수는 (90 × 5) + (85 × 2) + (175 × 2) = 450 + 170 + 350 = 970개가 된다.

47 ①

다음과 같은 벤다이어그램을 그려 보면 쉽게 문제를 해결할 수 있다.

국민연금만 가입한 사람은 27명, 고용보험만 가입한 사람은 20명, 두 개 모두 가입한 사람은 8명임을 확인할 수 있다.

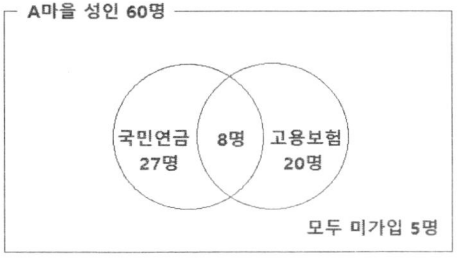

48 ①

다. 과정과 방법이 아닌 결과에 초점을 맞추어야 한다.

마. 개인의 강점과 능력을 최대한 활용하여야 한다.

바. 팀원 간에 리더십 역할을 공유하며 리더로서의 능력을 발휘할 기회를 제공하여야 한다.

아. 직접적이고 솔직한 대화, 조언 등을 통해 개방적인 의사소통을 하며 상대방의 아이디어를 적극 활용하여야 한다.

※ 효과적인 팀의 핵심적인 특징으로는 다음과 같은 것들이 있다.

㉠ 팀의 사명과 목표를 명확하게 기술한다.

㉡ 창조적으로 운영된다.

㉢ 결과에 초점을 맞춘다.

㉣ 역할과 책임을 명료화시킨다.

㉤ 조직화가 잘 되어 있다.

㉥ 개인의 강점을 활용한다.

㉦ 리더십 역량을 공유하며 구성원 상호 간에 지원을 아끼지 않는다.

8

ⓞ 팀 풍토를 발전시킨다.
ⓩ 의견의 불일치를 건설적으로 해결한다.
ⓧ 개방적으로 의사소통한다.
ⓚ 객관적인 결정을 내린다.
ⓔ 팀 자체의 효과성을 평가한다.

49 ②

각 인원의 총 보수액을 계산하면 다음과 같다.
갑 : $850,000 + (15,000 \times 3) + (20,000 \times 3) - (15,000 \times 3) = 910,000$원
을 : $900,000 + (15,000 \times 1) + (20,000 \times 3) - (15,000 \times 3) = 930,000$원
병 : $900,000 + (15,000 \times 2) + (20,000 \times 2) - (15,000 \times 3) = 925,000$원
정 : $800,000 + (15,000 \times 5) + (20,000 \times 1) - (15,000 \times 4) = 835,000$원
따라서 총 보수액이 가장 큰 사람은 을이 된다.

50 ④

주어진 자료에서 B 물품의 가격을 x라고 하면, $(39 \times 900 + 12 \times x) \times 2 = (48 \times 900 + 34 \times x)$가 성립한다. 따라서 이를 풀면, B 물품의 가격 $x = 2,700$이 된다.

✏️ 화학 / 환경공학개론

1 ①

Ne은 원소이면서 분자이다. CO_2와 NH_3는 화합물이면서 분자이다. Na_2CO_3은 화합물이면서 분자가 아니다. 따라서 ㈎는 원소이면서 분자인 물질이므로 ㈎로 가장 적절한 것은 H_2이다.

2 ④

구리는 금속 결정이고, 염화 나트륨은 이온 결정이므로 결정성 고체에 해당한다.
석영 유리는 원자의 배열이 불규칙한 비결정성 고체이다.

3 ④

X는 $H_2O : CO_2 = 2 : 3$, $C : H = 3 : 4$이므로 분자식은 C_3H_4이다. Y는 $H_2O : CO_2 = 1 : 1$, $C : H = 1 : 2$이고, 분자 당 수소 수가 X와 같으므로 C_2H_4이다. 연소시킨 X, Y의 질량이 각각 w일 때, CO_2의 몰수 비는 X : Y $= \dfrac{3w}{40} : \dfrac{2w}{28} = 3a : b$, $\dfrac{b}{a} = \dfrac{20}{7}$이다.

4 ①

ⓛ O의 산화수는 변하지 않는다.
ⓒ Cl의 산화수가 증가하므로 NaCl은 환원제이다.

5 ③

㈐는 $\Delta S < 0$, $\Delta G < 0$이므로 $\Delta H < 0$이다.
㈐의 $\Delta H = \Delta H_2 - \Delta H_1$이므로 $\Delta H_1 > 0$이다.

6 ②

$2H_2 + O_2 \rightarrow 2H_2O$에서 $H_2(g) : O_2(g) : H_2O(g) = 2 : 1 : 2$
이처럼 화학반응에 관여하는 기체들의 부피 사이에는 간단한 정수비가 성립한다(기체반응의 법칙).

7 ④

질량보존의 법칙 ··· 모든 화학반응에서 반응 전후의 물질의 전체 질량은 변하지 않는다.

즉, $3 : 8 = 18 : x$에서 x를 구하면 $x = 48g$

8 ①

질량백분율이 산소가 40%이면 M은 60%가 된다.

$M : O = \dfrac{60}{24} : \dfrac{40}{16} = 2.5 : 2.5 = 1 : 1$이므로 실험식은 MO가 된다.

9 ②

㉠㉣ CH_2O

㉡ $C_3H_6O_2$

㉢ C_2H_6O

10 ③

같은 부피 속에는 같은 몰수의 기체가 존재하므로 플라스틱 용기 안에 들어 있는 메테인과 기체 X의 몰수는 같다.

CH_4의 분자량 : X의 분자량

$= (9.00 - 8.00) : (10.76 - 8.00)$

$16 : M = 1.00 : 2.76$

$\therefore M = 44.16 \fallingdotseq 44$

11 ④

^{10}B의 존재비를 x라 하면 ^{11}B는 $(100-x)$이다.

$\dfrac{10x + 11(100-x)}{100} = 10.8$에서 $x = 20$이다.

$^{10}B : ^{11}B = 20 : 80 = 1 : 4$가 된다.

12 ②

공기 중 산소의 부피는 $56 \times 0.2 = 11.2L$

반응식에서 메테인과 산소의 반응몰비는

$1 : 2 = x : 11.2$ $\therefore x = 5.6$ L

0℃, 1기압에서 1몰의 부피는 22.4L이므로 메테인 5.6L의 몰수는 $\dfrac{5.6}{22.4} = \dfrac{1}{4}$몰이다.

$\therefore \dfrac{1}{4} \times 16 = 4g$

13 ③

$2NaN_3 \rightarrow 2Na + 3N_2$에서 $3N_2$의 부피가 같으므로

$2 : 3 = x : 89.6$에서 $x = 59.7L$

$PV = nRT = \dfrac{w}{M}RT$에서

$w = \dfrac{MPV}{RT} = \dfrac{65 \times 1 \times 59.7}{0.082 \times 273} = 173.3$ g

14 ②

기체반응의 법칙에서 $CO : N_2 = 2 : 1$의 부피비이다.

따라서 CO의 $\dfrac{PV}{T}$값과 N_2의 $\dfrac{P'V'}{T'}$값은

$\dfrac{PV}{T} = 2 \times \dfrac{P'V'}{T'}$이다.

$\dfrac{2 \times 10}{273 + 27} = \dfrac{P' \times 10}{273 + 327} \times 2$

$\therefore P' = 2$기압

15 ②

$\%농도 = \dfrac{용질의\ 질량}{용액의\ 질량} \times 100$이므로

$\dfrac{25}{100 + 25} \times 100 = \dfrac{1}{5} = 20\%$

16 ④

C_6H_6

㉠ 6C의 전자배치는 $1s^2 2s^2 2p^2$에서 원자가전자가 4개인데 6원자가 있으므로 $4 \times 6 = 24$

㉡ 1H의 전자배치는 $1s^1$에서 원자가전자가 1개인데 6원자가 있으므로 $1 \times 6 = 6$

따라서 모든 원자가전자수는 $24 + 6 = 30$이다.

17 ②

이온화 에너지는 기체 상태의 원자 1몰에서 전자 1몰을 떼어내는데 필요한 최소의 에너지이다.

18 ②

촉매 … 활성화 에너지를 변화시켜 반응속도를 변화시키는 물질로 반응 전후에 자신의 양이 보존된다.

㉠ **정촉매** : 활성화 에너지를 감소시켜 반응속도를 증가시킨다.

㉡ **부촉매** : 활성화 에너지를 증가시켜 반응속도를 감소시킨다.

㉢ 반응열과 촉매는 관련이 없다.

19 ③

주어진 식을 ㉡ － ㉠하면 C(흑연)＋O_2 → C(다이아몬드)＋$O_2(g)$의 반응식이 나오고

$\triangle H°_{반응} = \triangle H°_{㉡반응} - \triangle H°_{㉠반응}$이므로

$\triangle H°_{반응} = -94.05 + 94.50 = 0.45$kcal이며,

생성물질의 에너지보다 반응물질의 에너지가 낮은 흡열반응이다.

20 ④

①② 기체가 액체가 되는 반응으로 엔트로피가 감소한다.

③ 단위면적당 분자수가 감소하여 엔트로피가 감소한다.

④ 고체가 기체가 되는 반응으로 엔트로피가 증가한다.

21 ③

• CO_2 : 중심원자 C에 O가 2개 결합되어 결합수가 2이고 비공유 전자쌍은 없다. 선형 분자이므로 결합각은 180°이다.

• CH_4 : 4개의 C－H가 서로 가장 멀리 떨어질 수 있는 각도는 109.5°이므로 정사면체 구조를 가지며 결합각(∠HCH)은 109.5°이다.

• NH_3 : 3개의 N－H를 가지며, 비공유 전자쌍의 반발력이 결합전자쌍보다 약간 크므로 결합각은 107.3°이고 피라미드 형태의 구조를 가진다.

• H_2O : 2개의 O－H를 가지며 두 쌍의 비공유 전자쌍의 반발력으로 인해 결합각(∠HOH)은 104.5이고 굽은 V자 형태의 구조를 가진다.

• HCHO : C＝O의 이중결합을 가지며 탄소를 중심으로 하는 평면 삼각형이다. 이중결합을 구성하는 4개의 전자들은 단일결합을 구성하는 2개의 전자보다 반발력이 더 크므로 결합각 ∠HCO는 120°보다 약간 커지고 ∠HCH는 120°보다 약간 작아진다.

22 ①

• $\underline{N}H_3 + O_2 \rightarrow \underline{N}O$

• $\underline{N}O + O_2 \rightarrow \underline{N}O_2$

• $\underline{N}O_2 + H_2O \rightarrow H\underline{N}O_3 + NO$

그러므로 NH_3는 －3, NO는 ＋2, NO_2는 ＋4, HNO_3는 ＋5이다.

※ 산화수 구하는 규칙

㉠ 홑원소물질 원자의 산화수는 0이다.

㉡ 중성 화합물의 산화수의 총합은 0이다.

㉢ 라디칼 이온의 산화수의 총합 ＝ 이온의 전하수

㉣ 이온의 산화수 ＝ 이온의 전자수

㉤ 수소원자의 산화수는 비금속화합물에서 ＋1, 금속화합물에서 －1이다.

㉥ 산소원자의 산화수는 －2이고, 과산화물에서는 －1이다.

㉦ 금속원자의 산화수는 1족 원자는 ＋1, 2족 원자는 ＋2, 13족 원자는 ＋3이다.

㉧ 할로겐원소의 원자가 가지는 산화수는 －1이다.

23 ③

$CaCO_3$의 화학식량 ＝ $40 + 12 + 16 \times 3 = 100$

Ca의 질량백분율 ＝ $\frac{40}{100} \times 100 = 40\%$

Ca의 질량백분율은 40%이므로 $CaCO_3$ 50g 중의 Ca의 양은 $50 \times \frac{40}{100} = 20$g

24 ④

$$_8O(1s^2 2s^2 2p^4) \rightarrow {_8O}^{2-}(1s^2 2s^2 2p^6)$$

8개의 전자가 2개를 얻어 음이온이 되면서 총 10개가 된다.

25 ③

③ 비활성 기체보다 전자를 1개 덜 가지고 있는 원소는 7족 원소이다.

※ 1족 원소
  ㉠ 알칼리 금속이며, 전자 1개를 잃고 양이온이 되려는 경향이 있다.
  ㉡ 원자번호가 클수록 원자반지름이 커지고, 용융점이 낮아진다.
  ㉢ 7족 염소와 맹렬하게 반응한다.

26 ③

Fungi(곰팡이)
  ㉠ Fungi는 곰팡이류에 속하는 사상균으로서 활성슬러지 처리에서 슬러지 팽화를 일으킨다.
  ㉡ DO 농도(0.5ppm) 및 pH 3 ~ 5로 낮은 경우에도 잘 자라는 미생물이다.

27 ④

조류의 특징
  ㉠ 조류는 특정한 식물의 이름으로, 식물성 플랑크톤이라 부른다.
  ㉡ 엽록소를 가지고 있다.
  ㉢ 낮에는 광합성(탄소동화작용)을 하므로 물속의 이산화탄소를 섭취하고 산소를 과포화시킨다. 밤에는 용존산소를 소모시키고 이산화탄소를 생성한다.
  ㉣ 생산성이 높은 수계에서 광합성이 활발하게 일어날 때에는 pH 값이 커진다.
  ㉤ 산화지를 이용하여 폐수처리시 조류는 산소를 공급한다.
  ㉥ $CaCO_3$ 응결을 일으키므로 경수를 연수화시킨다.
  $Ca(HCO_3)_2 \rightarrow CaCO_3 + H_2O + CO_2$

  ㉦ 정체된 물에 N, P 등이 유입되면 조류가 발생하여 부영양화가 되므로 용존산소가 소모되고 pH가 하강하며, 슬러지 퇴적의 문제가 발생한다.

28 ③

수질오염과 관계된 미생물 ··· 세균, 펀지, 조류, 원생동물, 로티퍼

29 ①

BOD_3와 BOD_U
  ㉠ BOD_3
  • $BOD_t = BOD_U \times (1 \times 10^{-k_1 t})$
  • $BOD_3 = 146.25\,mg/ \times (1 - 10^{-0.1 \times 3})$
  ∴ $BOD_s = 72.95\,mg/L$
  ㉡ BOD_U
  • $BOD_t = BOD_U \times (1 \times 10^{-k_1 t})$
  • $100\,mg/L = BOD_U \times (1 - 10^{-0.1 \times 5})$
  ∴ $BOD_U = 146.25\,mg/L$

30 ③

알칼리도$(CaCO_3 mg/L) =$

$$\frac{A \times N \times 50,000}{V} = \frac{15 \times 0.1 \times 50,000}{100} = 750\,mg/L$$

31 ④

④ pH가 낮은 강산성일수록 철에 대한 부식성이 강하다.

32 ①

TLM 시험
  ㉠ 시험하기 전에 대상폐수에 대해 10 ~ 30일 동안 물고기를 적응시킨다.
  ㉡ 물고기의 종류는 송사리 및 송어 등을 주로 사용한다.
  ㉢ 실험 도중에 pH가 변할 수도 있으므로 고려하여야 한다.
  ㉣ 96hr TLM, 48hr TLM, 24hr TLM 등으로 표기한다.

ⓜ Incipient TLM이란 96hr TLM을 말하는데 어떤 때는 48hr TLM을 뜻할 때도 있다.

ⓑ 침천이나 물고기의 흡수로 쉽게 감소되는 독성물질은 Continuous Flow로 시험한다.

33 ③

Nitrobacter

㉠ 에너지원으로 NO_2^-을 이용한다.

㉡ 암모늄이온의 존재 하에 pH 9.5 이상이면 생장이 억제된다.

34 ①

분변오염의 지표는 암모니아성 질소이다.

35 ④

오염물질의 체내 침입시의 증상

㉠ 6가 크로뮴 : 폐암유발, 피부장애, 생식기장애

㉡ 수은(Hg) : 미나마타병(유기수은에 의한 것), 언어장애, 보행장애, 운동장애, 지각장애

㉢ 카드뮴(Cd) : 이타이이타이병(골연화증)

㉣ 시안(CN) : 호흡작용정지

㉤ 납(연 = Pb) : 빈혈, 미성숙 적혈구 증가, 안면창백증, 사지의 심근마비 등

㉥ 구리(Cu) : 녹색굴의 발생(녹색굴은 맛이 이상하고 설사를 유발)

36 ④

HF의 배출원

㉠ 알루비늄공장 : 빙정석 사용

㉡ 인산비료공장 : 인광석 사용

㉢ 유리공장 : 형석 사용

㉣ 요업공장, 질그릇공장, 타일공장, 벽돌공장 : 불화규소 사용

37 ②

배설률이 크면 농축되지 않는다.

38 ②

부영양화 방지대책

㉠ $CuSO_4$(황산동) 또는 활성탄 등을 살포한다.

㉡ 정수장의 에너지 공급을 차단한다.

㉢ 유입하수를 고도처리한다.

㉣ 질소, 인 등의 영양원 공급을 차단한다.

㉤ 유역 내 무린세제를 사용한다.

39 ③

심미적 영향물질 … 냄새와 맛, 수소이온 농도, 탁도, 색도, 알루미늄, 철, 망간, 세제, 동, 아연, 과망간산칼륨소비량, 황산이온, 염소이온, 증발잔류물, 경도

40 ①

수인성 전염병 … 장티푸스, 파라티푸스, 세균성 이질, 아메바성 이질, 콜레라, 폴리오(소아마비), 유행성 간염(A형간염) 등

41 ④

$$rG = \sqrt{\frac{p}{\mu V}} = \sqrt{\frac{rW}{\mu}} = \sqrt{\frac{p}{\mu \times Q \times t}}$$

• G : 속도경사(sec^{-1})

• P : 동력(watt)

• μ : 점도 또는 점성계수(kg/m · sec)

• V : 응결지 부피 또는 용기액체량(m^3)

• t : 시간(sec)

• W : 단위용적당 동력(watt/m^3)

• Q : 유량(m^3/sec)

42 ④

살수여상법

㉠ 폐수 중에 함유된 큰 고형물을 최초 침전지에서 제거한 후 처리수를 여상에 유입시켜야 한다(큰 고형물을 전처리 과정에서 제거하지 못하면 여상의 공극이 막히게 된다).

ⓛ 여상에서는 미생물에 의해 유기물이 분해되어, 그 일부는 섭취되어 미생물 증식이 되고, 생물막은 차츰 비후해 졌다가 박리되어 처리수와 함께 유출된다.

ⓒ 표준살수여상법과 고속여상법

구분	표준살수여상법 (저속여상법)	고속여상법 (고율살수여상법)
BOD 부하	$0.1 \sim$ $0.4\text{kgBOD/m}^3 \cdot \text{day}$	$0.5 \sim$ $1.5\text{kgBOD/m}^3 \cdot \text{day}$
수리학 적 부하	$1 \sim 4\text{m}^3/\text{m}^2 \cdot \text{day}$	$10 \sim$ $30\text{m}^3/\text{m}^2 \cdot \text{day}$
기타	고급처리	• 중급처리 • BOD 제거율 : $60 \sim 75\%$ • SS 제거율 : $65 \sim 75\%$

43 ④

상수도의 구성

44 ②

$h = f \cdot \dfrac{L}{D} \cdot \dfrac{V^2}{2g}$ [h : 마찰손실수두(m), f : 마찰계수, D : 관경(m), V : 유속(m/sec), L : 관로의 길이 (m), g : 중력가속도]

$h = 0.002 \times \dfrac{500}{0.2} \times \dfrac{6^2}{2g} = 9.8\text{m}$

45 ④

염소주입농도 $= \dfrac{20\text{kg}}{40,000\text{m}^3} = 0.0005\text{kg/m}^3$

$= 0.5\text{mg/L}$

염소주입농도 = 염소요구농도 + 잔류염소농도

$0.5\text{mg/L} = x + 0.3\text{mg/L}$

$\therefore x = 0.2\text{mg/L}$

46 ①

교차연결방지대책

ⓐ 상수도와 하수도관의 동일 매설을 회피한다.

ⓛ 연결관에 수압차를 두지 않는다.

ⓒ 공기변을 부착한다.

ⓔ 진공브레이커를 설치한다.

47 ①

$B = \dfrac{3}{2}d + 0.3 = \dfrac{3}{2} \times 0.6 + 0.3 = 1.2\text{m}$

$\therefore W = C_1 r B^2 = 1.2 \div 2\text{ton/m}^3 \times 1.2^2 = 3.46\text{ton/m}$

48 ④

표준상태는 온도 0℃, 기압 1기압, 비교습도 0%이다.

49 ④

기후인자

ⓐ 기후의 3요소 : 기온, 기류, 기습

ⓛ 기타 : 위도, 해발, 지형, 토질 등

50 ④

오존

ⓐ 대기 중의 오존의 최대허용농도 : 0.1ppm

ⓛ 오존경보발령기준

• 오존주의보 : 0.12ppm/시 이상

• 오존경보 : 0.3ppm/시 이상

• 오존중대경보 : 0.5ppm/시 이상

부산환경공단 환경(8급) 채용대비

제2회 정답 및 해설

✏️ 직업기초능력평가

1 ③

③ 지문 및 얼굴 정보 제공은 17세 이상의 외국인에 해당한다.

2 ④

㉠㉡㉢은 새로운 자연과학 이론을 받아들이는 것이고, ㉣은 새로운 이론을 받아들이기를 바라는 마음이다.

3 ④

① 대면(對面) : 서로 얼굴을 마주 보고 대함
② 간주(看做) : 그러한 것으로 여김 또는 그렇다고 침
③ 대두(擡頭) : (어떤 현상이) 일어남. 고개를 듦
④ 결합(結合) : 둘 이상(以上)이 서로 관계(關係)를 맺고 합치어 하나가 됨

4 ④

한국의 관광 관련 고용자 수는 50만 명으로 전체 2% 수준이다. 이를 세계 평균 수준인 8% 이상으로 끌어올리려면 150만 여명 이상을 추가로 고용해야 한다. 백만 달러당 50명의 일자리가 추가로 창출되므로 150만 명 이상을 추가로 고용하려면 대략 300억 달러 이상이 필요하다.

① 약 1조 8,830억 달러 정도이다.
② 2017년 기준으로 지난해인 2016년도의 내용이므로 2015년의 종사자 규모는 알 수 없다. 2016년 기준으로는 전 세계 통신 산업의 종사자는 자동차 산업의 종사자의 약 3배 정도이다.
③ 간접 고용까지 따지면 2억 5,500만 명이 관광과 관련된 일을 하고 있어, 전 세계적으로 근로자 12명 가운데 1명이 관광과 연계된 직업을 갖고 있는 셈이다. 추측해보면 2017년 전 세계 근로자 수는 20억 명을 넘는다.

5 ②

작자는 오래된 물건의 가치를 단순히 기능적 편리함 등의 실용적인 면에 두지 않고 그것을 사용해온 시간, 그동안의 추억 등에 두고 있으며 그렇기 때문에 오래된 물건이 아름답다고 하였다.

6 ③

주위 환경이 중요함을 이야기하는 글이다. 청소년이 모범청소년보다 비행청소년과 자주 접촉할 경우, 그는 다른 청소년들보다 위법행위에 호의적인 가치와 관대한 태도를 학습하여 비행을 더 저지르게 된다.

7 ④

왓슨의 추론은 필요한 모든 정보가 있음에도 이와 무관하게 엉터리 이유로 범인을 지목했기 때문에 박수를 받을 수 없다. 그러므로 "올바른 추론에 필요한 정보를 가지고 있긴 했지만 그 정보와 무관하게 범인을 지목했기 때문이다."가 빈칸에 들어가야 한다.

8 ④

① 정약용은 청렴을 당위의 차원에서 주장하는 기존의 학자들과 달리 행위자 자신에게 실질적 이익이 된다는 점을 들어 설득하고자 하였다.
② 정약용은 "지자(知者)는 인(仁)을 이롭게 여긴다."라는 공자의 말을 빌려 "지혜로운 자는 청렴함을 이롭게 여긴다."라고 하였다.
③ 청렴은 큰 이득이 남는 장사라고 말하면서, 지혜롭고 욕심이 큰 사람은 청렴을 택하지만 지혜가 짧고 욕심이 작은 사람은 탐욕을 택한다고 설명한다.

15

9 ①

배경지식이 전혀 없던 상태에서는 X선 사진을 관찰하여도 아무 것도 찾을 수 없었으나 이론과 실습 등을 통하여 배경지식을 갖추고 난 후에는 X선 사진을 관찰하여 생리적 변화, 만성 질환의 병리적 변화, 급성질환의 증세 등의 현상을 알게 되었다는 것을 보면 관찰은 배경지식에 의존한다고 할 수 있다.

10 ④

운석이 우주 공간에 머물 때는 태양과 은하로부터 오는 복사선의 영향으로 새로운 동위 원소인 헬륨3, 네온21 등이 생성되는데, 그들의 생성률과 구성비를 측정하면 운석이 우주 공간에 머문 기간을 추정할 수 있다. ALH는 1,600만 년을 우주 공간에서 떠돌았다.
④ 스닉스가 아닌 ALH에 대한 내용이다.

11 ②

A국 : $(60 \times 15) + (48 \times 37) = 900 + 1,776 = 2,676$만 원
B국 : $(36 \times 15) + (30 \times 35) + (60 \times 2) = 540 + 1,050 + 120 = 1,710$만 원
따라서 $2,676 - 1,710 = 966$만 원
900만 원 초과 1,000만 원 이하가 정답이 된다.

12 ②

우선 H사의 차량을 2년 사용 했을 때의 경비를 구해 보면 다음과 같다.
$40,000 \div 13 \times 800 = $약 246만 원
구매가격 2,000만 원
총 2,246만 원
따라서 F사의 경비를 구하는 공식에서 2,246만 원이 되는 시점의 주행 거리를 알아보면 정답을 구할 수 있다.
차량 구매 가격이 2,100만 원이므로 주행 거리가 x일 때, $x \div 10 \times 1,500$이 146만 원이 되는 값을 구하면 된다. 계산해 보면 $x = $약 9,733km가 되므로 1년에 20,000km를 주행할 경우 1개월에 약 1,667km이므로 $9,733 \div 1,667 = $약 5.8개월이 된다.
따라서 F사 차량을 5개월 째 이용하는 시점이 정답이 된다.

13 ④

1980년까지는 초등학교 졸업자인 범죄자의 비중이 가장 컸으나 이후부터는 고등학교 졸업자인 범죄자의 비중이 가장 크게 나타나고 있음을 알 수 있다.
① 1985년 이후부터는 중학교 졸업자와 고등학교 졸업자인 범죄자 비중이 매 시기 50%를 넘고 있다.
② 해당 시기의 전체 범죄자의 수가 증가하여, 초등학교 졸업자인 범죄자의 비중은 낮아졌으나 그 수는 지속 증가하였다.
③ 해당 시기의 전체 범죄자의 수가 증가하여, 비중은 약 3배가 조금 못 되게 증가하였으나 그 수는 55,711명에서 251,765명으로 약 4.5배 이상 증가하였다.

14 ①

㉠ 종사자 규모 변동에 따른 사업체수의 증감은 두 해 모두 규모가 커질수록 적어지는 동일한 추이를 보이고 있으며, 종사자수 역시 사업체의 규모가 커짐에 따라 증가 → 감소 → 증가의 동일한 패턴을 보이고 있음을 알 수 있다.
㉡ 구성비는 해당 수치를 전체 수치로 나누어 백분율로 나타낸 값을 의미하는데 주어진 기여율은 그러한 백분율 산식에 의한 수치와 다르다. 기여율은 '해당 항목의 전년대비 증감분÷전체 수치의 전년대비 증감분×100'의 산식에 의해 계산된 수치이다.
㉢ 종사자수를 사업체수로 나누어 보면 두 해 모두 종사자 규모가 큰 사업체일수록 평균 종사자주사 커지는 것을 확인할 수 있다.
㉣ 모든 규모의 사업체에서 전년보다 종사자수가 더 많아졌음을 확인할 수 있다.

15 ③

③ 1인당 1일 급식비(원) 5년 평균
$$\frac{5,820+6,155+6,432+6,848+6,984}{5} = 6,447.8$$
2013년 1인당 1일 급식비는 6,432원으로 평균이 더 높다.

① 2011년 대비 2012년 급식비는 335원 증가, 2012년 대비 2013년 급식비 약 280원 증가

2013년 대비 2014년 급식비 약 456원 증가, 2014년 대비 2015년 급식비 약 140원 증가

2011 ~ 2015년까지 5,820 ~ 6,984로 증가폭에 비해 기본값이 크기 때문에 증가폭으로 비용감소가 크게 이루어지지 않는다.

$\dfrac{335}{6,155}$와 $\dfrac{456}{6,848}$을 보면 335에서 456은 30% 이상 증가인데 6,155에서 6,848는 11% 정도 증가한 것이다.

$\dfrac{456}{6,848}$이 더 큰 것을 알 수 있으며, 2014년 증가율이 가장 크다.

② $2,100 \times 0.88 = 1,848$명

실제 충원인원 1,924명보다 작다.

1,924명이 2012년 목표 충원인원의 88%라면 2012년 목표 충원 인원수는 2,100명보다 많을 것이다.

④ $5,820 + 582 + 582 = 5,820 + 1,200 - 36 = 6,984$원 으로 2015년 급식비는 2011년 대비 20% 증가했음을 알 수 있다.

2012 ~ 2015년 물가상승률이 매년 5%임을 계산하면
$1.05 \times 1.05 \times 1.05 \times 1.05 = 1.2155\%$

2011년 대비 2015년 급식비 증가율 20%는 2011년 대비 2015년 물가상승률 21%보다 더 낮다.

16 ④

㉠ 성수기 일반요금은 500, 350, 300, 250, 200이고 성수기 무기명 할인율이 각각 30, 25, 20, 15, 10%이다.
증가율이 가장 작은 300에서 350도 15%가 넘는데 할인율 차이는 각각 5%p에 불과하므로 할인 후 요금 순위는 변하지 않는다.

㉡ B 리조트 회원요금 중 가장 높은 값 :
$350 - 350 \times 0.25 = 262,500$
회원요금 중 가장 낮은 값 :
$250 - 250 \times 0.45 = 137,500$
$262,500 - 137,500 = 125,000$

㉢ 일반요금의 차이가 가장 큰 A 리조트의 경우를 보면
비수기 요금 : $300 - 300 \times 0.5 = 150$
성수기 요금 : $500 - 500 \times 0.35 = 325$
두 배 이상이 차이가 난다.

㉣ 리조트 A ~ E를 볼 때 비수기 기명 할인율과 무기명 할인율의 차이는 5%p와 10%p가 존재하는데 비수기 일반요금이 가장 싼 E가 5%p 차이이다.
E 리조트는 성수기 일반요금이 가장 싸고 성수기 기명 할인율과 무기명 할인율의 차이도 5%p로 가장 작은 편에 속하므로 성수기 기명 회원요금과 무기명 회원요금의 차이도 가장 작다.

17 ①

㉠ 용산구의 초과로 걸리는 것은 초미세먼지로
$1.5 \times (35 - 25) + 51 = 66$
성동구의 초과로 걸리는 것은 미세먼지로 67로 용산구가 더 작다.

㉡ 강북구의 미세먼지 농도와 초미세먼지 농도는 각각의 평균보다 낮고, 이산화질소 농도는 평균보다 높다.

㉢ 중랑구의 미세먼지는 48로 초과조건에 해당되지 않으며, 이산화질소는 0.041로 초과조건에 해당되므로 이산화질소로 통합대기환경지수가 결정될 가능성이 높다.
$800 \times (0.041 - 0.04) + 51 = 51.8$로 미세먼지 48를 초과한다.

㉣ 세 가지 오염물질 농도가 평균보다 모두 높은 구는 동대문구 1곳이다.

18 ④

㉠ 단순이동평균법 $= \dfrac{14 + 9 + 13 + 15}{4} = 12.75$대

㉡ 가중이동평균법 $= 15 \times 0.4 + 13 \times 0.3 + 9 \times 0.2 + 14 \times 0.1 = 13.1$대

㉢ 지수평활법을 이용하기 위해서는 세 개의 자료가 필요하다. 전월의 예측지, 전월의 실제치, 지수평활계수 이를 식으로 나타내면 당기 예측치 = 전기 예측치 + 지수평활계수 (전기 실제치 - 전기 예측치) 그런데 이 문제에서는 5월의 예측치가 없으므로 문제가 성립될 수 없다. 그러나 이러한 경우에는 단순이동평균치를 예측치로 사용한다. 4월까지의 단순이동평균치는 11.50이다.

지수평활법 = 0.4 × 15 + 0.6 × 11.50 = 12.90대
이므로 따라서 ⓒ > ⓒ > ㉠이 된다.

19 ④

1, 3, 5, 7항은 ×2의 규칙을, 2, 4, 6, 8항은 +2의 규칙
을 가진다. 따라서 빈칸에 들어갈 숫자는 4 + 2 = 6이다.

20 ③

매출액은 100억, 물류비는 10억, 순이익은 5억이 된다.
물류비를 5% 추가 절감하면 10억에서 9억 5천이 되므로
순이익이 5억 5천만 원으로 증가하게 된다. 순이익을 매
출액으로 환원하면 110억이므로 10억이 증가하게 된다.

21 ③

D가 치과의사라면 ㉣에 의해 C는 치과의사가 되지만 그
렇게 될 경우 C와 D 둘 다 치과의사가 되기 때문에 모순
이 된다. 이를 통해 D는 치과의사가 아님을 알 수 있다.
ⓒ과 ⓜ 때문에 B는 승무원, 영화배우가 될 수 없다. ⓑ
을 통해서는 B가 국회의원이 아니라 치과의사라는 사실
을 알 수 있다. ㉣에 의해 C는 치과의사가 아니므로 D는
국회의원이라는 결론을 내릴 수 있다. 또한 ⓒ에 의해 C
는 영화배우가 아님을 알 수 있다. C는 치과의사도, 국회
의원도, 영화배우도 아니므로 승무원이란 사실을 추론할
수 있다. 나머지 A는 영화배우가 될 수밖에 없다.

22 ④

㉠ 선박을 보면 A국 전체 수출액에서 차지하는 비중은
5.0 → 4.0 → 3.0으로 매년 줄어드는 데 세계수출시
장에서 A국의 점유율은 매번 1.0으로 동일하다. 이
는 세계수출시장 규모가 A국 선박비중의 감소율만큼
매년 감소한다는 것을 나타낸다.

ⓒ 백색가전의 세부 품목별 수출액 비중에서 드럼세탁
기의 비중은 매년 18.0으로 동일하나, 전체 수출액
에서 차지하는 백색가전의 비중은 13.0 → 12.0 →
11.0로 점점 감소한다.

ⓒ 점유율이 전년대비 매년 증가하지 않고 변화가 없거
나 감소하는 품목도 있다.

㉣ A국의 전체 수출액을 100으로 보면 항공기의 경우
2025년에는 3이다. 3이 세계수출시장에서 차지하는
비중은 0.1%이므로 A국 항공기 수출액의 1,000배라
볼 수 있다. 항공기 세계수출시장의 규모는 3 × 1,000
= 3,000이므로 A국 전체 수출액의 30배가 된다.

23 ③

제시된 내용을 표로 정리하면

구분	경기장 개수	최대 수용인원	좌석 점유율	경기당 관중수
대도시	5	3만 명	60%	1.8만 명
중소도시	5	2만 명	70%	1.4만 명

① 16만 명은 10개 경기장에서 모두 경기가 열리는 경우
의 관중수이다. 매일 5개 경기장에서 각각 한 경기가
열린다고 하였으므로, 1일 최대 관중수는 대도시 경기
장 5개에서 모두 경기가 열리는 경우의 9만 명이다.

② 중소도시 경기장의 좌석 점유율이 10% 높아지더라도
경기당 관중수는 1.6만 명밖에 되지 않으므로 여전히
대도시 경기장 한 곳의 관중수보다는 적다.

③ 경기가 열리는 경기장에서는 하루에 한 경기만 열리
며, 각 경기장에서 열리는 경기 횟수는 모두 동일하므
로 한 시즌 전체 누적 관중수는 각 경기장의 경기당
관중수 합계에 비례하는 관계가 성립한다. 올해 시즌
의 경우 각 경기장의 경기당 관중수 합계는 16만 명
[5×(1.8+1.4)]이다. 내년 시즌부터 4개의 대도시와
6개의 중소도시에서 경기가 열린다는 것은 올해와 비
교했을 때 대도시 경기장 중 하나가 중소도시 경기장
으로 바뀌는 것과 같으므로 관중수 합계는 0.4만 명
이 줄어든다. 감소율은 $2.5\%\left(\dfrac{0.4}{16}\times100\right)$가 된다.

④ 대도시 경기장의 좌석 점유율이 중소도시 경기장과 같
은 70%이고, 최대수용인원은 그대로라면, 대도시 경
기장의 경기당 관중수는 2.1만 명이 된다. 따라서 이
경우 ○○리그의 1일 평균 관중수는 최대 10.5만 명
이 되므로 11만 명을 초과할 수 없다.

18

24 ①

임 사원을 제외한 모두가 2년에 1일 씩 연차가 추가되므로 각 직원의 연차발생일과 남은 연차일, 통상임금, 연차수당은 다음과 같다.

김 부장 : 25일, 6일, $500 \div 200 \times 8 = 20$만 원,
$6 \times 20 = 120$만 원

정 차장 : 22일, 15일, $420 \div 200 \times 8 = 16$만 원,
$15 \times 16 = 240$만 원

곽 과장 : 18일, 4일, $350 \div 200 \times 8 = 14$만 원,
$4 \times 14 = 56$만 원

남 대리 : 16일, 11일, $300 \div 200 \times 8 = 12$만 원,
$11 \times 12 = 132$만 원

임 사원 : 15일, 12일, $270 \div 200 \times 8 = 10$만 원,
$12 \times 10 = 120$만 원

따라서 김 부장과 임 사원의 연차수당 지급액이 동일하다.

25 ③

보기의 명제를 대우 명제로 바꾸어 정리하면 다음과 같다.

a. ~인사팀 → 생산팀(~생산팀 → 인사팀)
b. ~기술팀 → ~홍보팀(홍보팀 → 기술팀)
c. 인사팀 → ~비서실(비서실 → ~인사팀)
d. ~비서실 → 홍보팀(~홍보팀 → 비서실)

이를 정리하면 '~생산팀 → 인사팀 → ~비서실 → 홍보팀 → 기술팀'이 성립하고 이것의 대우 명제인 '~기술팀 → ~홍보팀 → 비서실 → ~인사팀 → 생산팀'도 성립하게 된다. 따라서 이에 맞는 결론은 보기 ⑤의 '생산팀을 좋아하지 않는 사람은 기술팀을 좋아한다.' 뿐이다.

26 ③

조건대로 고정된 순서를 정리하면 다음과 같다.

• B 차장 → A 부장
• C 과장 → D 대리
• E 대리 → ? → ? → C 과장

따라서 E 대리 → ? → ? → C 과장 → D 대리의 순서가 성립되며, 이 상태에서 경우의 수를 따져보면 다음과 같다.

㉠ B 차장이 첫 번째인 경우라면, 세 번째와 네 번째는 A 부장과 F 사원(또는 F 사원과 A 부장)이 된다.

㉡ B 차장이 세 번째인 경우는 E 대리의 바로 다음인 경우와 C 과장의 바로 앞인 두 가지의 경우가 있을 수 있다.

– E 대리의 바로 다음인 경우 : A 부장 – E 대리 – B 차장 – F 사원 – C 과장 – D 대리의 순이 된다.

– C 과장의 바로 앞인 경우 : E 대리 – F 사원 – B 차장 – C 과장 – D 대리 – A 부장의 순이 된다.

따라서 위에서 정리된 바와 같이 가능한 세 가지의 경우에서 두 번째로 사회봉사활동을 갈 수 있는 사람은 E 대리와 F 사원밖에 없다.

27 ②

보완적 평가방식은 각 상표에 있어 어떤 속성의 약점을 다른 속성의 강점에 의해 보완하여 전반적인 평가를 내리는 방식을 의미한다. 한 가지 예로 비행기의 경우 속성별 평가점수가 4, 4, 7, 9점이며, 각 속성이 평가에서 차지하는 중요도는 20, 30, 40, 50이므로, 이러한 가중치를 각 속성별 평가점수에 곱한 후에 이를 모두 더하면 930이 된다. 이러한 방식으로 계산하면 그 결과는 아래와 같다.

• 비행기 : $(20 \times 4) + (30 \times 4) + (40 \times 7) + (50 \times 9) = 930$
• 기차 : $(20 \times 5) + (30 \times 4) + (40 \times 5) + (50 \times 8) = 820$
• 고속버스 : $(20 \times 4) + (30 \times 5) + (40 \times 7) + (50 \times 5) = 760$
• 승용차 : $(20 \times 3) + (30 \times 7) + (40 \times 8) + (50 \times 6) = 890$

그러므로 정원이는 가장 높은 값이 나온 비행기를 교통운송 수단으로 선택하게 된다.

28 ③

위의 주어진 조건을 기반으로 각 비용을 구하면 다음과 같다.

• 우진이와 여자 친구의 프리미엄 고속버스 비용
= 37,000원 × 2(명) × 2(왕복) = 148,000원

• 조카 2(여 : 50%를 할인받음)의 운임
= 37,800원 × 50% × 2(왕복) = 37,000원

• 조카 1은 하행인 경우 우진이의 무릎에 앉아가고, 상행인 경우에 좌석을 지정해서 가는 것이므로 이는 편도에 해당한다.
조카 1(남 : 75% 할인받음)의 운임
= 하행선 무료 + 37,000원 × (100 − 75%) = 9,250원

∴ 148,000원 + 37,000원 + 9,250원 = 194,250원이 된다.

29 ④

주어진 조건을 보면 관리과와 재무과에는 반드시 각각 5급이 1명씩 배정되고, 총무과에는 6급 2명이 배정된다. 인원수를 따져보면 홍보과에는 5급을 배정할 수 없기 때문에 6급이 2명 배정된다. 6급 4명 중에 C와 D는 총무과에 배정되므로 홍보과에 배정되는 사람은 E와 F이다. 각 과별로 배정되는 사람을 정리하면 다음과 같다.

관리과	A
홍보과	E, F
재무과	B
총무과	C, D

30 ①

甲 ~ 戊가 먹은 사탕을 정리하면 다음과 같다.

구분	甲	乙	丙	丁	戊
맛	사과 + 딸기	사과	포도 or 딸기	포도 or 딸기	포도
개수	2개	1개	1개	1개	1개

31 ③

해당 공고문의 직무상 우대 능력은 기술경영자로서 필요한 능력을 제시하고 있기 때문에 현재 우리기업에서 채용하고자 하는 구직자로서 가장 적절한 유형은 기술경영자라 할 수 있다.

32 ②

- L은 세로축 눈금의 수, W는 가로축 눈금의 수
- T는 삼각형, H는 하트, Z는 사다리꼴
- 괄호 안의 숫자는 (세로축 좌표, 가로축 좌표)
- 괄호 옆의 알파벳은 도형의 크기(A는 도형의 작은 모양, B는 큰 모양)
- 알파벳 옆의 수는 도형의 색깔(1은 흰색, 2는 검은색)

따라서 위의 그래프는 세로축 눈금 3, 가로축 눈금이 4이므로 L3/W4이고 삼각형 좌표는 세로축이 1, 가로축이 2, 큰 모양, 흰색이므로 T(1,2) : B1이다. 하트 좌표는 세로축이 1, 가로축이 3, 작은 모양, 검은색이므로 H(1,3) : A2이다. 사다리꼴 좌표는 세로축이 2, 가로축이 1, 작은 모양, 흰색이므로 Z(2,1) : A1이다.

33 ③

올바르게 산출된 그래프는 다음과 같다.

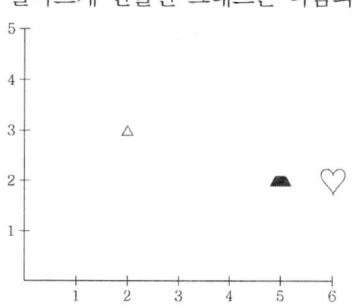

34 ④

① Z(2,4) : B1의 출력이 잘못되었다.
② H(4,5) : A1의 출력만 옳고, 나머지의 출력이 잘못되었다.
③ T(3,1) : A2, H(4,5) : A1의 출력이 잘못되었다.

35 ④

④는 흡입력이 약해졌을 때의 조치방법이다.

36 ②

로봇청소기가 충전 중이지 않은 상태로 아무 동작 없이 10분이 경과되면 자동으로 충전대 탐색을 시작한다. 충전대 탐색에 성공하면 충전을 시작하고 충전대를 찾지 못하면 처음 위치로 복귀하여 10분 후에 자동으로 전원이 꺼진다.

37 ③

① 충전이 되지 않을 때의 조치방법이다.
② 회전솔이 회전하지 않을 때의 조치방법이다.
④ 흡입력이 약해졌을 때의 조치방법이다.

38 ④

첫 번째 상태와 나중 상태를 비교해 보았을 때, 기계의 모양이 바뀐 것은 1번과 2번이며, 작동상태가 바뀐 것은 3번과 4번이다. 스위치를 두 번 눌러서 이 상태가 되려면 1번과 2번을 회전시키고(○) 3번과 4번의 작동상태를 바꾸면(◑) 된다.

39 ③

첫 번째 상태와 나중 상태를 비교해 보았을 때, 기계의 모양이 바뀐 것은 1번과 4번이며, 모든 기계의 작동 상태가 바뀌어 있다. 1번과 2번 기계를 회전시키고(○), 2번과 4번을 회전시키면(♣) 2번은 원래의 모양으로 돌아온다. 이 상태에서 모든 기계의 작동 상태를 바꾸면(♥) 된다.

40 ④

첫 번째 상태와 나중 상태를 비교해 보았을 때, 기계의 모양이 바뀐 것은 3번과 4번이며 작동 상태가 바뀌어 있는 것도 3번과 4번이다. 2번과 3번을 회전시키고(♧) 2번 4번을 회전시키면(♣) 2번은 원래의 모양으로 돌아온다. 이 상태에서 3번과 4번의 작동 상태를 바꾸면(◑) 된다.

41 ④

협상은 보통 '협상 시작'→'상호 이해'→'실질 이해'→'해결 대안'→'합의 문서'의 다섯 단계로 구분한다. 제시된 내용은 각각 다음과 같은 단계로 구분해 볼 수 있다.
⑺ 합의 문서
⑻ 해결 대안
⒞ 실질 이해
⒟ 상호 이해

42 ①

위 대화에서 A 변호사는 Ⅰ－Message의 대화스킬을 활용하고 있다.
①번은 Ⅰ－Message가 아닌 You－Message에 대한 설명이다. 상대에게 일방적으로 강요, 공격, 비난하는 느낌을 전달하게 되면 상대는 변명하려 하거나 또는 반감, 저항, 공격성 등을 보이게 된다.

43 ④

리더는 부하직원들이 친숙하고 위험요소가 전혀 없는 안전지대에서 벗어나 더욱 높은 목표를 향해 나아가도록 격려해야 한다. 위험을 감수해야 할 합리적이고 실현가능한 목표가 있다면 직원들은 기꺼이 변화를 향해 나아갈 것이다.

한편, 리더의 동기부여 방법은 다음과 같은 것들이 있다.
㉠ 긍정적 강화법을 활용한다.(①)
㉡ 새로운 도전의 기회를 제공한다.
㉢ 창의적인 문제해결법을 찾는다.(②)
㉣ 책임감으로 철저히 무장한다.(④)
㉤ 코칭을 한다.
㉥ 변화를 두려워하지 않는다.
㉦ 지속적으로 교육한다.(③)

44 ②

각 가구의 투자금을 각각 a, b, c, d라고 할 때, 위의 조건을 식으로 나타내면 다음과 같다.
㉠ $a = (c + d) \times 0.4$
㉡ $4c = a + b + d$
㉢ $b = c + 100$
㉣ $a + b = 2c + d$
이 식을 주의 깊게 살펴보면 다음과 같이 풀이를 이어 갈 수 있다.

㉣을 ㉡에 대입하면 $4c = 2c + d + d$가 되고 이것으로 $c = d$가 되는 것을 알 수 있다. 다시 이를 ㉠에 대입하면 $a = 2c \times 0.4$가 되어 $c = 5 \div 4a$가 된다. 따라서 ㉡의 식을 a에 대하여 다시 정리해 보면, $4c = a + b + d \rightarrow 4 \times 5 \div 4a = a + (5 \div 4a + 100) + 5 \div 4a$가 된다. 이것을 풀면, $3 \div 2a = 100$이므로 결국 a는 약 67만 원을 투자한 것이 된다.

45 ④

환율의 변동에 따라 달러화를 자국 통화로 환산하였을 경우 자국 통화의 가치 평가액을 묻는 문제이다. 우선 각 국의 총 채권과 총 채무 상황을 총 채권/총 채무의 순으로 정리하면 다음과 같다.
A국 : 80 + 120 + 30 = 230만 달러 / 100 + 20 + 70 + 50 = 240만 달러 → −10만 달러
B국 : 100 + 40 + 25 + 20 = 185만 달러 / 80 + 55 + 60 + 25 = 220만 달러 → −35만 달러
C국 : 20 + 55 + 65 + 90 = 230만 달러 / 120 + 40 + 40 + 50 = 250만 달러 → −20만 달러
D국 : 70 + 60 + 40 = 170만 달러 / 25 + 65 + 60 = 150만 달러 → +20만 달러

E국 : 50 + 25 + 50 + 60 = 185만 달러 / 30 + 20 + 90 = 140만 달러 → +45만 달러

달러화가 평가 절상된다는 것은 달러의 가치가 올라간다는 것이므로 달러를 많이 보유하고 있을수록 더 많은 자국 통화를 보유할 수 있게 된다. 따라서 채권, 채무 상계액이 가장 큰 E국이 가장 큰 이득을 보게 된다. 반대로 달러화가 평가 절하되면 달러화의 가치가 내려가 보다 헐값으로 바뀌게 된다는 의미이므로 채권, 채무 상계를 하여 지불해야 하는 달러화 채무액이 큰 국가일수록 자국 통화를 덜 쓰게 되어 가장 많은 이득을 얻게 된다. 따라서 평가 절상과 절하 시 가장 큰 이득을 보게 되는 나라는 각각 E국과 B국이 된다.

46 ③

OJT는 종업원이 업무에 대한 기술 및 지식을 현업에 종사하면서 감독자의 지휘 하에 훈련받는 현장실무 중심의 교육훈련 방식이므로 각 종업원의 습득 및 능력에 맞춰 훈련할 수 있으며, 상사 또는 동료 간의 이해 및 협조정신을 높일 수 있다는 이점이 있다.

47 ④

2023년 대비 2024년의 물가 상승률은 소비자 물가에서 큰 폭의 상승세를 나타내고 있으나, 서비스 분야인 집세, 공공서비스, 개인서비스 등에서는 모두 전년 대비 상승세가 둔화되었음을 알 수 있다.

48 ②

65세 이상 인구의 수를 알고 있으므로 노년부양비를 계산하기 위해서는 15~64세 인구를 알아야 한다. 전체 인구에서 0~14세 인구와 65세 이상 인구를 제외하면 15 ~ 64세 인구가 될 것이므로 다음과 같이 계산할 수 있다. 0 ~ 14세 인구를 x 라 하면, $(18,536 \div x) \times 100 = 434.6$ 이 되므로 이를 계산하면 x 는 약 4,265천 명이 된다. 따라서 15 ~ 64세 인구는 $45,246 - 18,536 - 4,265 = 22,454$천 명이 된다. 그런데 노년부양비는 해당인구 100명 당 명을 의미하므로 이를 감안하여 계산하면 노년부양비는 $18,536 \div 224.5$ = 약 82.6이 됨을 알 수 있다.

49 ③

전체 인구의 수에서 65세 이상 인구가 차지하는 비율은 단순한 '고령인구 비율'이며, 노령화 지수는 전체 인구가 아닌 0~14세 인구의 수에서 65세 이상 인구가 차지하는 비율을 의미한다.

① 노년부양비를 의미하므로 1990년 7.4명에서 2050년 72.6명으로 10배 가까이 증가할 것으로 전망하고 있다.

② 부양능력이 있는 인구 대비 고령인구의 수를 측정하는 것이 노년부양비이므로 부양능력이 없다고 판단하는 0~14세 인구의 수는 제외한다.

④ $303.2 \rightarrow 330$으로 증가한 것이므로 $(330 - 303.2) \div 303.2 \times 100 = 약 31.6\%$로 30% 이상 증가한 것이 된다.

50 ④

1일 동안 울리는 알람소리를 모두 더해 보면 다음과 같다.

$(1 + 2 + 3 + \cdots + 11 + 12) \times 2 = 156$번

따라서 오후 5시 30분부터 시작해서 다음날 오후 5시 30분까지 알람소리는 모두 156번 울리게 된다. 그러므로 다음 날 오후 6시 30분까지는 $156 + 6 = 162$번 울리고 다시 그 날 오후 7시 30분까지는 $162 + 7 = 169$번 울리게 된다. 따라서 정확히 170번째의 벨소리가 울리는 것은 그 날 오후 8시 정각이 된다.

✒ 화학 / 환경공학개론

1 ④

금속성과 비금속성을 함께 가지고 있어 산·염기와 모두 반응하여 수소기체를 발생시키는 원소인 양쪽성 원소에는 Al, Zn, Sn, Pb 등이 있다.

2 ④

껍질수가 같은 것으로 보아 같은 주기 원소들인데, 같은 주기에서는 원자번호가 증가할수록 핵력의 증가로 인해 원자반지름이 작아진다.

3 ③

공유결합 … 비금속 원소 사이에 전자를 공유해서 이루어지는 결합을 말한다.

4 ①

일반적으로 물질은 액체상태보다 고체상태일 때 부피가 줄어들지만, H_2O는 고체일 때 수소결합에 의한 빈 공간이 많이 형성되므로 부피가 늘어난다.

5 ②

B농도를 일정하게 유지하고 A농도를 2배로 했을 때 속도는 4배 증가하며, A농도가 일정할 때 B농도를 2배로 하면 속도는 2배 빨라진다.

6 ②

반응속도 $v = k[A][B]^3$ (k : 비례상수)
A, B의 농도가 각각 2배 증가했으므로
$v = 2 \times 2^3 = 16$

7 ④

$\bigcirc + 2 \times \bigcirc - \bigcirc$
$C(s) + O_2(g) \rightarrow CO_2(g)$ — $\bigcirc$
$2H_2(g) + O_2(g) \rightarrow 2H_2O(l)$ — $2 \times \bigcirc$

$C(s) + 2H_2(g) \rightarrow CH_4(g)$ — $\bigcirc$
$2O_2(g) \rightarrow CO_2(g) + 2H_2O(l) - CH_4(g)$
정리하면 $CH_4(g) + 2O_2(g) \rightarrow CO_2(g) + 2H_2O(l)$
$\triangle H = -94 + 2 \times (-68) - (-18) = -212 \text{kcal}$

8 ⑤

$K = \dfrac{[HI]^2}{[H_2][I_2]} = \dfrac{[0.4]^2}{[0.2][0.1]} = 8$

9 ①

$K = \dfrac{[NO_2]^2}{[NO]^2[O_2]} = 2$

$\dfrac{[NO]^4[O_2]^2}{[NO_2]^4} = \dfrac{1}{K^2} = \dfrac{1}{4}$

10 ④

$KOH \leftrightarrows K^+ + OH^-$, 이온화도가 1이므로 완전 이온화되어 $[OH^-] = 0.01M$
$pOH = -\log[OH^-] = 2$
$\therefore pH = 14 - pOH = 14 - 2 = 12$

11 ②

H_2SO_4는 2가 H^+를 생성하고 부피의 단위가 ml이므로 H^+의 몰수
$= nM \times \dfrac{V}{1,000} = 2 \times 0.1 \times \dfrac{20}{1,000} = \dfrac{4}{1,000}$

NaOH에서 OH^-의 몰수 $= \dfrac{n' \times w}{\text{화학식량}} = \dfrac{1 \times w}{40}$

$\dfrac{4}{1,000} = \dfrac{w}{40}$

$\therefore w = 0.16g$

12 ⑤

$2 \times Cr + 7 \times (-2) = -2$
Cr의 산화수는 $+6$이다.

23

13 ②

$$\overset{\text{산화수 3 증가}}{\overbrace{Cu^{2+} + Al \longrightarrow Cu + Al^{3+}}}$$
$$\underset{\text{산화수 2 감소}}{\underbrace{\phantom{Cu^{2+} + Al \longrightarrow Cu}}}$$

$\therefore$ Al $\dfrac{2}{3}$몰은 Cu^{2+}를 Cu로 환원시킨다.

14 ①

$(-): Cu^{2+} + 2e^{-} \longrightarrow Cu$

$(+): 2OH^{-} \longrightarrow H_2O + \dfrac{1}{2}O_2 + 2e^{-}$ 에서

전자 2몰이므로 2F의 전기량이 필요하다. O_2가 $\dfrac{1}{2}$몰 발생하여 11.2L의 부피를 갖는다.
전기량 = 전류의 세기×시간이므로
$\qquad = 10A \times (16 \times 60 + 5) = 9,650C = 0.1F$
0.1F일 때의 부피를 구하면
$\quad 2F : 11.2L = 0.1F : x$
$\therefore\ x = 0.56L$

15 ④

전자수를 맞추기 위해 $A^{2+} \times 3$, $B^{3+} \times 2$하면 $3A^{2+} \longrightarrow 3A^{4+} + 6e^{-}$, $2B^{3+} + 6e^{-} \longrightarrow 2B$이므로 두 식을 더하면 $3A^{2+} + 2B^{3+} \longrightarrow 3A^{4+} + 2B$이므로 반응 몰수비는 3 : 2가 된다.

16 ④

상온에서 물과 반응하여 수소를 발생시키는 금속에는 Li, Na, K, Ba, Ca 등이 있는데 이온화 경향이 매우 크다.

17 ③

가운데 탄소와 4개의 원자는 사면체를 이룬다.

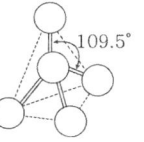

18 ②

Y가 음(−)의 산화수를 갖기 위해서는 전기 음성도가 X, Z보다 커야 하므로 Y의 산화수는 −2이다.
X, Z가 모두 음의 산화수를 갖기 위해서는 전기 음성도가 모두 H보다 커야 하므로 X, Z의 산화수는 각각 −2, −1이다.

19 ④

ppm$=\dfrac{\text{용질의 질량(g)}}{\text{용액의 질량(g)}}\times 10^6$이므로 용액 속 카페인 농도는 $\dfrac{0.01g}{200g} \times 10^6 = 50$ppm 이다.

20 ②

(가), (나)에 들어 있는 분자 수가 각각 N, $2N$이므로 분자량 비는 $AB_2 : AB_3 = 4 : 5$이고, 원자량 비는 A : B = 2 : 1이다.

21 ④

C_3H_8의 완전연소반응식은 $C_3H_8 + 5O_2 \longrightarrow 3CO_2 + 4H_2O$으로 C_3H_8 1몰당 O_2 5몰이 반응한다. C_3H_8의 분자량이 44이므로 $\dfrac{22}{44} = 0.5$몰이 되어 O_2는 0.5×5몰과 반응한다.

$\therefore$ O_2의 부피는 $0.5 \times 5 \times 22.4 = 56L$

22 ④

혼합물의 종류
㉠ 균일 혼합물 : 어느 부분을 취해도 조성비가 달라지지 않는다(공기, 소금물 등).
㉡ 불균일 혼합물 : 취하는 부분에 따라 조성비가 달라진다(우유, 연기 등).

23 ④

$2H_2 + O_2 \longrightarrow 2H_2O$로,
수소 : 산소 : 수증기 = 2 : 1 : 2 = 10 : 5 : 10이다.
그러므로 수소 10ml와 산소 5ml가 반응하여 수증기 10ml를 생성하고 남은 기체는 산소 5ml가 된다.

24 ①

질량백분율을 각각의 원자량으로 나누어 간단한 정수비를 구하면

$C : H = \dfrac{92.3}{12} : \dfrac{7.7}{1} = 7.7 : 7.7 = 1 : 1$ 이므로 실험식은 CH가 된다.

'분자량 $= n \times$ 실험식'이므로 $26 = n \times 13$에서 $n = 2$가 되므로 분자식은 C_2H_2이다.

25 ④

질량백분율은 실험식으로 구할 수 있는데,
A의 원자량을 M_1, B의 원자량을 M_2라 하면

화합물 Ⅰ에서 $A : B = 1 : 2 = \dfrac{50}{M_1} : \dfrac{50}{M_2}$

$M_1 = 50$, $M_2 = 25$

화합물 Ⅱ의 $A : B = \dfrac{40}{50} : \dfrac{60}{25} = 1 : 3$ 이 되어 실험식은 AB_3가 된다.

26 ④

환경정책기본법상 대기오염물질 환경기준항목

항목	기준
아황산가스(SO_2)	• 연간 평균치 0.02ppm 이하 • 24시간 평균치 0.05ppm 이하 • 1시간 평균치 0.15ppm 이하
일산화탄소(CO)	• 8시간 평균치 9ppm 이하 • 1시간 평균치 25ppm 이하
이산화질소(NO2)	• 연간 평균치 0.03ppm 이하 • 24시간 평균치 0.06ppm 이하 • 1시간 평균치 0.10ppm 이하
미세먼지(PM-10)	• 연간 평균치 $50\mu g/m^3$ 이하 • 24시간 평균치 $100\mu g/m^3$ 이하
초미세먼지(PM-2.5)	• 연간 평균치 $15\mu g/m^3$ 이하 • 24시간 평균치 $35\mu g/m^3$ 이하
오존(O3)	• 8시간 평균치 0.06ppm 이하 • 1시간 평균치 0.1ppm 이하
납(Pb)	연간 평균치 $0.5\mu g/m3$ 이하
벤젠	연간 평균치 $5\mu g/m3$ 이하

27 ②

불화수소 발생

㉠ 알루미늄공장 : 빙정석 사용

㉡ 인산비료공장 : 인광석 사용

㉢ 유리공장 : 형석 사용

㉣ 도자기, 요업공장 : 불화규소 사용

㉤ 내화벽돌에는 열에 강한 석면을 사용한다.

28 ①

조혈기능 장애를 유발하는 물질에는 납, 벤젠 등이 있다.

29 ②

청년층보다 노년층과 유아의 피해가 크다.

30 ①

2차 오염물질은 외부의 광합성도, 반응물질의 농도, 지형, 습도 등의 영향을 받는다.

31 ①

산성비의 피해

㉠ 잎을 말려 죽인다.

㉡ 물고기 알의 부화 저하 등으로 생태계를 파괴한다.

㉢ 수중의 pH 변화로 인하여 수중생태계에 영향을 준다.

㉣ 화학물질의 토양 유실속도를 증가시킨다.

㉤ 인체에 유해하며, 질병유발의 원인이 된다.

32 ③

고정 발생원으로부터의 유해가스 방지대책 … 유해가스를 공기와 희석시키는 방법, 유해가스 방출을 최소로 하는 방법, 연료대체, 공정변경, 숙련된 운전, 작업 중지, 발생원 이전 등이 있다. 따라서 생산공정의 일률화와는 관계가 없다.

33 ②

대기오염물질의 기본 분류 형태

㉠ 입자상 물질 : 먼지, 매연, 검댕, 안개, 박무, 연무, 훈연 등

㉡ 가스상 물질 : SO_X, NO_X, CO, NH_3, Cl_2, HC, HCl 등

34 ④

지정폐기물 … 폐합성 고분자화합물, 오니류, 폐농약, 부식성 폐기물(폐산, 폐알칼리), 유해물질 함유 폐기물(광재, 분진, 폐주물사, 소각재, 폐촉매, 폐흡착제, 폐흡수제 등), 폐유기용제(할로겐족), 폐페인트 및 폐락카, 폐유, 폐석면, 폴리클로리네이티드비페닐 함유 폐기물, 폐유독물, 의료폐기물

35 ④

$C_xH_yO_z$라 놓으면

$x = \dfrac{40.92}{12} = 3.41$, $y = \dfrac{4.58}{1} = 4.58$,

$z = \dfrac{54.50}{16} = 3.41$

$C : H : O = 3.41 : 4.58 : 3.41$이므로 $3 : 4 : 3$

36 ①

① 갈리오넬라는 철 세균의 일종이다.

※ 질소순환에 관여하는 미생물

㉠ 질산화작용 : Nitrosomonas, Nitrobacter, Nitrosococcus 등

㉡ 탈질소화 : Bacillus, Pseudomonas, Micrococcus, chomobacter 등

㉢ 질소고정 : Azotobacter

37 ①

물의 특성

㉠ 수소결합을 한다.

㉡ 표면장력이 크다.

㉢ 끓는점이 높다.

㉣ 비열과 잠열이 높다.

㉤ 얼음물은 밀도가 작다.

㉥ 물의 밀도는 4℃에서 $1g/cm^3$으로 가장 크다.

㉦ 일정한 온도에서 H_2S보다 밀도가 크다.

38 ③

재포기계수가 커지는 조건

㉠ 하천바닥이 거칠수록

㉡ 수심이 얕을수록

㉢ 유속이 빠를수록

㉣ 하천의 경사가 급할수록

39 ②

18℃일 때 탈산소계수 …

$$K_T = K_{20} \times 1.047^{T-20}$$
$$= 0.2 \times 1.047^{18-20}$$
$$= 0.18/일$$

40 ②

알칼리도 유발물질 HCO_3^-(중탄산염)의 특징

㉠ pH가 8.3이거나 그 이하이며, 총 알칼리도는 중탄산염 알칼리도와 같다.

㉡ CO_2와 HCO_3^-가 있을 경우에는 pH 8.3 이상이며 보통 11보다는 낮다.

㉢ 자연수 중의 알칼리도는 중탄산염의 형태이다.

㉣ HCO_3^-의 물에서 반응식 : $HCO_3^- + H_2O \rightarrow H_2CO_3 + OH^-$

㉤ 중탄산염은 냉수에서 OH^-를 발생하지 않으므로 pH는 높아지지 않는다.

㉥ 중탄산염이 많이 함유된 물을 가열하면 OH^-를 내므로 pH는 높아져 알칼리성이 된다.

㉦ 수중의 CO_2는 탄산염과 수산화물을 다음과 같이 HCO_3^-로 변화시킨다.

• $CO_2 + CaCO_3 + H_2O \rightarrow Ca(HCO_3)_2$

• $2CO_2 + Ca(OH)_2 \rightarrow Ca(HCO_3)_2$

따라서 자연수 중의 알칼리도는 중탄산염의 형태로 존재하고 CO_3^{2-}나 OH^-의 형태는 적다.

41 ④

BOD 곡선 … 수중에 있는 유기물이 호기성 미생물에 의해서 분해될 때의 BOD곡선은 보통 2단계로 나뉜다.

㉠ 1단계 BOD(탄소계 BOD)곡선

- 20℃에서 5일간 소비된 산소의 양을 나타낸다.
- 탄소화합물이 산화될 때 소비되는 산소량이다.

㉡ 2단계 BOD(질소화합물 BOD ; NOD ; Nitrogenous Oxygen Demand)곡선

- 질소화합물을 호기성 조건에서 미생물에 의해 분해시키는 데 소비된 산소량을 나타낸다.
- 100일 이상의 시간이 소요된다.

42 ④

이온전극법 측정 대상 항목 … 불소, 염소, 시안, 암모니아성 질소

브롬은 이온크로마토그래피법으로 측정하여야 한다.

43 ③

질산성 질소가 다량 검출되었다는 것은 질소화합물의 질산화 과정이 진행되어 완전히 산화된 것을 의미하므로 일시적인 오염이 있었다는 것을 알 수 있다.

44 ③

생하수 내에서 질소는 주로 유기성 질소화합물(단백질, 아미노산, 요산, 요소 등)과 이들이 분해하여 생긴 NH_3 −N로 존재하며, 호기성 상태에서 질산화 작용에 의해서 NO_2−N에서 NO_3−N로 변한다(생하수 내에서의 질소 = 유기성 질소 + 암모니아성 질소 + 아질산성 질소 + 질산성 질소).

45 ④

점오염원과 비점오염원

㉠ 점오염원(점배출원 = Point Source)

- 일정한 장소에서 배출되는 오염원을 점오염원이라 한다.
- 산업폐수, 도시하수(가정하수), 분뇨 및 축산폐수, 발전소로부터의 냉각수 등이 있다.

㉡ 비점오염원(비점배출원 = Nonpoint Source)

- 일정한 장소 없이 사방에서 배출되는 오염원을 비점오염원이라 한다.
- 농경지(경작지)로부터의 토양배수, 거리청소로 인한 배수, 폭우로 인한 배수, 골프장 배수 등이 있다.

46 ④

PCB(Poly Chlorinated Biphenyls)

㉠ 난연성 물질이다.

㉡ 물에 안 녹고 산, 알칼리와 반응하지 않는다.

㉢ 저온에서 쉽게 가열 분해하지 않는 독성물질이다.

㉣ 열매체로 사용한다.

㉤ 각종 유기용제에 잘 녹는다(지용성).

㉥ 미생물에 의해 쉽게 분해되지 않는다.

㉦ 카네미유증을 유발한다.

47 ④

AGP(Algae Growth Potential)

㉠ 녹조류 등 특정 조류를 온도 20℃, 조도 4,000Lux에서 배양하여 증식한 조류의 건조중량을 나타낸 것을 말한다.

㉡ 생물검정의 일종이다.

㉢ N 및 P 화합물의 농도를 생물시험을 통하여 그 영양상태의 지표로 삼는다.

㉣ 하수처리에서는 방류수역에서의 부영양화의 영향을 평가하기 위해 사용한다.

48 ④

④ 여시니아균은 2L에서 검출되지 않아야 한다.

※ CFU(Colony Forming Unit)

　　㉠ 샘물 및 염지하수의 경우 : 저온일반세균은 20CFU/ml,
　　중온일반세균은 5CFU/ml를 넘지 않아야 한다.

　　㉡ 먹는샘물, 먹는염지하수 및 먹는해양심층수의 경우 :
　　병에 넣은 후 4℃를 유지한 상태에서 12시간 이내에
　　검사한 것이 저온일반세균은 100CFU/ml, 중온일반세
　　균은 20CFU/ml를 넘지 않아야 한다.

49 ①

황산알루미늄[$(Al_3(SO_4)_3 \cdot 18H_2O$ = 명반]의 특징

㉠ 무기응집제로 주로 사용된다.

㉡ 취급이 용이하고 대량첨가가 가능하다.

㉢ 정수처리와 여러 폐수처리에 사용된다.

㉣ 응집 최적 pH범위(5.5 ~ 8.5)는 좁다.

㉤ 수산화알루미늄 침전물이 생긴다.

50 ②

산소요구량 결정(포기량 결정)

㉠ 유입수의 BOD와 처리수의 BOD

㉡ 포기시간과 고형물체류시간

㉢ 포기조 내의 MLSS 중 미생물 농도(혼합액 중 활성
슬러지양)

㉣ BOD 제거량

SEOWONGAK
(주)서원각

부산환경공단

환경(8급)
기출동형 모의고사

제3회

- 정답 및 해설 -

SEOWONGAK
(주)서원각

부산환경공단 환경(8급) 채용대비

제3회 정답 및 해설

✎ 직업기초능력평가

1 ③

수정		배아 (2주)		태아 (6개월)		진통		배 밖
D, F	⇨	E	⇨	C	⇨	B	⇨	A

2 ①

이 글에서 말하고 있는 '이것'은 자기 자신의 관심에 따라 세상을 규정하는 사고방식에 따라 세상을 보고 결정을 한다는 것을 의미한다. 다이어트를 하고 있는 여대생은 그렇지 않은 여대생에 비해 식품광고가 늘었다고 생각하고, 5년 사이에 아이를 낳은 사람은 5년 전에 비하여 아동들이 직면하고 있는 위험요소가 증가했다고 생각하는 것을 보면 알 수 있다.

3 ④

바이러스 Y는 람다 – 파지 방식으로 감염되므로 나선형이 될 수 없다.
① 바이러스 X는 람다 – 파지 방식으로 감염되므로 원통형일 수도 있고 아닐 수도 있다.
② 바이러스 X는 람다 – 파지 방식으로 감염되므로 호흡기에 감염될 수 있다.
③ 바이러스 Y는 람다 – 파지 방식으로 감염되므로 호흡기에 감염될 수도 있고 아닐 수도 있다.

4 ①

"행정기관을 방문해 문화카드를 발급받아야 하는 등 절차가 까다로워 고령의 농촌지역 주민들이 이용을 꺼리는 것도 한 원인으로 손꼽힌다." 이 부분이 문제점으로 부각되므로 이를 개선하는 방안이 필요하다.

5 ②

그래프는 20Hz 영역에서 가장 높고 5,000Hz 지점에서 가장 낮으며 5,000Hz ~ 20,000Hz지점까지 다시 높아지게 된다. 그러나 20Hz만큼은 높아지지 않으므로 ②번이 답이다.

6 ③

규칙 1. 자율주행 자동차에 탄 탑승자를 보호하라.
규칙 2. 인명 피해를 최소화하라.
규칙 3. 교통 법규를 준수하라.
① 규칙 3 적용 → 교통 법규 준수 → 직진 또는 오른쪽으로 간다.
　규칙 1 적용 → 탑승자를 보호 → 직진
② 규칙 3 적용 → 교통 법규 준수 → 직진 또는 오른쪽으로 간다.
　규칙 2 적용 → 인명 피해를 최소화 → 직진하면 2명 사망), 오른쪽으로 가면 2명 사망
　규칙 1 적용 → 탑승자를 보호 → 직진
③ 규칙 2 적용 → 인명 피해를 최소화 → 왼쪽 또는 오른쪽으로 간다.
　규칙 3 적용 → 교통 법규를 준수 → 오른쪽
④ 규칙 2 적용 → 인명 피해를 최소화 → 왼쪽 → 오토바이 1명 사망
⑤ 규칙 3 적용 → 교통 법규를 준수 → 직진 또는 오른쪽으로 간다.
　규칙 1 적용 → 탑승자를 보호 → 직진

7 ②

자신의 핸드폰 번호를 바꾸더라도 헤어진 애인에게 자신이 전화를 할 수 없게 된 것은 아니므로 사전조치에 해당하지 않는다.

8 ①

ⓒ 무한한 지식의 종류와 양 → ㉠ 인간이 얻을 수 있는 지식의 한계 → ㉣ 체험으로써 배우기 어려운 지식 → ㉡ 체험으로 배우기 위험한 지식의 예 → ㉤ 체험으로써 모든 지식을 얻기란 불가능함

9 ①

상하이와 요코하마에서는 영국인에 의해 영자신문이 창간되었다고 언급했다. 그러나 주어진 글로는 이들이 서양 선교사들인지는 알 수 없다.
② 정부 차원에서 관료들에게 소식을 전하는 관보가 있었으니 민간인을 독자로 하는 신문은 개항 이후 새롭게 나타난 신문들이다.
③ 'ㅇㅇ신보'라는 용어가 유래된 것은 「상하이신보」로 영국의 민간회사에서 만들었고, '△△일보'라는 용어가 유래된 것은 「순후안일보」로 상인에 의해 창간되었다.
④ 자국민에 의한 중국어 신문은 1874년에 출간된 「순후안일보」가 최초이고, 자국민에 의한 일본어 신문은 1871년에 출간된 「요코하마마이니치신문」이 최초이다.

10 ③

㉠은 적응의 과정을 ㉡은 이질성의 극복 방안, ㉢은 동질성 회복이 쉽다는 이야기로 ㉣은 이질화의 극복에 대한 문제 제기를 하고 있다. 그러므로 ㉢ → ㉣ → ㉡ → ㉠이 가장 자연스럽다.

11 ③

규칙성을 찾으면 $8 = (3 \times 2) + 2$, $14 = (4 \times 3) + 2$, $20 = (6 \times 3) + 2$이므로 빈칸에 들어갈 수는 $(7 \times 4) + 2 = 30$이다.

12 ④

비밀번호의 끝 두 자리를 순서대로 x, y라 하면

a	b	c	4	2	x	y

문제에 따라 연립방정식으로 나타내어 풀면

$$\begin{cases} y = 2x \\ 4+2+x+y = 15 \end{cases} \Rightarrow \begin{cases} y = 2x \\ x + y = 9 \end{cases}$$

$x = 3$, $y = 6$

따라서 구하는 비밀번호는 [abc4236]이다.

13 ①

12일째까지 $40 \times 12 = 480$쪽을 읽고,
마지막 날인 13일째에는 최소 1쪽에서 최대 40쪽까지 읽을 수 있으므로
이 책의 쪽수는 481쪽 이상 520쪽 이하이다.

14 ③

1억 원을 투자하여 15%의 수익률을 올리므로 수익은 15,000,000원이다.
예상 취급량이 30,000개이므로 $15,000,000 \div 30,000 = 500$(원)이고, 취급원가가 1,500원이므로 목표수입가격은 $1,500 + 500 = 2,000$(원)이 된다.

15 ②

조건 ㈎에서 R석의 티켓의 수를 a, S석의 티켓의 수를 b, A석의 티켓의 수를 c라 놓으면
$a + b + c = 1,500$ ····· ㉠
조건 ㈏에서 R석, S석, A석 티켓의 가격은 각각 10만 원, 5만 원, 2만 원이므로
$10a + 5b + 2c = 6,000$ ····· ㉡
A석의 티켓의 수는 R석과 S석 티켓의 수의 합과 같으므로
$a + b = c$ ····· ㉢
세 방정식 ㉠, ㉡, ㉢을 연립하여 풀면
㉠, ㉢에서 $2c = 1,500$ 이므로 $c = 750$
㉠, ㉡에서 연립방정식
$$\begin{cases} a + b = 750 \\ 2a + b = 900 \end{cases}$$
을 풀면 $a = 150$, $b = 600$ 이다.
따라서 구하는 S석의 티켓의 수는 600장이다.

16 ①

□ADEB의 넓이는 9이고 □BFGC의 넓이가 4이므로, $\overline{AB}$ 의 길이는 3이고 $\overline{BC}$ 의 길이는 2이다. 피타고라스의 정리에 의하면 직각삼각형에서 직각을 끼고 있는 두 변의 제곱의 합은 빗변의 길이의 제곱과 같으므로, $\overline{AC}$ 의 길이를 x 라고 할 때, $x^2 = 9 + 4 = 13$이다.

17 ③

A, B, C의 장소를 각각 1대의 차량으로 방문할 시의 수송거리는 $(10 + 13 + 12) \times 2 = 70$km, 하나의 차량으로 3곳 수요지를 방문하고 차고지로 되돌아오는 경우의 수송거리 $10 + 5 + 7 + 12 = 34$km, 그러므로 $70 - 34 = 36$km가 된다.

18 ④

실제중량 40kg와 용적중량 $\dfrac{(80 \times 60 \times 70)}{6,000} = 56$kg 중 더 큰 중량인 56kg을 적용하여 항공운임을 계산하면 $56 \times 13 = 728$이다.

19 ④

丁 인턴은 甲, 乙, 丙 인턴에게 주고 남은 성과급의 1/2보다 70만 원을 더 받았다고 하였으므로, 전체 성과급에서 甲, 乙, 丙 인턴에게 주고 남은 성과급을 x 라고 하면 丁 인턴이 받은 성과급은 $\frac{1}{2}x + 70 = x$ ($\because$ 마지막에 받은 丁 인턴에게 남은 성과급을 모두 주는 것이 되므로), $\therefore x = 140$이다.

丙 인턴은 甲, 乙 인턴에게 주고 남은 성과급의 1/3보다 60만 원을 더 받았다고 하였는데, 여기서 甲, 乙 인턴에게 주고 남은 성과급의 2/3는 丁 인턴이 받은 140만 원 + 丙 인턴이 더 받을 60만 원이 되므로, 丙 인턴이 받은 성과급은 160만 원이다.

乙 인턴은 甲 인턴에게 주고 남은 성과급의 1/2보다 10만 원을 더 받았다고 하였는데, 여기서 甲 인턴에게 주고 남은 성과급의 1/2은 丙, 丁 인턴이 받은 300만 원 + 乙 인턴이 더 받을 10만 원이 되므로, 乙 인턴이 받은 성과급은 320만 원이다.

甲 인턴은 성과급 총액의 1/3보다 20만 원 더 받았다고 하였는데, 여기서 성과급 총액의 2/3은 乙, 丙, 丁 인턴이 받은 620만 원 + 甲 인턴이 더 받을 20만 원이 되므로, 甲 인턴이 받은 성과급은 340만 원이다.

따라서 네 인턴에게 지급된 성과급 총액은 340 + 320 + 160 + 140 = 960만 원이다.

20 ①

각 회사의 조사 회답 지수를 100%로 하고 각각의 회답을 집계하면 다음과 같은 표가 된다.

구분	불만	보통	만족	계
(개)회사	34(27.9)	38(31.1)	50(41.0)	122(100.0)
(나)회사	73(51.4)	11(7.7)	58(40.8)	142(100.0)
(다)회사	71(52.2)	41(30.1)	24(17.6)	136(100.0)
계	178(44.5)	90(22.5)	132(33.0)	400(100.0)

21 ③

각 제품의 점수를 환산하여 총점을 구하면 다음과 같다. 다른 기능은 고려하지 않는다 했으므로 제시된 세 개 항목에만 가중치를 부여하여 점수화한다.

구분	A	B	C	D
크기	153.2× 76.1×7.6	154.4× 76×7.8	154.4× 75.8×6.9	139.2× 68.5×8.9
무게	171g	181g	165g	150g
RAM	4GB	3GB	4GB	3GB
저장 공간	64GB	64GB	32GB	32GB
카메라	16Mp	16Mp	8Mp	16Mp
배터리	3,000mAh	3,000mAh	3,000mAh	3,000mAh
가격	653,000원	616,000원	599,000원	549,000원
가중치 부여	20 × 1.3 + 18 × 1.2 + 20 × 1.1 = 69.6	20 × 1.3 + 16 × 1.2 + 20 × 1.1 = 67.2	18 × 1.3 + 18 × 1.2 + 8 × 1.1 = 53.8	18 × 1.3 + 20 × 1.2 + 20 × 1.1 = 69.4

따라서 가장 가중치 점수가 높은 것은 A제품이며, 가장 낮은 것은 C제품이므로 정답은 A제품과 C제품이 된다.

22 ④

무항공사의 경우 화물용 가방 2개의 총 무게가 $20 \times 2 =$ 40kg, 기내 반입용 가방 1개의 최대 허용 무게가 16kg이므로 총 56kg까지 허용되어 무항공사도 이용이 가능하다.

① 기내 반입용 가방의 개수를 2개까지 허용하는 항공사는 갑, 병항공사 밖에 없다.

② 155cm 2개는 화물용으로, 118cm 1개는 기내 반입용으로 운송 가능한 곳은 무항공사이다.

③ 을항공사는 총 허용무게가 $23 + 23 + 12 = 58$kg이며, 병항공사는 $20 + 12 + 12 = 44$kg이다.

⑤ 2개를 기내에 반입할 수 있는 항공사는 갑항공사와 병항공사이나 모두 12kg까지로 제한을 두고 있다.

23 ①

제시된 네 개의 의견이 모두 올바른 판단이다.

㉠ 수소 이온 농도 지수(pH)는 5.5 → 8.3으로 변하였으므로 산성에서 알칼리성으로 바뀐 것이 되어 A 지점의 산성이 더 강하다.

㉡ 용존 산소량(DO)의 수치는 수질이 나쁠수록 낮아지게 되므로 6.0인 A 지점이 4.6인 B 지점보다 맑고 깨끗한 물이다.

㉢ 학적 산소 요구량(BOD)은 수질이 나쁠수록 그 값이 증가하므로 5.0의 수치를 보인 B 지점의 수질이 가장 나쁘다.

㉣ 화학적 산소 요구량(COD)은 곧, 생물학적으로 분해할 수 없는 유기물의 양을 의미하므로 4.5 → 4.9 → 4.3으로 수치가 변한 것은 생물학적으로 분해할 수 없는 유기물의 양이 증가하다가 감소하였음을 의미한다.

24 ②

팀장별 순위에 대한 가중치는 모두 동일하다고 했으므로 1 ~ 4순위까지를 각각 4, 3, 2, 1점씩 부여하여 점수를 산정해 보면 다음과 같다.

갑 : $2+4+1+2 = 9$

을 : $4+3+4+1 = 12$

병 : $1+1+3+4 = 9$

정 : $3+2+2+3 = 10$

따라서 〈보기〉의 설명을 살펴보면 다음과 같다.

㉠ '을' 또는 '정' 중 한 명이 입사를 포기하면 '갑'과 '병'이 동점자이나 A팀장이 부여한 순위가 높은 '갑'이 채용되게 된다.

㉡ A팀장이 '을'과 '정'의 순위를 바꿨다면, 네 명의 순위에 따른 점수는 다음과 같아지므로 바꾸기 전과 동일하게 '을'과 '정'이 채용된다.

갑 : $2+4+1+2 = 9$

을 : $3+3+4+1 = 11$

병 : $1+1+3+4 = 9$

정 : $4+2+2+3 = 11$

㉢ 이 경우 네 명의 순위에 따른 점수는 다음과 같아지므로 '정'은 채용되지 못한다.

갑 : $2+1+1+2 = 6$

을 : $4+3+4+1 = 12$

병 : $1+4+3+4 = 12$

정 : $3+2+2+3 = 10$

25 ③

첫 번째 경우는 국내 간의 거래이며 인터넷 뱅킹을 이용하였으므로 금액에 관계없이 5,000원의 수수료가 발생한다.

두 번째 경우는 인터넷 뱅킹이 아닌 은행 창구에서 해외로 송금한 경우이므로 금액에 따른 수수료가 차등 적용된다. U$10,000이며 20,000원의 송금 수수료와 8,000원의 전신료가 발생하여 총 28,000원의 수수료가 발생한다.

세 번째 경우는 해외에서 송금된 경우로 금액과 송금 방법에 관계없이 건당 10,000원의 수수료가 발생하게 된다.

따라서 세 건의 총 수수료 금액은

$5,000 + 28,000 + 10,000 = 43,000$원이 된다.

26 ②

주어진 조건에 의해 가능한 날짜와 연회장을 알아보면 다음과 같다.

우선, 백 대리가 원하는 날은 월, 수, 금요일이며 오후 6시 ~ 8시까지 사용을 원한다. 또한 인원수로 보아 A, B, C 연회장만 가능하다. 기 예약된 현황과 연회장 측의 직원들 퇴근 시간과 시작 전후 필요한 1시간씩을 감안하여 예약이 가능한 연회장과 날짜를 표시하면 다음과 같다.

일	월	화	수	목	금	토
			1 A, C	2	3 B 19시 D 18시	A, B	4 A 11시 B 12시
5	6 A	7	8 B, C	9	10 C 15시	A, B	11
12	13 A, B	14 16시	15 A	B, C	16	17 A, C	18

따라서 A, B 연회장은 원하는 날짜에 언제든 가능하지 않다.

① 가능한 연회장 중 가장 저렴한 C 연회장은 월요일에 사용이 불가능하다.

③ 인원이 200명을 넘지 않으면 가장 저렴한 C 연회장을 1, 8, 15, 17일에 사용할 수 있다.

④ 8일과 15일은 사용 가능한 잔여 연회장이 B, C 연회장으로 동일하다.

27 ④

㉠ 이미 사망한 상태이더라도 근육 열변성은 발생할 수 있다.

㉡ 피부로의 혈액공급이 많아져야 가능한 증거이므로 예측할 수 있는 증거이다.

㉢ 화재 현장에서 호흡을 했다는 증거이므로 예측할 수 있는 증거이다.

28 ③

㉠ 악취 요인 A : 버섯과 술을 마셨을 때 악취 발생, 버섯은 먹고 술은 마시지 않았을 때는 악취가 발생하지 않았다.

㉡ 미각 상실 원인 B : 버섯을 먹고 술을 마시거나 마시지 않아도 발병했다. 또한 B는 물에 끓여도 효과가 약화되지 않는다는 것도 알 수 있다.

㉢ 백혈구 감소 물질 C : ㉡과 같이 물에 끓여도 효과가 약화되지 않는다. 만약 물에 끓여 효과가 약화된다면 을은 백혈구 감소가 나타나지 않아야 한다.

29 ②

A가 참이면 A = 금, B = 은, C = X

B가 참이면 A = 금, B = X, C = 은

C가 참이면 모순이 된다.

그러므로 항상 옳은 것은 '상자 A에는 금반지가 있다'가 된다.

30 ②

㉠과 ㉢, ㉣에 의해 E > B > A > C이다.

㉡에서 D는 C보다 나이가 적으므로 E > B > A > C > D이다.

31 ①

"해당 세탁기를 타 전열기구와 함께 사용하는 것을 금하며 정격 15A 이상의 콘센트를 단독으로 사용하세요."에서 알 수 있듯이 다른 전열기구 하고는 같이 사용하지 않아야 함을 알 수 있다. 또한 지문에서 멀티 탭을 활용한다는 내용을 찾을 수가 없다.

32 ②

◖, ◉을 차례로 눌러서 다음과 같이 변화되었음을 알 수 있다.

33 ③

카메라의 전원을 끄고, 렌즈를 분리한 후 재결합한다. 동일한 메시지가 나오는 경우 가까운 서비스 센터로 문의하도록 한다.

34 ③

메모리 카드 오류 시 대처방법
㉠ 전원을 껐다가 다시 켠다.
㉡ 메모리 카드를 뺐다가 다시 넣는다.
㉢ 메모리 카드를 포맷한다.

35 ④

처음 상태와 나중 상태를 비교해 보았을 때, 모든 기계의 작동상태가 변화했고, 1번, 3번 기계가 회전되어 있는 상태이다. 위와 같이 변화하기 위해서는 다음과 같은 두 가지 방법이 있다.
㉠ 1번, 3번 기계를 회전(★)시킨 후 ◓와 ◒으로 1~4번 기계의 작동상태를 바꾸는 방법
㉡ 1번, 2번 기계를 회전(☆)시키고 2번, 3번 기계를 회전(◇)시킨 후 ◯로 모든 기계의 작동상태를 바꾸는 방법

36 ②

처음 상태와 나중 상태를 비교해 보았을 때, 2번, 4번 기계의 작동상태가 변화했고, 회전은 없었다. 위와 같이 변화하기 위해서는 다음과 같은 방법이 있다.
㉠ ☆, ★, ◇를 누르면 1 − 2회전, 1 − 3회전, 2 − 3회전으로 회전 변화가 없고, ◓로 2번, 4번 작동상태를 바꾸는 방법
㉡ 아무 회전버튼이나 같은 버튼을 두 번 누른 후, ◯로 1~4번의 작동상태를 모두 바꾸고 ◓로 1번, 3번 작동상태를 바꾸는 방법

37 ④

제시된 주의사항에서 '주의'의 의미는 해당 지시사항을 지키지 않았을 시에 이를 사용하는 사용자의 부상 또는 재산상의 피해가 발생할 수 있다고 명시되어 있다. 하지만 '경고'의 의미는 지시사항을 따르지 않을 경우 이를 사용하는 사용자의 생명이 위험에 처하게 되거나 또는 중상을 입을 수 있음을 나타내고 있다. 보기에서 민주가 말하고 있는 것은 '주의'가 아닌 '경고'의 의미를 이해하고 있는 것이다.

38 ④

360도 회전비행을 위해서는 360도 회전비행을 먼저 눌러야 하며 부품별 기능표의 ⑤번 버튼이 이에 해당된다. 다음으로 오른쪽 이동방향 조작 레버를 원하는 방향으로 조작하여야 하므로 ③번 버튼을 조작해야 한다.

39 ③

제시된 내용에서 보면 2. 식재료 보관의 ⑥번에서 '식재료 보관 시의 보관 시설의 온도는 15℃, 습도는 50 ~ 60%를 유지해야 한다.'고 명시되어 있다.

40 ①

• 1단계

9	3	8	1	5	9	3	3	4	7	1	2
×1	×3	×1	×3	×1	×3	×1	×3	×1	×3	×1	×3
=9	=9	=8	=3	=5	=27	=3	=9	=4	=21	=1	=6

• 2단계 :
$9+9+8+3+5+27+3+9+4+21+1+6=105$
• 3단계 : $105 \div 10 = 10$ 나머지 5
• 4단계 : $10 - 5 = 5$
따라서 체크기호는 5가 된다.

41 ①

두 번째 단계인 상호 이해 단계에서 행해지는 행위로는 갈등문제의 진행상황과 현재의 상황 점검, 적극적인 경청과 자기주장 제시, 협상을 위한 협상대상 안건을 결정 등이 있다.
② 협상 시작의 단계
③ 실질 이해의 단계
④ 해결 대안의 단계

42 ④

①②③ 전형적인 독재자 유형의 특징이다.
※ 파트너십 유형의 특징
㉠ 평등
㉡ 집단의 비전
㉢ 책임 공유

43 ④

리더십의 일반적인 개념에는 다음과 같은 것들이 있다.
- 조직성원들로 하여금 조직목표를 위해 자발적으로 노력하도록 영향을 주는 행위
- 목표달성을 위하여 어떤 사람이 다른 사람에게 영향을 주는 행위
- 어떤 주어진 상황 내에서 목표달성을 위해 개인 또는 집단에 영향력을 행사하는 과정
- 자신의 주장을 소신 있게 나타내고 다른 사람들을 격려하는 힘

따라서 A 부장, B 부장, D 부장이 리더십을 갖춘 리더의 경우라 할 수 있고, C 부장은 리더가 아닌 관리자의 경우이다. 유지 지향적이고 리스크를 회피하려는 태도는 전형적인 관리자의 태도이며, 리더의 모습이라고 할 수 없다.

44 ①

〈사례 2〉에서 희진은 자신의 업무에 대해 책임감을 가지고 일을 했지만 〈사례 1〉에 나오는 하나는 자신의 업무에 대한 책임감이 결여되어 있다.

45 ②

ⓛ 혜린이 2시간을 공약하고 동철이 3시간을 공약한다면, 0 ~ 2시간을 선호하는 학생들은 혜린에게, 3 ~ 6시간을 선호하는 학생들은 동철에게 투표할 것이다. 따라서 혜린이 더 많은 표를 얻을 것이다.

ⓒ 동철이 5시간을 공약하면 모든 학생이 50%의 확률로 동철에게 투표하므로 학생의 절반이 동철에게 투표한다고 할 수 있다. 동철이 4시간을 공약하면 0 ~ 4시간을 선호하는 학생들이 동철에게 투표한다. 따라서 4시간을 공약하면 더 많은 표를 얻을 수 있다.

ⓔ 동철이 1시간을 공약할 때 혜린이 2시간을 공약하면 2 ~ 6시간을 선호하는 학생들이 혜린에게 투표한다. 3시간을 공약하면 3 ~ 6시간을 선호하는 학생과 2시간을 선호하는 학생의 절반(2시간을 선호하는 학생이 50%의 확률로 동철에게 투표)이 혜린에게 투표한다. 따라서 2시간을 공약하면 더 많은 표를 얻을 수 있다.

46 ③

동철이 0시간 혹은 1시간을 공약하면 혜린은 동철보다 1시간 더 많은 시간을 공약하는 것이 더 많은 표를 얻을 수 있다. 동철이 3, 4, 5, 6시간을 공약하면 혜린은 동철보다 1시간 더 적은 시간을 공약하는 것이 더 많은 표를 얻을 수 있다. 동철이 2시간을 공약하면 같은 2시간을 공약하는 것이 가장 많은 표를 얻을 수 있다. 이는 동철에게도 마찬가지이다. 따라서 동철과 혜린 모두 2시간을 공약하게 될 것이다.

※ 적은 시간을 선호하는 학생부터 줄을 세운다면 560명의 절반인 280번째 또는 281번째 학생(이를 '중위 투표자'라 한다. 중위 투표자란 중간의 선호를 가진 사람으로, 두 대안을 대상으로 하는 다수결 투표의 결과는 이 투표자에 의해 결정된다고 한다.)은 2시간을 선호할 것이다. 위에서 제시된 논리에 따라 두 명의 후보는 모두 중위 투표자가 선호하는 시간을 공약할 것이다.

47 ③

B팀은 팀워크가 좋은 팀, C팀은 응집력이 좋은 팀, A팀은 팀워크와 응집력 모두가 좋지 않은 팀이다. C팀과 같이 성과를 내지 못하고 있지만 팀의 분위기가 좋다면 이것은 팀워크가 아니라 응집력이 좋다고 표현할 수 있다. 응집력은 사람들로 하여금 계속 그 집단에 머물게 하고, 집단의 멤버로서 남아있기를 희망하게 만드는 힘이다.

48 ④

제시된 그림의 조직구조는 기능적 조직구조의 형태를 갖는다. 환경이 안정적이거나 일상적인 기술, 조직의 내부 효율성을 중요시하며 기업의 규모가 작을 때에는 업무의 내용이 유사하고 관련성이 있는 것들을 결합해서 제시된 그림과 같이 '기능적 조직구조' 형태를 이룬다. 또한, 급변하는 환경변화에 효과적으로 대응하고 제품, 지역, 고객별 차이에 신속하게 적응하기 위해서는 분권화된 의사결정이 가능한 '사업별 조직구조' 형태를 이룰 필요가 있다. 사업별 조직구조는 개별 제품, 서비스, 제품그룹, 주요 프로젝트나 프로그램 등에 따라 조직화되

며 제품에 따라 조직이 구성되고 각 사업별 구조 아래 생산, 판매, 회계 등의 역할이 이루어진다.

한편, 업무적 중요도나 경영의 방향 등의 요소를 배제하고 단순히 산하 조직 수의 많고 적음으로 해당 조직의 장(長)의 권한과 파워가 결정된다고 볼 수는 없다.

49 ①

위의 상황은 엄 팀장이 팀원인 문식이에게 코칭을 하고 있는 상황이다. 따라서 코칭을 할 때 주의해야 할 점으로 옳지 않은 것을 고르면 된다.

① 지나치게 많은 정보와 지시로 직원들을 압도해서는 안 된다.

※ 코칭을 할 때 주의해야 할 점
　㉠ 시간을 명확히 알린다.
　㉡ 목표를 확실히 밝힌다.
　㉢ 핵심적인 질문으로 효과를 높인다.
　㉣ 적극적으로 경청한다.
　㉤ 반응을 이해하고 인정한다.
　㉥ 직원 스스로 해결책을 찾도록 유도한다.
　㉦ 코칭과정을 반복한다.
　㉧ 인정할 만한 일은 확실히 인정한다.
　㉨ 결과에 대한 후속 작업에 집중한다.

50 ②

조직 문화의 분류와 그 특징은 다음과 같은 표로 정리될 수 있다.

관계지향 문화	- 조직 내 가족적인 분위기의 창출과 유지에 가장 큰 역점을 둠 - 조직 구성원들의 소속감, 상호 신뢰, 인화/단결 및 팀워크, 참여 등이 이 문화유형의 핵심가치로 자리 잡음
혁신지향 문화	- 조직의 유연성을 강조하는 동시에 외부 환경에의 적응성에 초점을 둠 - 따라서 이러한 적응과 조직성장을 뒷받침할 수 있는 적절한 자원획득이 중요하고, 구성원들의 창의성 및 기업가정신이 핵심가치로 강조됨
위계지향 문화	- 조직 내부의 안정적이고 지속적인 통합/조정을 바탕으로 조직효율성을 추구함 - 이를 위해 분명한 위계질서와 명령계통, 그리고 공식적인 절차와 규칙을 중시하는 문화임
과업지향 문화	- 조직의 성과 달성과 과업 수행에 있어서의 효율성을 강조함 - 따라서 명확한 조직목표의 설정을 강조하며, 합리적 목표 달성을 위한 수단으로서 구성원들의 전문능력을 중시하며, 구성원들 간의 경쟁을 주요 자극제로 활용함

✏️ 화학 / 환경공학개론

1 ④

반응이 일어나기 위해서는 원자 간의 결합이 끊어져야 하는데, 유기화합물은 결합 중 가장 강한 공유결합이므로 반응이 더디게 일어난다.

2 ③

$AC_2H_2 + 2AH_2 \rightarrow AC_2H_2$, $BC_2H_4 + BH_2 \rightarrow BC_2H_6$

$(A+B) = 1L$, $2A+B = 1.2L$

$\therefore A = 0.2$, $B = 0.8$

H_2의 A, B를 비교하면, $A : B = 1 : 4$

3 ③

이성질체수

㉠ 부탄(C_4H_{10}) : 2개

㉡ 펜탄(C_5H_{12}) : 3개

㉢ 핵산(C_6H_{12}) : 5개

```
 H  H  H  H  H              H  H  H  H               H
 |  |  |  |  |              |  |  |  |           H - C - H
H-C--C--C--C--C-H         H-C--C--C--C-H            |     |
 |  |  |  |  |              |  |  |  |         H - C - C - C - H
 H  H  H  H  H              H  |  H  H            |     |
                              H-C-H              H - C - H
    n - 펜탄                     |                  |
                                 H                  H

                            iso - 펜탄           neo - 펜탄
```

4 ②

CH_3OCH_3와 C_2H_5OH는 작용기 이성질체로 분자량이 서로 같으며 모두 C, H, O로 구성되어 있으므로 연소 생성물은 CO_2와 H_2O로 같다. C_2H_5OH는 금속나트륨과 반응하여 수소를 발생시키며, $-OH$기는 카르복시산의 $-COOH$와 에스테르화 반응을 하며, 수소결합을 하기 때문에 같은 탄소수의 탄화수소에 비해 끓는점이 높다.

㉠ 서로 작용기 이성질체 관계에 있으므로 분자량이 같다(C_2H_6O).

㉡ 연소생성물은 CO_2와 H_2O로 같다.

5 ②

① 환원제이다.

② 이온화 에너지가 작아서 전자를 잃고 양이온으로 되기 쉽다.

④ 바닥상태에서 원자가 전자수는 1개이다.

⑤ 물과 반응하여 수소를 발생시킨다. $2M + 2H_2O \rightarrow 2MOH + H_2 \uparrow$

6 ②

$2S_2O_3^{2-} + I_2 \rightarrow S_4O_6^{2-} + 2I^-$

I_2와 $S_2O_3^{2-}$가 $1 : 2$의 비율로 반응하는데,

$0.1mol/L$ $S_2O_3^{2-}$ 100ml와 I_2 25ml가 반응하려면 아이오딘 용액의 몰농도는 $0.2mol/L$가 되어야 한다.

7 ②

NaCl 수용액 $\rightarrow Na^+$, Cl^-, H^+, OH^-

$(-)$극 : $2H^+ + 2e^- \rightarrow H_2$(환원)

$(+)$극 : $2Cl^- \rightarrow Cl_2 + 2e^-$ (산화)

$\therefore$ Na은 H보다 이온화 경향이 커서 Na^+로 남아있다.

8 ③

$(+1) + Cl + 3 \times (-2) = 0$

$\therefore$ Cl의 산화수는 $+5$이다.

9 ④

OH^-의 몰수 $= H^+$의 몰수이여야 하므로

$\dfrac{n' \times w}{화학식량} = nM \times \dfrac{V}{1,000}$ 이므로

$\dfrac{1 \times 4}{40} = 1 \times 1 \times \dfrac{V}{1,000}$

$\therefore V = 100ml$

10 ④

nMV(산) $= 1 \times 0.01 \times 500$

$(pH = 2, [H^+] = 10-2 = 0.01)$

9

$n'M'V'(염기) = 1 \times 0.03 \times 500$

$n'M'V' - nMV = M''V''$

$(M'' = [OH^-],\ V'' = V + V')$

염기의 nMV값이 더 크므로 x는 OH^-의 농도이다.

$15 - 5 = x \times 1,000,\ x = [OH^-] = 10 - 2$몰

$pOH = 2$이므로 $pH + pOH = 14,\ pH = 12$이다.

11 ③

$$N_2\ +\ 3H_2\ \rightarrow\ 2NH_3$$

반응 전   0.4mol   0.8mol   0

반응 후   0.2mol   0.6mol   0.4mol

평형상태   0.2mol   0.2mol   0.4mol

$$K = \frac{[NH_3]^2}{[N_2][H_2]^3} = \frac{(0.4)^2}{0.2 \times (0.2)^3} = 100$$

12 ①

온도를 높일 때 C의 온도가 증가했으므로 흡열반응이고, 압력을 증가시킬 때 C의 농도가 증가했으므로 $a + b > c$가 된다.

13 ②

화학반응에서 처음과 마지막 상태가 같다면, 반응경로와 무관하게 방출 또는 흡수되는 열량은 같다(헤스의 법칙). 보기에 주어진 열화학 반응식을 이용하여 $C(s) + H_2O(g) \rightarrow CO(g) + H_2(g)$이 반응열을 구한다.

$Q = ㉠ - \left(㉡ \times \frac{1}{2} + ㉢ \times \frac{1}{2}\right) = -36.9$

$Q = -36.9$kcal 흡열반응이므로

$\therefore \triangle H = 36.9$kcal

14 ③

$H_2,\ N_2,\ O_2,\ CO_2$는 무극성 분자들이다.

15 ②

같은 족에서는 원자번호가 증가하면서 껍질수도 증가하며, 원자반경도 커진다.

16 ④

C_6H_6

㉠ $_6C$의 전자배치 : $1s^2 2s^2 2p^2$에서 최외각 전자수는 4개, C가 6개 있으므로 $4 \times 6 = 24$개

㉡ $_1H$의 전자배치 : $1s^1$에서 최외각 전자수는 1개, H가 6개 있으므로 $1 \times 6 = 6$개

$\therefore 24 + 6 = 30$

17 ④

① 이중결합을 1개 가지고 있으며, 일반식은 C_nH_{2n}이다.

② 탄소-탄소 이중결합 구조에서는 회전이 불가능하다.

③ 수소결합은 O, N, F 같은 전기음성도가 강한 원자 사이에 수소가 들어감으로써 생기는 결합으로 알켄과는 무관하다.

④ 알켄은 불포화 탄화수소로 첨가 반응을 잘한다. 대표적으로 브롬을 반응시키면 브롬의 적갈색이 사라지게 된다.

18 ①

납축전지는 방전시 음극의 Pb와 양극의 PbO_2는 $PbSO_4$로 바뀌고 전해액(S_2O_4 – 묽은 황산)은 극과 반응하여 물로 바뀌고 이로 인해 전해질이 묽어지며 방전이 계속되면 극판이 $PbSO_4$로 바뀌어 완전방전 상태가 된다.

㉡ 납축전지는 충전이 가능한 2차 전지이다.

㉢ 방전될수록 두 전극이 모두 황산납이 되어 두 극 모두 질량이 증가하며, 전해질인 황산의 농도는 묽어진다.

19 ④

모든 기체분자는 동일한 부피 안에 동일한 개수가 들어
있다.

$2H_2 + O_2 \rightarrow 2H_2O$

수소와 산소가 2 : 1의 비로 반응하므로 수소 10g은 산소 5g이
된다. 산소의 분자량은 16이므로 $16 \times 5 = 80g$이다.

20 ③

평형농도가 주어지지 않을 경우, 화학반응식의 양적 관
계를 이용하여 평형농도를 구한 후 상수식에 대입한다.

$N_2O_4 \rightleftarrows 2NO_2$이므로 $NO_2 : 2mol$이 생기려면 N_2O_4
1mol이 반응하여 평형에 도달한다. 농도는 $[N_2O_4] =$
1mol이 되므로

$$\therefore K = \frac{[NO_2]^2}{[N_2O_4]} = \frac{[2]^2}{[1]} = 4$$

21 ③

$$E_2 - E_1 = \frac{-1,312.7}{2^2} - \left(\frac{-1,312.7}{1^2} \right)$$

$$= -1,312.7 \left(\frac{1}{4} - 1 \right)$$

$$E_3 - E_2 = \frac{-1,312.7}{3^2} - \left(\frac{-1,312.7}{2^2} \right)$$

$$= -1,312.7 \left(\frac{1}{9} - \frac{1}{4} \right)$$

$$\therefore \frac{E_2 - E_1}{E_3 - E_2} = \frac{-1,312.7 \left(-\frac{3}{4} \right)}{-1,312.7 \left(-\frac{5}{36} \right)} = 5.4$$

22 ④

니트로벤젠 1,000g에 녹는 시료의 양은
$0.644 : 34.7 = x : 1,000$에서

$x = 18.6g$

M을 분자량이라 하면,

용액의 몰랄농도(m)는 $\frac{18.6}{M}$일 때, $\Delta T_f = K_f \cdot m$에 대
입하면,

$$M = 18.6 \times \frac{K_f}{\Delta T_f} = 18.6 \times \frac{2.00}{0.895} = 41.5g$$

23 ④

용해도는 용매 100g에 녹을 수 있는 용질의 최대량(g)
으로 나타내므로, 90℃에서 물 200g에 녹을 수 있는
질산칼륨의 양은 400g, 10℃에서는 40g이다.

$\therefore 400 - 40 = 360g$

24 ②

$$몰농도 = \frac{10 \times 비중 \times \%}{분자량} = \frac{10 \times 1.6 \times 90}{98} = 14.7M$$

25 ③

완전 연소이므로 CO_2와 H_2O만 생성되어야 한다.

$C_3H_8 + 5O_2 \rightarrow 3CO_2 + 4H_2O$의 반응식을 만들 수 있
으므로

프로판 44g 연소 시에는 CO_2가 3몰$(3 \times 22.4L)$ 발생한다.

$44 : 3 \times 22.4 = 11 : x$

$\therefore x = 16.8L$

26 ②

• 유효입경 : 체분석시험결과 얻어진 입도분포곡선에서 가
  적통과율이 10%에 해당하는 입경을 유효입경(d_{10})이라
  고 한다.
  따라서 주어진 문제에서 10%일 때는 1mm

• 균등계수 : 입도시험으로 입경가적곡선의 중량 통과율
  10%의 입경을 d_{10}으로 표시하고 이것에 대한 통과율
  60%의 입경을 d_{60}으로 하면 균등계수$= \frac{d_{60}}{d_{10}}$로 표시한다.

$$균등계수 = \frac{d_{60}}{d_{10}} = \frac{10mm}{1mm} = 10$$

27 ④

② **수증기 분무** : 화로 내에 물이나 수증기를 분무하여
  산소와 수소를 분해시키면 흡열반응을 일으키는 동시에
  둥근 화염을 형성시켜 NO_X 발생을 방지한다.

③ **저온도 연소** : 주입하는 공기의 예열온도를 조절하여
  질소산화물 발생을 줄인다.

11

이외에 불꽃의 최고온도가 낮아져 질소 산화물의 생성량이 줄어드는 배기가스 재순환이 있다.

28 ①

다이옥신은 클로로다이벤조다이옥신의 속칭이다.

※ 다이옥신의 성질
  ㉠ 공기와 물속에서 입자(먼지)에 가장 잘 결합한다.
    – 강한 흡착성
  ㉡ 유기물과도 결합한다.
  ㉢ 용해되거나 씻겨나가지 않는다. – 소수성
  ㉣ 잘 기화되지도 않는다. (가스로 변화하지 않는다)
    – 낮은 증기압
  ㉤ 열 화학적으로 안정하다.

29 ①

  ㉠ UCT 공법 : 반송슬러지가 혐기성조가 아닌 무산소조로 반송하고 무산소조에서는 다시 혐기성조로 반송시키는 2단계 반송시스템이다.
  ㉡ VIP 공법 : 무산소조에서 NO_3-N을 제거한 후 혼합액을 혐기조 앞으로 반송시키고, 호기조에서 질산화된 폐수를 반송슬러지와 함께 탈질을 위하여 무산소조로 재순환시킨다.
  ㉢ Bardenpho 5단계 공법 : 혐기조 – 무산소조 – 호기조 – 무산소조 – 호기조로 구성되어 있으며, 전단의 혐기조 – 무산소조 – 호기조는 질소ㆍ인 및 유기물을 제거한다. 두 번째 무산소조에서는 내생탈질과정을 통하여 처리되지 않은 질산성 질소를 제거하며, 마지막 호기성 단계에서는 폐수 내 잔류 질소가스를 제거하고 최종침전지에서 인 용출을 방지하기 위하여 사용된다.
  ㉣ MLE(Modified Ludzack-Ettinger) 공법 : 내부순환을 통해 질산화된 질산성 질소를 원수의 유기 탄소원과 만나게 하려고 탈질소를 질산화조(호기조) 앞에다 위치한 공법이다.

※ 생물학적 제거공정의 기본 반응조건에 따른 미생물의 대사작용

반응조건	유기물	질소	인	비고
혐기	분해 또는 섭취	아미노산, 암모니아로 분해	방출, 유기인 분해	교반
호기	산화	질산화	과잉 섭취	교반+ 폭기
무산소	탈질에 필요한 산소원	탈질	–	교반

30 ①

① 호수 내의 COD 농도가 높게 되고 투명도가 낮아진다.

※ **부영양화 현상** … 특히 정체된 수계(호수, 댐, 저수지) 중의 영양수준이 높게 되고 질소, 인 등과 같은 조류번식 양분농도가 높아져서 조류(식물성플랑크톤)가 대량으로 증식되어 생태계의 생산과 소비 사이의 균형이 깨지고, 이와 같이 생산된 수생식물은 유기오염물질로 작용하여 수계의 수질이 악화되는 현상을 말한다.

  ㉠ 호수 외적 요인 : 도시하수, 공장폐수, 축산폐수, 농경지배수 및 산림지역 유출수 등이 호수로 유입하면서 질소와 인과 같은 영양염류의 농도를 증가시키는 것이 가장 큰 요인으로 작용한다.
  ㉡ 호수 내적 요인 : 호수 내에 유입된 영양염류(질소, 인)의 농도가 높으면 조류의 성장이 왕성하게 되고 이와 같이 성장한 조류는 호저에 퇴적하여 죽게 되고 유입하천에서 부하된 유기물도 호저에 퇴적하게 되는데 이 퇴적물의 분해로 인해 생기는 영양염류에 의해서도 부영양화가 일어날 수 있다.
  ㉢ 피해
    • 물에 맛과 냄새를 유발시켜 물의 정화를 어렵게 한다.
    • 정수지의 여과지를 폐쇄하거나 여과지속시간을 단축시킨다.
    • 부영양화로 인한 문제점을 해결하기 위한 시설투자비, 유지관리비를 증대시킨다.

- 상수도 정수시설의 구조물을 부식시킨다.
- 냉각수로 이용 시에는 조류의 과대성장으로 냉각탑이 폐쇄되거나 배관계통에 장애를 유발시킨다.
- 조류에 의해 물에서 냄새와 맛이 난다.
- 호수 내의 COD 농도가 높게 되고 투명도가 낮아진다.
- 고급어종은 사라지고 저급어종이 성장, 심하면 어패류의 폐사가 일어난다.
- 조류의 번식 또는 조류(남조류 일종)로부터 독성물질 발생으로 수중의 산소소비, 용존산소 부족으로 수산생물에 커다란 악영향을 초래, 가축의 폐사, 인체에 위장장애를 유발한다.
- 플랑크톤 증식으로 인한 호수의 오탁화로 발암물질 생성 및 관광지로서의 가치를 상실한다.
- 연안의 수초증식으로 배의 운항을 방해한다.

31 ③

$$소화율 = \frac{\dfrac{VS}{FS} - \dfrac{VS'}{FS'}}{\dfrac{VS}{FS}} \times 100$$

$$= \frac{\dfrac{70}{30} - \dfrac{50}{50}}{\dfrac{70}{30}} \times 100 = \frac{4}{7} \times 100$$

$$= 57.17 = 57\%$$

32 ④

폐기물의 분류 … "생활폐기물"이라 함은 사업장폐기물 외의 폐기물을 말하며, "사업장폐기물"은 산업집적활성화 및 공장설립에 관한 법률의 규정에 의한 공장으로서 대기환경보전법 · 물환경보전법 또는 소음 · 진동관리법의 규정에 의하여 배출시설을 설치 · 운영하는 사업장, 그 외에 지정폐기물을 배출하는 사업장, 폐기물을 1일 평균 300kg 이상 배출하는 일련의 공사 · 작업 등으로 인하여 폐기물을 5톤 이상 배출하는 사업장에서 발생하는 폐기물을 말한다. "지정폐기물"이라 함은 사업장폐기물 중 폐유 · 폐산 등 주변 환경을 오염시킬 수 있는 유해한 물질로서 대통령령이 정하는 폐기물을 말한다. 또한 건설 · 토목공사로 인하여 발생되는 폐기물은 "건물폐기물"이라 한다.

33 ①

$$분진제거율 = \frac{V_g \cdot L}{V \cdot H}$$

(V_g : 입자의 중력침강속도, V : 가스의 유속, H : 높이, L : 길이)

34 ①

대기오염이 인체에 미치는 영향

㉠ 고농도에 노출시 급성질환을 일으킨다(눈, 코 및 상기도).
㉡ 저농도에 계속 노출시 알레르기성 질환이 발생한다.
㉢ 호흡기장애 유발물질 : 황산화물, 이산화질소 등이 있다.
㉣ 전신성 독성물질
  - 수은 : 중추신경, 말초신경을 마비시킨다.
  - 납, 벤젠 : 조혈기능 장애를 일으킨다.
㉤ 발암성 물질 : 석면, 3.4 벤조피렌, 요오드, 니켈, 코발트, 크로뮴, 비소 등이 있다.
㉥ 발열물질 : 아연, 망가니즈 등이 있다.

35 ④

공장폐수 및 하수의 유량측정방법

㉠ 용기에 의한 측정 : $Q = 60\dfrac{V}{t}$(여기서, V : 측정용기의 용량, t : 유수가 용량 V를 채우는데 걸린 시간)

㉡ 개수로에 의한 측정 : $Q = 60 \cdot V \cdot A$(여기서, A : 유수단면적, V : 평균유속)

㉢ 벤츄리미터, 노즐, 오리피스에 의한 측정
$$: Q = \frac{C \cdot A}{\sqrt{1 - \left[\dfrac{d_2}{d_1}\right]^4}} \sqrt{2g \cdot H}$$

(여기서, Q : 유량, C : 유량계수, A : 목부분의 단면적, H : 수두차, g : 중력가속도, d_1 : 유입부의 직경, d_2 : 목부의 직경)

㉣ 4각 위어에 의한 측정 : $Q = K \cdot b \cdot h^{3/2}$(여기서, K : 유량계수, h : 위어의 수두, b : 절단의 폭)

㉤ 직각 3각 위어에 의한 측정 : $Q = K \cdot h^{5/2}$

36 ①

하수관거 내 관정부식의 방지대책

㉠ 공기, 산소, 과산화수소, 초산염 등의 약품 주입에 의해 하수의 혐기화를 억제, 황화수소의 발생을 방지한다.

㉡ 관거를 청소하고 미생물의 생식 장소를 제거한다.

㉢ 환기에 의해 관내 황화수소를 희석한다.

㉣ 산화제의 첨가나 금속염의 첨가 방법에 의해 황화수소의 대기중으로의 확산을 방지한다.

㉤ 황산염 환원 세균에 선택적으로 작용하는 약제를 주입하여 활동을 억제한다.

㉥ 유황산화 세균의 활동을 억제한다.(유황산화 세균에 선택적으로 작용하는 약제를 혼입한 콘크리트를 이용한다.)

㉦ 방식 재료를 사용하여 관을 보호한다.

37 ③

$$V = \frac{1}{n} \cdot R^{2/3} \cdot I^{1/2}$$

• V : 유속(m/sec)

• I : 동수경사

• n : 조도계수(하수관거에서 보통 0.013)

• R : 경심[유수단면적 A를 윤변 S로 나눈 A/S(m)]

38 ①

우수량 계산과정

㉠ 유달시간(t)=유입시간+길이/유속 = 6분 + 600m/(2m/초×60초/분) = 11분

㉡ 강우강도(τ) $= \frac{3,000}{t+15}$ mm/hr = 115.38mm/hr

㉢ 면적 = 2km^2 = 200ha

㉣ $Q = \frac{1}{360} C \cdot I \cdot A$

$= \frac{1}{360} \times 0.65 \times 115.38 \times 200 = 41.67$m^3/sec

39 ③

급수시설 기기 및 자재 선정 시 고려사항

㉠ 기기부품조달이 신속하게 이루어져야 한다.

㉡ 환경친화적이어야 한다.

㉢ 장시간 사용하기 위해 내구성이 있어야 한다.

㉣ 수돗물과 접촉하여 수질에 악영향을 미치지 않아야 한다.

40 ④

반감기가 짧아 처리장에 오존발생기가 있어야 한다.

41 ①

염소소독은 염소를 0℃, 4기압에서 액화시킨 액체염소를 사용한다.

42 ②

지표생물 선정조건 … 이동성이 적고, 생식밀도가 높으며, 종의 식별이 가능하고 정보가 풍부한 것

43 ②

조류의 종류

㉠ 남조류(Blue-green Algae)

• 부영양화된 호수에서 증식한다.

• 내부기간이 발달되어 있지 않고, 박테리아에 가까우며 광합성을 한다.

• 세포 내 기포의 발달로 부력이 생겨 수표면에 밀집하는 특성이 있다.

㉡ 규조류 : 세포벽이 Silica(규산)으로 구성되어 있다.

㉢ 녹조류 : 단세포와 다세포가 있고, 비운동성이 있는 반면 Swimming Flagella를 갖춘 것도 있고, 여름철에 가장 풍부하다.

44 ②

용존산소(DO)농도가 감소되는 경우

㉠ 오염물질의 농도가 높을 경우

㉡ 유량이 적을 경우

㉢ 염류농도가 높을 경우

㉣ 분해성 유기물질(오탁물)이 많을 경우

㉤ 하천바닥의 침전물이 용출될 경우

㉥ 조류가 호흡할 경우

45 ①

$$t_c = \frac{1}{K_1(f-1)} \log \left[f \left\{ 1 - (f-1) \cdot \frac{D_a}{L_a} \right\} \right]$$

[t_c : 임계시간(day), f : 자정상수(단위가 없음) $= \dfrac{K_2}{K_1}$, K_1

: 탈산소계수(day^{-1}), K_2 : 재포기계수(day^{-1}),

D_a : t가 0일 때 초기 DO 부족량, L_a : 최종 BOD(mg/L)]

46 ④

OH^-(수산기), CO_3^{2-}(탄산염), HCO_3^-(중탄산염)은 물의 액성이 pH > 7에 해당하는 알칼리도 유발물질이다.

※ 알칼리도가 강한 순서 … $OH^- > CO_3^{2-} > HCO_3^-$

※ 알칼리도, 경도, 산도에 관여하는 물질

　㉠ 알칼리도 : OH^-, CO_3^{2-}, HCO_3^-

　㉡ 경도 : Ca^{2+}, Mg^{2+}, Sr^{2+}, Fe^{2+}, Mn^{2+}

　㉢ 산도 : SO_4^{2-}, SiO_3^{2-}, Cl^-, NO_3^-

47 ②

COD 측정방법

㉠ 산성 100℃에서 과망가니즈산칼륨에 의해 COD를 측정하면 염소이온이 2,000mg/L 이하이다.

㉡ 알칼리성 100℃에서 과망가니즈산칼륨에 의해 COD를 측정하면 염소이온이 2,000mg/L 이상이다.

㉢ $K_2Cr_2O_7$에 의한 COD측정 : 따로 규정이 없는 한 해수를 제외한 모든 시료의 $K_2Cr_2O_7$에 의한 화학적 산소요구량을 필요로 하는 경우 이 방법에 따라 시험한다.

※ $KMnO_4$과 $K_2Cr_2O_7$ 비교

　㉠ $KMnO_4$에 의한 COD측정의 특징

　• 시험방법이 간단하다.

　• 시간이 짧게 소요된다(약 2시간 정도).

　• 유기물의 산화력이 약하다(약 60 ~ 80%).

　• BOD의 약 1.5배가 된다.

　㉡ $K_2Cr_2O_7$에 의한 COD측정의 특징

　• 시험방법이 복잡하다.

　• 시간이 많이 걸린다(2 ~ 3시간).

　• 유기물의 산화력이 크다(80 ~ 100%).

　• BOD의 약 2배가 된다.

48 ②

$P = HC$

(여기서, P : 용질가스의 기체상 분압, H : 헨리상수, C : 액상농도)

$$H = \frac{P}{C} = \frac{\frac{38}{760}}{2.5} = 0.02$$

49 ③

MPN(= Most Probable Number) … 검체 100ml 중 또는 100g중에 존재하는 대장균의 수를 말한다.

15

50 ①

역삼투법(Reverse Osmosis Method)

㉠ 여과막을 사용하는 수처리법의 일종이다.

㉡ 물은 통과시키고 용존고형물은 통과시키지 않는 반투막을 이용하여 제거하는 방법이다.

㉢ 2차 침전 및 모래 여과된 유출수로부터 염소를 제거하고자 할 때 이용하며, 탈염, 해수의 담수화, 지하수의 연수화, 도금 폐수처리 등에도 이용한다.

SEOWONGAK
(주)서원각